SPORTS 運動休閒系列

體育運動
行政與管理

**Administration and Management of Physical
Education and Sports Program**

陳敦禮 / 著

國家圖書館出版品預行編目（CIP）資料

體育運動行政與管理 / 陳敦禮著. --
初版. -- 新北市：揚智文化，
2014.09
面；　公分. -- (運動休閒系列)

ISBN 978-986-298-153-3(平裝)

1.體育行政　2.運動

528.91　　　　　　　　　103016820

運動休閒系列

體育運動行政與管理

作　　者／陳敦禮
出 版 者／揚智文化事業股份有限公司
發 行 人／葉忠賢
總 編 輯／閻富萍
特約執編／鄭美珠
地　　址／新北市深坑區北深路三段 260 號 8 樓
電　　話／(02)8662-6826
傳　　真／(02)2664-7633
網　　址／http://www.ycrc.com.tw
 E-mail　／service@ycrc.com.tw
印　　刷／鼎易印刷事業股份有限公司
 I S B N　／978-986-298-153-5
初版一刷／2014 年 9 月
定　　價／新台幣 450 元

＊本書如有缺頁、破損、裝訂錯誤，請寄回更換＊

序

　　行政與管理理論的探究，有助組織成員在推動行政業務時，較有脈絡依循，上下同心、互有默契。而行政業務推廣現況之瞭解，尤其重要問題之呈現與琢磨，有助行政者（尤其是主管）瞭解歷史，鑑往知來，免蹈不良之覆轍；藉以繼往開來，創建更光明之新局。

　　人類複雜之社會中，各階層團體機構，組織浩繁，尤須仰賴行政領導力量之發揮。必如是，方才不會人各為政；必如是，才能確切掌握共同的努力方向，乃克發揮群體力量至最高程度，循由一定軌跡，遵從一切規範，而達到組織所懸之鵠的。

　　因此，一個體育運動行政組織內，有所有成員欲達成之共同目標，以及組織中各成員個人想達成之目標，皆需要行政領導方面發揮計畫、指示、指導、協調、監督、考核、團結、激勵、授權、溝通、公共關係等之功能，以竟其功。而促進團體達成目標，維持團體組織完整、激勵成員工作士氣等，亦端賴領導功能之發揮。基於上述概念，本書各章開頭與結尾特附上「成功領導與管理的思維」，供讀者參酌。

　　本書除介紹「體育運動行政與管理」之本質與相關理論，亦分別針對我國政府、學校、社會等三個行政體，在體育與運動方面之政策與其獨特之功能詳加闡述。為了讓讀者對重要的體育行政組織有所瞭解，本書亦分闢兩章介紹國內與國際較重要之體育運動組織。緊接著介紹政府部門體育運動發展規劃、軟硬體設備，以及推展之情形，期能幫助讀者對於歷年來政府投注在體育運動發展工作

方面的人力與財力，有初步瞭解。

平鋪直述理論與現況，輔以相關問題之挖掘與探討，有助於洞悉體育運動行政與管理之核心理論與價值，更顯相關單位政策推動之辛苦與全國各地民眾之參與狀況。而各項政策之擬訂與實施過程，必因地點、階段、人員之不同，與法令、政經局勢等之轉變，難免產生不合適、不足或錯誤之現象，因而爲了永續運作，造福大眾，實有經常考核、檢驗、思考、修正或調整之必要。因此，本書在最後一章試圖探討國內體育運動行政與管理所面臨之若干問題，包括人力、課程與活動、運動人口、體適能檢測、傳統體育及法令等面向，拋磚引玉，參酌相關資料，提出具體之發現與拙見，期能得到具突破性的重視與獲得眞正的改善，以爲全民在共同開創體育運動康莊大道之路上，略盡棉薄之力。

本拙著之順利完成與出版，特別要感謝揚智文化事業公司閻富萍總編之指導、鼓勵、體諒、耐心、包容，以及所有編輯人員之辛勞。撰寫與排版過程相當繁瑣與辛苦，必有不足與疏漏之處，望祈先進賢達不吝指正。

弘光科技大學運動休閒系教授

陳敦禮　謹誌

民國103年9月

目　錄

附　錄　295

1

體育運動行政與管理的本質與理論

1. 瞭解行政的意義。
2. 瞭解管理的基本概念。
3. 瞭解體育運動行政的功能。
4. 瞭解體育運動管理的功能。
5. 瞭解體育運動行政與管理的意義及特質。
6. 瞭解體育運動行政工作人員應有的態度。
7. 瞭解體育運動行政領導涵意與對我國政府施政的時代意義。

成功領導與管理的思維

我們無法以「過去」所學，來過「現在」的生活，甚至試圖去適應「未來」的社會。

——陳敦禮

我跟你（鴻海工程師）的差別在：創業與就業、選擇與被選擇、責任的輕重。我24小時都在思考如何創造利潤，每一個決策都可能影響數萬個家庭生計與數十萬股民的權益。而你只要想什麼時候下班跟照顧好你的家庭。

——郭台銘

前　言

體育運動之範圍極廣，舉凡從幼到老、自學生時代到步入社會，以及從學校校園、社區到職場，從此縣市到彼縣市、自國內到國際，無不存在體育運動的身影。倘若沒有行政與管理的立論與方法為基礎，恐難井然有序地推動各項大小繁雜的體育活動業務。藉由對體育運動行政與管理的意義、特質與功能的瞭解，以及培養正確之態度，再透過計畫、組織、協調、執行與管制等管理與行政之策略，有效結合單位的人力、物力、財力和其他資源，以達成既定的目標。

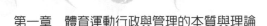

 ## 第一節　行政的意義

一、文字上的意義

「行政」一詞，依《辭海》的解釋，「行」即爲也。《論語‧述而篇》也提到：「吾無行而不與二三子者」。此「行」即施行、行爲之意。「政」即正之意，如《左傳》：「政以正民」。此外，又有官府所治公事之義，如《國語‧晉語》：「棄政而役」。因此，「政」可視爲「政事」。基於以上字義解釋，「行政」即爲國家所行之政務。「行政」一詞，英文有administer、administration等字，該字有管理或導引事務（to manage or conduct affairs）之意。

綜合言之，中、外文化背景有異，則「行政」相關的概念或意義就不同；中文比較侷限於政治的意涵與國家的事務，而英文的字義要比中文的字義更廣，它的範圍已把所有公私機構或單位所處理的一切事務包含在內。

二、一般性的意義

綜合近代學者對行政的解釋，可分下列三點敘述如下：

(一)從政治方面而言

1.「行政」乃行政機關所管轄的事務，但立法與司法機關所管轄的事務不包括在內。《辭海》對「行政」之解釋爲：「國

家所行之政務。凡立法、司法以外之一切統治作用，總稱行政」。

2.政治的範圍較廣，層次較高，行政的範圍較狹窄，層次較低。此外，「政治是國家意志的表現，行政是國家意志的執行」。

(二)從公共政策方面而言

「公共政策」常與政府或公共團體的活動有關，公共政策就是「政府選擇作爲或不作爲的行爲」。因此，「行政」爲「政府政策的規劃與執行結果的一連串歷程」，也是「一個機關利用適當的方式有效管理人、事、財、物等行爲，以達成目標的過程」。詳言之，行政的主體是一個機關或單位，行政的內容是人、事、財、物，行政的方式爲有效的管理，必須運用計畫、組織、領導、溝通、協調和決定等各種方式。此外，行政的本質在於行爲、目標與過程並重。

(三)從管理方面而言

1911年「科學管理之父」泰勒（F. W. Taylor）出版《科學管理的原則》（*The Principles of Scientific Management*）一書以後，引起很多學者以管理的層面來解釋行政：

1.「行政工作乃是由計畫、組織、命令、協調和控制五種功能所構成。」

2.「行政就是計畫、組織、人員、指導、協調、報告、預算等之繼續不斷的歷程。」

3.「行政」特別注重利用適當的方法，如計畫、組織、協

調、領導、控制、預算等方面，以有效處理事務（吳清山 1999）。

三、政治與行政

(一)政治與行政的意涵和性質

　　人類的生活難以離群索居，一開始即營群體生活。在群體生活中，自然產生公眾事務。而公眾事務又必須靠大家共同協力去處理，且在處理的過程中，更必須有組織、有指揮、有分工、有配合。儘管文化未開時代，也不能例外。這種對公眾事務之執行，實質上就是行政功能的發揮，也是行政權力的行使。因此，國父孫中山先生說：「政是眾人之事，治是管理，管理眾人之事，謂之政治」。所謂行政，就是公務，換言之，就是公眾的事務。

　　政治是決定政策的大政方針，行政是政府組織執行國家政策下的各種公眾事務，所以政治可以包括行政，但行政不能概括政治。一切政治制度中，政府的基本功能，僅有兩種，即國家意志的表現及國家意志的執行。國家意志的表現屬於政治，國家意志的執行屬於行政。人類生活中之公眾事務，是隨人類文化進步而進步，是隨生活繁瑣而增加，更隨朝代興替、政治變革而使國家行政組織基於實際需要，而作適當調整。

(二)行政的機能

　　當今我國已由農業社會進步到工商業社會、經濟發達社會，其間由於教育發展、科學進步、工業發達、交通便利、商業繁盛等，均足以證明我國已進步到開發中國家，而相對的政府所有各機關之

行政業務量，均由於社會進步而增加，因此政府各部門的機關，歷年來不斷地加以調整，以適應現代社會的需要。

行政是執行國家政策的一種法律任務，一個國家如果沒有強固的政府組織，其行政權便無法充分發揮功能，則法律所賦與的任務也就無法切實達成，則就政府組織的機能來說，便不易發揮其作用。例如，我國的教育政策雖然不能朝訂夕改，但是，根據某一階段的需要，而必須作某種程度的修正。同時教育法令是根據教育政策而訂定，教育行政機關必須根據政策來訂定法令，再依照法令去執行，此種任務的達成，就是教育行政機關機能的表現。

 ## 第二節　管理的基本概念

一、字義的解釋

依《辭海》之解釋，「管理」一詞中的「管」原指樂器，後來引申有筆、鎖匙、樞要、主管、拘束、包管等多種涵義；「理」，治玉也，今所謂修理、清理、料理、皆「治」義之引申，所以「管理」一詞可解釋為依一定之尺度，就事物、動作或現象為必要之處置。基於以上的解釋，「管理」可界定為：根據一定的準則，就人、事、物做必要的處理，以達成目標的一種歷程。

「管理」一詞，其英文為management，根據《韋氏新國際字典》解釋，manage最早期的字是maneare，係來自拉丁文marus，該字有「手」（hand）之意，亦指mode of handling（處置方式）。後來引申為有控制和指示、使人服從、小心處理及執行業務，以達成目標等多種涵義（吳清山，1999）。

二、一般性的意義

綜合近代學者對管理的解釋，可分下列十一點敘述如下：

1. 「主其事叫做管，治其事叫做理。凡處置事物，及對人的指導，使其循序漸行，以達到我們預定的目的，都叫做管理。」

2. 「管理即經由他人或會同他人之努力，將事情辦成功的一種科學和藝術；內容包括有規劃、組織、協調、執行與管制活動等之功能。管理是一種和諧的、合作的、一系列的、繼續不斷的活動，要將每個人發展到最高效率和最大的成功，以達成機關預定的目的。」

3. 「管理乃是運用組織資源，有效治理事務，達成組織目標之行為。」

4. 「管理是對不同工作的計畫、組織、執行、控制，以決定和完成目標的歷程。」

5. 「管理是利用資源，影響人員行動，和便於改變的社會與技術程序，以達成組織的目標。」

6. 「管理就是有效整合和協調資源，以達成所定的組織目標。」

7. 「管理乃是計畫、組織、指引和控制組織資源的過程，以達到組織的目標。」

8. 管理要有對象，才有著力點，其對象主要有人、事、財、物和其他資源，這些對象並不是孤立存在的，彼此具有相互關聯性，所以有效的管理必須掌握對象彼此間的關聯性和不可分割性，因為某一對象發生了問題，勢必會影響其他對象。

9.管理的過程是一個動態的過程，不是孤立的、靜止的，無論在計畫、組織、協調、執行與管制的過程中，都是具有活動性。因此，在管理的過程中，才能掌握全局，不致產生功能固著現象，進而組織績效不斷地提高。

10.管理的目的總要達成預定的目標。管理的目的，會因時、因地、因人而有不同。譬如，管理的目的，有些是爲了賺取更多的利潤，但是有時則是爲了提高工作效率。因此，任何一個組織中，它會訂定各種目標，而管理的目的，就是爲了這些預定目標的達成。

11.管理乃是透過計畫、組織、協調、執行與管制等活動之功能，有效結合單位的人力、物力、財力和其他資源，以達成既定目標的歷程。所以管理不僅是一種科學，更是一種藝術。

第三節　體育運動行政的功能

一、體育爲教育的一環

我國古代周朝時定六藝，即禮、樂、射、御、書、數。其中禮、樂屬於德育，射、御屬於體育，而書、數屬於智育。當時採用文武合一、德體智三育並重的教育，開世界教育史上之先河。近四、五十年來，飽經戰亂，政府與國人已體認到「強國須先強種，強種必先強身」的道理，遂致力於全民體育的推展，但對科學智識的進取迫切，偏重在高度智育的發展，忽視了德育、群育且又輕視了體育，以致無法達成整體教育目標。因而社會上逐漸增多了功利

主義者，精神衰弱及心臟病患者，放蕩不羈的個人主義者，這是我國教育上一大隱憂。西諺云：「健全的精神，寓於健全的身體」。法國教育改革先驅盧梭的體育思想認為「身心強壯而有力，始能適應環境；發揮青年智力，必先發達其身體，使其不斷的從事體育活動。也就是強壯而有勇氣的人，才能聰明而有智慧；身體強壯，精神始能健全」。那就是說有健全的身體、健全的精神，才是發揮高度智慧的基礎，以及發展事業的資本。教育是整體的，包括德、智、體、群各育，在實施上必須並重而均衡的發展，其中特別是體育，更具有陶鑄高尚品德、強健體魄、豐富學識，以及促進團隊精神之功能。透過體育活動，可以發揮體育教育價值而達成教育的目的。所以說體育的確為教育上重要的一環。

二、體育行政的主要任務

所謂「體育行政」，簡單的解釋，就是國家對於體育運動相關業務的行政。換句話說，就是政府負起計畫、執行與考核的責任，採用最經濟而有效的方法，實施體育政策，鍛鍊國民強健體格，培養民族朝氣，以達到「民強則國強」的理想與目的。

體育行政的主要任務，即在根據當前國家需要，並對未來可能發生的問題，預先加以注意，尤其注重由「幼年—青少年—青年—壯年—老年」人生中生長發育的全部歷程，釐定不同階段的中心工作，配合國家整體發展，以促進國家興盛、民族繁衍為體育行政的責任。

三、體育行政的特質

體育行政是國家行政中的一部分。國家的體育政策是隨時代發展、進步而改進。當今世界各進步國家對體育的提倡，不遺餘力，

尤其重視體育運動學術研究；以各種科學理論為其基礎，使體育的內涵更充實、更具科學化，以及更趨專業化。因而體育的問題，如課程、教材、人員、經費、設備、運動競賽等，均需要專家去研究解決或創新，絕非一般普通行政人員所能勝任。所以專業化的體育行政機構因而設立。其特質不獨重視現況，對於未來可能發生的問題，預先加以注意與防範；不同於其他只注意現實問題與當前需要的行政部門。尤其注重人生的全部歷程，由嬰兒至青少年、成年、老年成長過程均負有責任。其不僅關係到當前國家的盛衰，而且更影響到將來民族的生存。

四、行政三聯制在體育行政的應用

(一)行政三聯制的意義

總統　蔣公於民國29年12月1日在重慶中央訓練團講述行政三聯制大綱，曾指示「行政三聯制即是計畫、執行、考核三聯制，三者是有相互之關係，尤其是三者在聯繫上要發揮整個作用，極為重要」。從以上的昭示，可知「計畫」是工作的開始，要觀念正確，眼光遠大規劃出來的計畫，才不致與目標背道而馳。其次為「執行」，它是工作開始的第二步，其意義在於重點的「執行」，因為行政工作範圍廣泛，首先應蒐集資料，擬訂總計畫中各部門中心工作的執行進度，並力求協調聯繫，逐步實施。工作過程中最後一個階段，就是「考核」工作；嚴明細密隨時檢查執行情形；觀其成績以辨優劣，而為獎懲的根據；檢討改進考核其成果，以期使制度與方法，臻於至善。行政三聯制，在意義上特別著重「聯」，使三者結成一體，並互為連環，不能稍有脫節。其實為最基本、最科學、

最切合實用的行政管理制度。

(二)行政三聯制的實際應用

　　體育運動相關活動在進行前必須確立計畫、執行及考核三個程序，利用人、時、地、物、財來發揮功效，達到組織的目標。

◆計畫

　　計畫是行政三聯制所訂進行程序的第一個階段。凡應執行的工作，須先慎重計畫。在這一階段，要抱持客觀態度，依現實活動情況，蒐集有關人、事、時、地、物的資料，並按照預算，確定整個計畫、程序及重點，做執行前的充分準備，並預定期限與進度，以完成執行工作。

◆執行

　　執行是行政本身的工作，在行政三聯制程序中，居於第二階段。經過周詳的設計，有了準備，到執行階段，才能順利進行。執行的機構如果組織健全，並分層負責，以「新」、「速」、「實」、「簡」的執行方法，自不難達成預期的效果。

◆考核

　　考核是行政三聯制的第三個階段，對於執行工作的結果，予以嚴格考核、檢討得失。關於考核資料，除了書面報告外，尤須實地考察以明白實際進行情況。其效用不只就執行工作做一總結，且應將考核的結果，作為以後設計與發展的藍本，對於革新行政，裨益良多。

　　行政三聯制的精神，在一個「聯」字。計畫、執行、考核三部分，不是三個分立的部門，而是整個行政體制過程中的三個階段。簡而言之，計畫、執行、考核三個部分，彷彿三個環連在一起，是互相關聯、貫通一氣的，這三個任務不僅應循序前進，更要周而復

始，以貫徹執行的效果，達成最高理想的境地。

五、體育訪視與評鑑

體育訪視與評鑑，是確保國家體育運動發展績效化的兩大重要機制。換言之，體育行政品質與效能的提升，以及所有積極尋求國家體育發展與改革的努力，倘若能適當的輔以體育視導與評鑑工作，則將更能有效確保體育發展目的之全面達成。因此，不論是教育部所規劃執行的「各級學校體育訪視」，或是前行政院體育委員會所推動的「民間體育團體評鑑」制度，皆在於整合國家寶貴資源，發現並解決國家體育發展現況所面臨之問題，進而提出輔導措施。此外，體育訪視與評鑑二者在意義、目的、範圍、對象及實施上，雖不盡相同，但其追求品質監督機制、達到落實國家體育運動政策之理念，與促進國家體育運動發展更多元化、優質化及國際化之目的卻是一致的。

行政長官蒞校指導（右為前體委會陳全壽主委）

第四節　體育運動管理的功能

　　社會本身是一個開放式系統，因此，體育運動行政必須吸收各種管理理論，來促進體育組織的生存與創新。從傳統管理理論到現代管理理論的發展情形來看，可以瞭解到一成不變的方式已無法適應組織的變革，而未來管理理論走上科技整合的途徑，應是一種必然的趨勢。體育運動行政一方面要講求「效率」，一方面要強調「效能」，便不能不掌握社會的脈動和時代的潮流。

　　體育運動管理是一種歷程，而且也具有下列各種不同的功能：

一、計畫

　　計畫最簡單的概念是「對事件預為計謀」，以預測未來事件為基礎。所以它是一種歷程，其涉及到目標導向和未來導向，它是準備一種未來行動的決定，以最合適的方法達成目標。所以，在計畫的過程中，常常會涉及到方案的設計、選擇與決定；而在管理的活動中，勢必要採取各種行動，應用各種可行的方案，此乃更顯示計畫在體育運動管理活動的重要性。

二、組織

　　組織乃是把機關內的工作任務劃分，並加以安排，使之成一有機的運作團體。因此，它可以包括四個部分：建立組織的結構、明訂各個職位的權責、依據職責任用合適人員，以及分配資源等。所以，組織的目的在於統合為一個團結一致的整體。任何體育運動組

織的基本功能，即是在創造一個團結合作的整體。是故在管理活動上，特別重視體育運動組織的功能，以期發揮組織的功效。

三、領導

它是影響一個有組織團體的活動歷程，使能達成目標。在早期的管理學者，將領導視為指揮、命令、導引，或是激勵、影響。近年來的行政管理學者更以較積極的「領導」，來代替命令、導引、激勵、影響等功能。領導可說是發揮影響力，集合成員意志，以達成組織目標。所以領導乃是體育運動管理活動中不可或缺的功能之一。「領袖是希望的化身」，有為的領導人物常能為組織帶來希望，並達成目標。

四、協調

體育運動組織隨著功能的擴張，愈來愈複雜，協調也就愈來愈重要。協調的目的，一方面避免組織內成員力量的抵銷，另一方面則在使各部門相互合作，達成組織的目標。一般常將協調分為縱的貫通（上下直屬單位或關係），以及橫的聯繫（同階級之單位或同儕）。在體育運動組織的管理活動中，衝突的情事在所難免，為取得共識，協調就更顯現出其重要性。

五、決定

體育運動行政管理的過程中，對於人、事、物等各種業務必須有所決定，所以行政管理的歷程，亦為做決定的歷程。在做決定之

過程中，常常會涉及到計畫做決定的適當與否，影響整個組織的運作，為使體育運動組織所做的決定具有合理性與可行性，一般已把「做決定」視為體育運動組織功能相當重要的過程。

六、溝通

溝通為任何體育運動組織的運作所必須；有效的溝通可促進體育運動相關工作執行的順利與人際關係的改善，以及增強組織中所有成員間之一致與和諧的行動。溝通主要目的乃是藉著分享訊息、觀念或態度，使得發訊者與收訊者之間產生某種程度的共同瞭解，其所使用的方式，可用書面溝通，亦可用口頭溝通。任何體育運動相關措施在做決定之前，溝通是相當重要的，而在決定後的執行階段，亦有賴溝通，藉以增進其工作效率。

上述六項「管理」的功能——計畫、組織、領導、協調、決定、溝通，亦是體育運動管理的重要功能。只要體育運動管理能完全發揮這六項功能，大大提高行政效率，無庸置疑。

分享與討論，培養默契，解決問題，並提升行政效率

第五節　體育運動行政與管理的意義及特質

一、體育運動行政與管理的意義

　　所謂「管理」，表示內部性或整體性之組織運作現象：(1)對事務加以處理；(2)對人加以指導防護。即是團體組織處理特定事務，其活動過程所衍生的相關人員予以適當控制，並妥善因應處理，對未來予以適當規劃、做好預防事宜等。體育管理的基本概念：(1)體育管理是行政的一種管理方法，一種工作程序；其原則是科學，其運用是藝術；(2)體育管理是以「人」為管理中心，其重點在於建立分工合作的人群關係；(3)體育管理的對象是「事」，亦即改變自然環境，以滿足需要；(4)體育管理的目的，是在為他人服務，是在求取最高效率；(5)體育管理的行為，有時雖然是個人的，但由於其效果影響他人，所以也是團體的，而必然也是有組織的；(6)體育管理是執行的活動，也是處理業務的過程。

　　「管理」是有方法、脈絡可尋，程序性、需按部就班；且具科學、實證，藝術、圓融不僵化；更因為管理的是人，如何適材適用的分工合作，應是管理者該努力的目標；由於管理人員要面對許多事，因地制宜符合需求是管理者事成與否關鍵；行政就是積極服務，這會讓管理者面對事情更有效率；最後，瞭解執行團隊活動的管理過程，需要大方向構思，才能完成偉大目標。

　　「體育政策」乃為政府為達成其國家體育目標，所制定之各種有關推展體育運動之指引方針、計畫或策略；或是政府在衡量各種有關國家體育發展之政策環境因素後，所擬訂頒布之各種體育法

令、規章、方案、措施及計畫等等。

　　所謂「體育運動行政」就是執行體育政策的行政業務，其中包含有指導和管理內容。它依據法令，由規定的行政機關執行業務。因此，行政具有指導機能，且有別於古代的強制和服從的行政措施。而轉變爲「指導」和「促進」的行政機能，係近代行政之趨勢。體育管理是舉辦體育活動時組織內的作用，它具有直接指導，間接整備設施，而提升活動效果之援助功能。

　　由於體育運動行政與管理是國家行政的一部分，因此，若從字義來看，「體育運動行政與管理」即是體育運動事業整體行政與管理之過程。依學術的定位而言，體育行政是以科學的方法，研究有關體育運動設施方面的計畫、執行、考核等法則，以最經濟的手段與最有效的方法，用於學校或社會，使體育運動業務的推行，能因組織、設計、實施、管理、視督等合理措施，而達到預期效果的一門學術。在政府方面，體育行政就是國家對體育事業的行政。換句話說，就是政府負起計畫、執行與考核的責任，採用最經濟而有效的方法，實施體育運動政策，期能鍛鍊國民強健體格、培養民族朝氣，以達到民強則國強的理想與目的。

　　目前全民運動之推展，無非是透過中央與地方政府在計畫推廣、活動安排與硬體設施等相關措施配合下，鼓勵全體國民迎向陽光，走出屋外，從事有益身心之身體活動，俾達成「人人運動、時時運動、處處運動」之境界。當然，此亦爲體育行政與管理之具體目的。

　　若從過程的觀點來看，「體育運動行政與管理係指運用行政、管理的理論與科學方法，融合體育運動組織內外的資源，有效達成組織目標的行政措施與過程」。由於體育事務的推展所牽涉之層面甚廣，除了理論的融通之外，在實務上仍應強調縱向之層級系統及橫向的密切配合，以有效整合資源，具體展現其效率與效能。舉例

而言，學校體育運動行政組織必須引用行政與管理的相關理論，整合校內外資源，讓學校體育教學、師生體育活動推展、運動代表隊組訓，甚至是運動場館的經營等，均能在有效系統的規劃過程中，達成學校體育目標。此即為體育運動行政與管理功能發揮之極致表現。

二、體育運動行政與管理的特質

體育運動行政與管理有其特殊的學科屬性，一般而言，其特質有四：

(一)體育運動行政與管理是國家行政中的一部分

無論在中央政府抑或地方政府，甚至是學校，其所屬機構或單位所推動與執行之各項體育運動行政業務，當然是國家整體行政工作之一部分。舉例而言，前行政院體育委員會所推動之「運動人口倍增計畫」、教育部體育司所推動之「活力青少年養成方案」，以及各級學校推動之「一人一運動、一校一團隊」、「學校體育希望工程」等，皆為行政院推動國家體育政策之子計畫。當然，上述這些體育運動行政工作之推動，自也成為國家整體行政工作之一部分。

(二)體育運動行政與管理服務的對象涵蓋各年齡層

過去對體育運動行政業務之劃分有所謂「學校體育」、「社會體育」及「軍中體育」之類別，其主要之依據係以服務對象做區隔。近年來，雖以「競技運動」、「全民運動」雙主軸之方向來推動國家體育之政策。惟不論三分法或二分法，其服務的對象遍及幼兒、青少年、青年、壯年及長青族群，應是不爭之事實。因此，體

育運動行政與管理範圍涵蓋由幼兒到長青族群，整體生長與發展的全部過程。希望最終能提升國民體質，促進國家興盛。

(三)體育運動行政與管理以科學理論爲基礎

國家體育運動政策係隨時代的腳步邁進，世界先進國家如此，我國亦不例外。近年來，國內外運動科學之發展與理論建構一日千里，各國除了投資相當多資源在運動環境的改善與運動競技實力提升外，尤其重視體育學術與運動科學之研究。因此，無論是運動科學研究中心之設置、專門學術機構之成立、專題研究計畫之補助等等，皆顯示在體育運動相關問題日趨複雜之現代社會中，必須借助各種科學理論之基礎，並透過實證研究資料與數據，提供體育運動行政與管理之決策依據。

(四)體育運動行政與管理強調資源之整合

體育運動行政與管理既然是國家行政之一部分，則亦有其特定之服務對象。當然，其組成要素自應與其他行政與管理工作有相似之處。一般而言，體育運動行政與管理之運作必須包含組織、人員、物資及行爲等要素，並加以有效整合。詳而言之，「行政組織」是制定、推動體育運動相關工作之實體，而「人員」是發揮行政管理機能，完成任務之主體，又「物資」是提供體育運動行政與管理各項方案所必須之元件，加上在行政與管理過程中，無論是領導者，抑或部屬等「人員」所表現之引導行爲與遵從行爲，皆爲完成各項任務之要素。這些要素即爲重要資源，必須做完善的整合。

第六節　體育運動行政工作人員應有的態度

　　體育運動行政工作人員，要以正確觀念、工作熱忱、把握原則去推行業務。其所應具有的態度闡述如下：

一、正確觀念

　　體育運動行政工作必須有正確的觀念，始能把握執行，至於正確觀念的形成，首先對體育的價值及意義，必須確切的瞭解，其次須取得體育哲學、衛生學、生物學、心理學、社會學等學識的基礎。所以建築在體育真義及基礎的學識，始能奠定正確的觀念。

二、工作熱忱

　　體育運動行政工作的成果如何，並不是以工作人員待遇高低來衡量及人員的多寡來決定，而是以工作人員對體育運動的貢獻大小、工作情緒的高低予以評價。所以必須認定體育為終身的事業，更要具有刻苦耐勞的敬業樂群精神，傳道說教的恆心，以發揮高度的工作熱忱。

三、把握原則

(一)把握政策與程序

　　國家的教育宗旨及體育的目標，是推行政策的主體，而程序在行政上講，為實現政策的方式和次序，就是以各種實際因素及環境，依其輕重緩急循序而行，所以程序適當與否，實可以直接影響工作的成敗。

(二)團結互助、集體創作

　　負責行政人員個人的能力、智慧有限，不是萬能的。應集思廣益，徵求多方意見，本乎研究發展，力求集體創作，並團結合作，才能發揮行政組織的功能。

(三)隨機應變、合理的處置

　　行政工作人員為達到工作目的而運用的行為，必須面對實際情況，事實的變化，作適當合理的處置。因為偶發事項變化莫測錯綜複雜，因此行政人員更應審慎分析隨機應變，不能千篇一律，所謂非常事件以非常手段處理之，不同問題須以不同方法解決之。

(四)把握旺盛的進取心及維護其完整性

　　行政是公務的動態活動，而不是靜態的結構，行政人員在一個單位所負之使命，應運用各種有利的作為使其發揮最大力量以達成預期的效果。那就是要保持旺盛的進取心，使工作推動更積極。行

政工作必須顧及全體關係和整個團體的行為，注意其協調與合作。各方面兼籌並顧，通盤的計畫，以維護工作有完整的發展。

(五)把握現實的實際工作

成功的行政人員，必須把握現實，適應環境，因事制宜的實際工作。而不能固執慣例，拘於成見，空談理論，不切實際的高調。

行政人員對於行政業務統合、組織運作管理及運動設施管理等能力，相當重要，為提升此等人員之上述能力，可安排專業課程進修以啓發智識外，更可藉由已具多年行政工作經驗，且會務運作嫻熟並能運籌帷幄之資深行政人員，在智識、技巧與經驗上做分享與傳承，俾利資淺之人員得以迅速吸取寶貴經驗與專業智識。

 ## 第七節　體育運動行政領導

一、體育運動行政領導的涵義、概念與功能

(一)體育運動行政領導的涵義

領導（leadership）一詞從字義而言，就是率先示範和引導眾人以達到所預期的目標。體育運動行政領導的涵義有幾種闡述如下：

1.乃是在團體中負起指導與協調體育運動團體活動的工作。
2.乃是經由體育運動組織例行的指揮，以增加成員對體育運動機構順從的影響力。
3.乃是體育運動組織人員在交互行為下所產生的影響力。

4.乃是體育運動行政人員指引組織方向目標，發揮其影響力，以糾合機構成員意志，利用團體智慧激發並導引成員向心力，從而達成目標的行政行為。

5.乃是體育運動團體中的分子（領導者），在一定情境下，試圖影響其他人的行為，以達成特定目標之歷程。

6.乃是體育運動領導者在團體情境中，試圖藉其影響力來引導成員同心協力，共同達成特定目標的歷程。

(二)體育運動行政領導概念

◆體育運動行政領導旨在達成團體的共同目標

一個體育運動行政組織有組織內成員欲達成之共同目標，以及組織中各成員個人想達成之目標。而領導之意除了在於達成團體的共同目標外，同時亦能滿足成員需求。

◆體育運動行政領導存在團體情境裡

體育運動行政領導行為只會存在團體情境裡，它至少兩個人（一位領導者，一位被領導者）或兩人以上所構成，在個人獨處的情境裡，應無領導現象的存在。

◆體育運動行政領導引導單位內成員合力達成目標

領導旨在達成團體的共同目標，而體育運動團體的共同目標的達成，是靠成員的同心協力去達成的，非靠任何人（包括領導者）的單獨力量來達成。為使大家能同心協力，故彼此必須發生交互作用，相輔相成。

◆體育運動行政領導是一種影響力

領導是一種影響力（influence），能影響到別人行為，使其接

受引導,使別人服從其權力。沒有影響力存在,體育運動行政領導也可說不存在,或無法達成團體的共同目標。

(三)體育運動行政領導的功能

體育運動行政領導具有計畫、指示、指導、協調、監督、考核、團結、激勵、授權、溝通、公共關係等之功能。此外,亦可依體育運動組織大小區分領導功能,在大型組織中的功能為內部的維持和外部的適應;在小型團體中的功能為具體活動的實踐(即激發動機、管制品質、處理訊息及做好決定)。而促進團體達成目標,維持團體組織完整、激勵成員工作士氣等,亦皆為領導功能之發揮。綜合言之,針對領導的實際作用及效果,領導功能整合如下:

◆團結

任何一個體育運動組織皆有其目標,而組織中之成員亦都有其目標、動機和需求等,可是一個組織的目標達成有賴於領導功能的發揮。體育運動領導者能設法將組織中各成員的目標以及組織的目標整合並趨向一致,進而培養團體意識以及團隊精神,則組織目標的達成較易奏效。

◆協調

一個組織中由不同單位分別執行不同任務,各單位有其「本位觀念」。因單位間難免會有競爭及評比,於是因意見不同和觀念差異,衝突在所難免。欲消除此一組織中之衝突,則有賴領導透過協調方式,把組織內各單位的衝突及利益融合在一起,發揮脣齒相依,互相依賴之組織機能。

◆溝通

一個體育運動組織為制定合理典章制度以及決定重大政策前,

需瞭解組織中各成員對制度及決策之不同意見，則有賴領導透過溝通方式，禮賢下士，發掘問題，爭取認同。藉溝通以示尊重，並能增進彼此間之瞭解，進而統整不同的意見，促使組織能順利運作。

◆激勵

體育運動組織成員工作興趣的提高和工作效率之增進，非靠命令或強迫所能為之，而是領導者善用激勵作用鼓舞士氣。激勵之道，首重瞭解人性，次則明白成員需求，然後採取各種激勵法則行之；並且能使激勵形成風尚，俾能持續發揮成員工作潛能，為組織之成長而奉獻心力。

◆指導

領導在於使一個體育運動組織能「人盡其才，物盡其用，事竟其功」，而領導要訣在於對組織的「人」、「物」、「事」等作最佳的支配和指導。體育運動行政領導者並不需要事必躬親，而是充分授權，根據成員能力和學識而分派工作，然後適當指導督促成員，以發揮領導作用。

◆公共關係

領導者是組織的對外代表，而體育運動組織是一個開放系統，它與外界的環境存有互動關係。所以體育運動組織的領導者應注意公共關係之運用，代表組織與外界環境建構良好公共關係，使外界對組織能產生有利的影響，進而以支持的態度保持互動，如此才能促進組織的發展。

二、體育運動行政領導對我國政府施政的時代意義

在本21世紀追求競爭力的世紀中，我國體育運動能否永續發

展與迅速提升競爭力，並迎頭趕上國際體壇先進國家，端賴國家最高體育指導機關之高階領導階層的行政管理能力；具此能力者方能有效規劃國家未來體育發展與整體永續策略，進而整合及領導國內亞、奧運競賽種類體育運動團體，落實政策之執行，以邁向國際體壇先進之林。

　　一個有效能的中央政府體育行政機關，其高階領導必須能夠運用行政管理能力來改變夥伴的工作態度、觀念與目標，藉由高效能的領導促使組織茁壯發展，進而建立對整體組織目標和任務的責任感，以達成組織目標。當今專家學者對於領導者的重要性皆有一致的共識，即認為行政管理能力是影響組織效能的重要變數與關鍵所在，尤其在組織運作中所扮演的重要性，更不容忽視，且日趨重要。

　　由於國民追求競技運動水準提升及健康的需求殷切，而隸屬中央政府之體育署（前行政院體育委員會）之高階領導階層所轄業務，皆在提升國家整體競技運動實力與培養建構國民健全體能。而整體運作的效能，能否淋漓盡致的發揮並達目標績效，此等高階領導階層之行政管理能力至為關鍵。依據「國民體育法」第八條所示：「民間依法成立之各種公益體育團體，其業務應受各該主管機關之指導及考核。」依此原則，體育署簡任十二職等擔任處長級以上高階主管對亞奧運團體，負有輔導、補助、監督與考核之責。由於民間體育組織的經費來源，部分仰賴政府的補助，而此民間體育組織是國家體育政策推動與執行的重要窗口。由此可知，民間體育組織是扮演政府體育政策推動的重要角色，因此，其與政府配合度之高低，將影響體育發展程度至為關鍵。

　　學校或民間亞奧運團體多認為上級之管理對組織績效具有正面的效果。因為此等屬於民間體育之團體，均接受體育署年度經費補助或以委辦業務方式補助經費，對體育署高階主管的督導、考核

及輔導較能接受。由於體育署係亞奧運團體目的事業主管機關，亦是會務運作經費主要來源，本身即具有公權力及可主宰所負責之領域事務，因此，體育署高階主管在組織管理層面體現上，無形中展露出公權力的管理模式。體育署高階主管行政管理能力，以「組織運作管理能力」、「行政業務統合能力」對行政人員而言較具重要性。身負國家體育政策之體育署高階主管，對國家整體體育發展應當有明確的理念與願景，本身即應具備運籌帷幄的領導統馭及專業智能的行政管理、組織管理與運動設施管理之能力，藉以發揮目的事業主管機關的特性。體育署高階主管對於國家體育整體發展上，勾勒出前瞻性及有效益性的計畫方案與目標願景，並能有效統合行政業務及藉由組織管理來輔導體育團體配合國家政策之取向，進而在國際競賽摘金奪銀，並促進全體國民健全體能發展。

行政長官蒞校指導（中為前國立體育大學周宏室校長）

結　語

　　體育運動行政為學校行政的一環，亦為政府與民間運動相關組織行政之內容。欲瞭解與探討體育運動行政與管理之學問，必須從基本的本質與相關理論著手；由基本的行政與管理概念，到具有應用特質的體育運動專業領域功能，進而瞭解到主體人物的角色與態度，最後探討行政領導之貢獻，並把眼光放遠到其時代意義，是則為研究體育運動行政，進而促進國家體育整體發展之基礎功夫。

問題與討論

一、簡述行政與管理之意涵？

二、簡述體育運動行政工作人員應有態度的具體應用？

三、試舉出體育運動管理的功能應用之範例？

參考文獻

行政院體育委員會（1999）。《我國體育組織制度的現況與發展策略》。台北：作者。

吳清山（1999）。《學校行政》。台北：心理出版社股份有限公司。

周中勛、唐恩江、蔡長啓、劉仲華（1985）。《體育行政》。台北：健行文化出版事業有限公司。

林文進（1993）。《我國學校體育運動主管行政管理能力調查研究》（未出版碩士論文）。國立體育學院，桃園縣。

邱淑媛（1993）。《工作價值觀對員工態度及工作表現之影響研究》（未出版碩士論文）。私立中原大學，桃園縣。

張清良（1993）。《台灣省立高級中等學校校長甄選制度之研究》（未出版碩士論文）。國立政治大學，台北市。

陳金盈（2009）。〈社會體育行政〉。載於鄭志富主編，《體育行政與管理》。台北：師大書苑。

黃金柱（1993）。《體育管理》。台北：師大書苑。

葉雅正（2003）。《全國性社會體育運動組織領導風格與領導效能關係之研究》（未出版碩士論文）。台北市立體育學院，台北市。

葉雅正、簡桂彬（2012）。〈台灣亞奧運體育團體知覺中央政府高階主管行政管理能力研究〉。《海峽兩岸體育研究學報》，第6卷，第2期。

董燊（1996）。《國民小學體育組長之行政管理能力研究》（未出版碩士論文）。國立體育學院，桃園縣。

台灣中華書局辭海編輯委員會（1986）。《辭海》（下冊）。台北：台灣中華書局。

鄭志富（2009）。《體育行政與管理》。台北：師大書苑。

蕭林鵬（2005）。《現代體育管理》。北京：北京體育大學出版社。

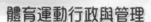
成功領導與管理的思維

成功領導與管理者是:

一、率先行動的人

二、激勵整個組織的人

三、讓其他人效法的人

四、身先士卒,且指引方向的人

五、指引或引導前進路線的人

六、用影響力引導他人,因自身典範而成功的人

2

我國政府體育運動行政與管理

成功領導與管理的思維

鳥隨鳳凰飛得遠，人伴聖賢品德高。
志在聖賢成聖賢，志在凡夫成凡夫。

——一貫道

前　言

　　體育署於2013年1月2日新任署長布達時即表示，上任首要工作是儘快邀集體育運動各界召開國家體育運動政策系列論壇、座談會和一場公聽會，並蒐集網路意見，聽取多元聲音，凝聚各界共識，提出《體育運動政策白皮書》，作為未來推動相關業務之參考方向，並希望白皮書內容兼具學者專家的理想性和行政單位的實踐性。體育署為全國體育運動專責單位，統整我國體育教育、全民體育及競技運動之發展，在此次教育部利用行政院體育委員會併入教育部而成立體育署之組織再造機會，體育署擘劃我國未來整體體育政策發展、體育環境整備之方向、經費需求與實施步驟，以期培養國人健康之身心靈發展、樂活的人生觀與態度之形塑，以及我國競技運動之競爭力。

　　體育運動的革新與發展應掌握問題，以前瞻眼光，運籌國家體育運動建設方向。近期政府對國家運動設施整體興設計畫、改善國民運動環境計畫、國家運動訓練中心興（整）建計畫的支持，及對運動彩券發行與體育運動產業發展的重視，都可以看到，國家的體育政策，將帶動國家體育的快速發展。

第一節　政府體育行政機關

一、教育部體育署

　　我國主管體育運動事務機關，在中央為教育部體育署（Sports Administration, Ministry of Education）（2013年1月合併「前行政院體育委員會」及「教育部體育司」為教育部體育署），在地方有各直轄市體育處及縣市政府教育局（處）、體育及衛生保健科、社教科以及體育場（處）或體育場管理所等。截至民國100年底止，中央與地方政府體育運動事務主管機關組織人力，實際任、聘用1,238人，包括正式人員375人（30.29%），約聘僱人員282人（22.78%），其他類人員581人（46.93%）。民國101年底止，中央與地方政府體育運動事務主管機關組織人力，實際任、聘用1,195人，包括正式人員409人（34.23%），約聘僱人員258人（21.59%），其他類人員528人（44.18%）。其中包括中央機關共129人，地方政府共225人，體育處、場共841人。

　　100年度中央與地方政府體育運動事務主管機關組織經費總額計新台幣一百一十六億多元，其中中央政府經費四十五億九千萬元，地方政府經費七十億多元。101年度中央與地方政府體育運動事務主管機關組織經費總額計新台幣一百二十億多元，其中中央政府經費五十二億一千多萬元，地方政府經費六十八億多元。

二、教育部體育署掌理之事項與下屬單位

(一)體育署掌理之事項

1. 體育與運動政策、制度之綜合規劃、執行與督導及相關法規之研修。
2. 運動彩券、運動發展基金、運動產業發展之規劃、執行、督導及獎助。
3. 學校體育發展之規劃、執行及督導。
4. 全民運動發展之規劃、執行及督導。
5. 競技運動發展之規劃、執行及督導。
6. 國際及兩岸運動交流發展之規劃、執行及督導。
7. 運動設施發展之規劃、執行及督導。
8. 職業運動之聯繫及協調事項。
9. 國家運動訓練中心之輔導及監督。
10. 其他有關體育及運動事項。

(二)體育署行政組織

　　體育署行政組織下設綜合規劃組、學校體育組、全民運動組、競技運動組、國際及兩岸運動組、運動設施組等六個組，以及秘書室、主計室、人事室、政風室等四室。另設有國家運動選手訓練中心，由競技運動組管理（即共有六組、四室、一中心）。整個體育署員額總共126人。

三、教育部體育署施政目標

(一)過去幾年施政方針（前行政院體育委員會）

1. 積極推展全民運動，打造樂活運動島；激勵國人運動健身，提升全民游泳能力，強化國民健康體能；健全運動彩券發行管理制度，推動發展運動產業。

2. 充分運用國家運動設施，爭取舉辦大型國際賽會；保存與推廣固有優良體育運動，舉辦精緻之全國性賽會。

3. 加強優秀運動人才培訓，提升競技運動實力；興（整）建國民運動中心及國家運動選手訓練中心，建構自行車道區域路網，提供優質運動、訓練與休閒環境。

4. 推動百年運動史籍與人物誌編纂計畫，深化體育文化底蘊；以「運動樂活」為主軸，推動路跑、登山、自行車等多元旗艦活動與競賽，讓全民享受各種運動之樂趣。

(二)體育署102年度施政目標

　　國民體能是國力的具體象徵；國內、外的研究均證實，運動是提升國民體能的最佳途徑，而國際競賽的傑出表現，除了可提升國際能見度、增進國際影響力外，對社會亦有促進整合，振奮人心的效果。

　　體育署秉持推展全民運動和提升競技實力的施政理念，積極規劃國家體育運動之發展政策，透過設置運動園區爭取國際大型賽會策略之執行，改善運動環境，推展全民運動，以增進國民體能，強化競技運動實力，以提升國際體壇地位、拓展運動產業，以促進台

灣經濟發展，為國人塑造優質的生活。民國102年度以「建構優質運動環境，擴增規律運動人口」、「爭取國際競賽佳績，提升國際地位」兩大施政重點，期待凝聚各界力量，秉持教育專業之思維與行動力，繼續帶動台灣體育運動永續發展。

體育署依據行政院102年度施政方針，配合中程施政計畫及核定預算額度，並針對當前社會狀況及未來發展需要，編定102年度施政計畫，其目標為：「完備優質運動環境，提升規律運動人口；強化運動競技實力，提升國際競賽成績」。說明如下：

1. 配合國民休閒需求，提供國人優質之運動休閒環境，輔助地方政府興（整）建國民運動中心（都會區）、運動公園（開放式）及簡易運動設施（社區型如簡易籃球場、羽球場、體適能設施等），使運動休閒環境更具方便性及普及性，以提高國人參與運動、健全身心發展之意願。

2. 「打造運動島計畫」自99年起分六年執行，持續針對：運動健身激勵專案、運動樂趣快易通專案、運動社團建置輔導專案與運動樂活島推廣專案（包括單車活動、地方特色運動、基層扎根運動、原住民運動樂活推展、身心障礙運動樂活推展與水域活動）等業務，妥善溝通協調，確認分工，共同打造國人優質健康運動休閒環境，強化基層體育組織，有效提升規律運動人口。

3. 輔導體育團體積極參加國際競賽獲得佳績：賡續輔導奧亞運單項運動協會選派優秀或具潛力選手組成代表隊參加國際性各單項運動競賽，累積選手參賽臨場經驗與學習，再創國際佳績。

4. 泳起來專案——提升學生游泳能力檢測合格率及游泳池新改建行動方案：提升學生游泳能力檢測合格率、新建及改建游

泳池，提升學校游泳池比率。

(三)體育署103年度施政目標

「培育優質創新人才，提升國際競爭力」為教育部民國103年度整體發展的願景，其重點包含「營造優質的教育環境，培育國際競爭力人才」、「讓全民樂在運動活得健康，以卓越競技榮耀臺灣」及「培育青年成為創新改革的領航者」等三大意涵；並提出「發布人才培育白皮書，培育優質人才」、「穩健實施十二年國民基本教育」、「落實幼兒教育及照顧法，確保學前教保品質」、「推動第二期技職教育再造，縮短學用落差」、「提升高等教育品質，推動高等教育產業輸出」、「孕育志業良師，普及藝術教育」、「建構終身學習社會，推展家庭教育及樂齡教育」、「推動數位學習，建立永續校園」、「營造友善、健康校園環境，落實性平及品德教育」、「全面強化弱勢扶助，維護弱勢學生受教權益」、「打造青年多元體驗學習環境，提升青年核心競爭力」、「建構優質運動環境，爭取國際競賽佳績」十二項施政重點。期待凝聚各界力量，秉持教育專業之思維與行動力，以更全面、宏觀及多元的角度培育國家優質、創新人才，以提升國際能見度及競爭力。足見體育運動發展之重要性相當受到重視。

教育部體育署依據行政院103年度施政方針，配合中程施政計畫及核定預算額度，並針對當前社會狀況及教育部未來發展需要，編定103年度施政計畫，其目標延續102年度施政計畫目標：「完備優質運動環境，提升規律運動人口；強化運動競技實力，提升國際競賽成績」，內容說明如下：

1.完備優質運動環境：配合國民休閒需求，充實各級公立運動場館設施，提供國人優質運動休閒環境，除了補助縣市政府

興（整）建國民運動中心（都會區）、運動公園（開放式）及簡易運動設施（社區型如簡易籃球場、羽球場、體適能設施等），另輔導規劃設計及建設環島或區域路網自行車道，並與相關部會組成「跨域整合平台」，統整相關資源，使運動休閒環境更具方便性及普及性，以提高國人參與運動、健全身心發展之意願。

2.提升規律運動人口：為提升國民體能與生活品質，積極推展適合不同年齡、不同體能狀況、不同族群之休閒運動，以落實推動培養國人規律運動習慣，同時透過「打造運動島計畫」，辦理「運動健身激勵專案」、「運動樂趣快易通專案」、「運動社團建置輔導專案」及「運動樂活島推廣專案」等專案，推動包含「泳起來！專案」、單車活動、身心障礙及原住民運動樂活及地方特色運動等內容，以獎勵標竿典範，強化國民體質，進而普及運動知識，擴大推動效果，同時達到強化基層體育組織，擴增團體型及規律性運動人口，共創健康活力之目標。

3.強化運動競技實力：以基層選手、優秀選手、國家儲訓隊及役男培訓、國家代表隊等分級，進行競技人才培訓體制改革，其中透過統合學校體育與競技體育，建立系統化人才培育體制，促成「浪潮計畫」的推動，更將加強國訓中心功能，提升運科支援及醫療照護內容，建構軍團式的運科及訓輔支援，以接軌國際，如此透過建構選、訓、賽、輔、獎一貫性培育輔導體系，全面提升競技實力的水準。

4.提升國際競賽成績：啟動「千里馬計畫」，強化運動選手選才育才機制，遴選重點運動種類、績優教練及選手施訓，並邀請金牌教練來台指導，進而代表我國參與國際賽會，達成為國爭光、競逐國家榮譽使命，同時賡續輔導奧亞運單項運

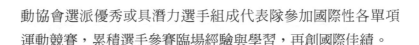

動協會選派優秀或具潛力選手組成代表隊參加國際性各單項
運動競賽，累積選手參賽臨場經驗與學習，再創國際佳績。

 ## 第二節　政府體育運動推展之核心理念

　　目前國內不論是全民運動的普及，以及競技運動實力之提振，
均有卓越成就，且國人均已感受到運動的美好和幸福，此乃政府與
民間共同努力下之成果。尤其運動健兒的靈巧與奮進，在國際競賽
場屢傳捷報，展現傑出的成就。最近我們更在「運動產業」發展獲
得明顯進展，幫體育運動事業注入活水，為運動場館與設施擴建、
運動選手的安身立命添加許多資源。

　　教育部期待全體國民繼續共同努力，讓我國體育運動事業臻
於完備，特為我國體育運動發展做出更縝密、完備的規劃，在2012
年《體育運動政策白皮書》中提出「學校體育」、「全民運動」、
「競技運動」、「國際及兩岸運動」、「運動產業」、「運動設
施」等六大主軸，分別進行發展與合作。為有效實現六大主軸，特
定「優質運動文化」、「傑出運動表現」、「蓬勃運動產業」三大
「核心理念」，以三個核心理念緊密結合精細分工的六大主軸，加
速引擎運轉、強力推進，並據此精益求精、永續發展，達成提升國
力和體力的目標。

　　「三核心理念」闡述如下：

　　第一，優化學校體育教學品質、強化國民體能根基，深化國民
愛運動、時時運動，以發揚「優質運動文化」。為達成這個理念，
務期：

　　1.普及體育教育，透過運動強化身、心、靈的堅毅不拔。

大型體育館可作爲各種集會活動場所（圖爲國立體育大學體
育館，內可容納約15,000人）

2.堅實各級學校體育，普及全民運動，擴大國民熱愛運動、時
　時運動、處處運動的幸福感。

3.讓國人從小到大，親身參與運動或觀賞運動競賽，感受與日
　俱進的「優質運動文化」，透過各直轄市及縣市運動中心、
　校園運動設施開放，給予國民參與運動之便利性。

4.突飛猛進的資訊科技帶來全新的體育運動知識，媒體帶來優質
　精采比賽和表演，豐富閱聽群眾的運動文化，從基礎教育到銀
　髮族體育運動活動，「優質運動文化」成爲我國新特徵。

5.強調運動權益、促進公平正義、實踐全民運動之理想，開展
　各族群團體的體育運動，兼顧現代與傳統體育運動發展。

　　第二，「選、訓、賽、輔、獎」一以貫之的理念，提升我國競
技運動水準，加強宏觀體育運動行政人才培養，深化良好的國際與
兩岸運動關係，彰顯「傑出運動表現」。爲達成這個理念，務期：

1. 以「選」、「訓」、「賽」、「輔」、「獎」制度，培養更多傑出的世界級選手，持續有效地輔導就業、適度地獎勵，激發更多有志體育運動事業的青少年運動選手投入，讓我國競技運動耀眼國際。

2. 研究發展我國體育運動專業人才「永續」、「專任」，行政人員不受「人民團體法」影響下爭取加入國際體育運動組織，領導國際體壇。

3. 申辦國際比賽，使台灣在國際體育運動能見度大幅提高，運動選手的表現更顯突出。

4. 組建尖端的科研設備、訓練基地，加強參與國際體育運動組織核心，爭取國際體育運動組織發言權、比賽承辦權。

5. 有效修改獎勵辦法，因應國際體壇現勢，讓為國爭光運動選手得到公平、公正獎勵，持續努力不懈、奮勇爭勝。

第三，「蓬勃運動產業」，以多元思維整合運動產業資料庫，創造運動資源，照顧體育運動專業人員，並完善我國運動場館與設施，規劃全民運動休閒環境，人人享受幸福經濟。為達成這個理念，務期：

1. 透過法令引導企業支持運動產業，蓬勃台灣經濟發展。

2. 多元思維架構企業和運動橋樑，活絡運動產品製造、運動賽會功能與協助工商企業團體辦理運動比賽，帶動國人觀賞運動競賽風潮，創造運動選手以體育運動為職志理念。

3. 培養更積極、優質的國人欣賞運動賽事習慣、環境，讓振奮人心的運動選手、運動賽事帶動全民運動榮譽感，團結民心、凝聚士氣，創造「台灣人的驕傲」。

4. 透過運動彩券增加體育運動經費，推動運動管理證照，有效推廣體育運動事務。

5.擴大資源整合、結合媒體、商業，運用資源興設更普及的全
　民休閒運動健康環境，讓國民共享幸福健康。

6.規劃興（整）建競技、全民運動場館與設施，達到全體國民
　處處可運動的理想。

 ## 第三節　體育運動發展願景與目標

一、體育運動發展願景

(一)健康國民：營造富而好動之健康國家

　　21世紀是健康樂活的新世紀，「國民健康素養」不僅被視為
保障身心健康的基本人權，更成為世界公民不可或缺的重要生存能
力，亦是影響人類生活品質優劣的關鍵決定因素，且視為國家競爭
力提升的重要指標。世界衛生組織（WHO）早在1998年於渥太華
提出宣言，強調世界各國都應致力於建立「健康家園」、「健康學
校」、「健康社區」、「健康城市」，以至於「健康國家」。該次
宣言顯已將健康的概念從個人、社區、城市提升到國家的範疇。因
此，藉由《體育運動政策白皮書》計畫的執行，希望達到人人想運
動、時時可運動、處處能運動，以提升健康體能，擴增規律運動人
口，讓全民「健康」動起來，以營造富而好動的健康國家。

(二)卓越競技：強化運動人才提升國際競爭力

　　環顧當今世界體壇趨勢，各國無不重視發展競技運動，競相

採取更多積極措施。由於競技運動績效具有激勵自我奮鬥精神、滿足休閒觀賞需求、促進大眾運動參與、顯示國家總體實力與促進經濟發展的多重社會價值，亦是展現國力的「火車頭」。因此，提升國家競技運動競爭力，關鍵核心在於健全的選才、訓練、參賽、輔導、獎勵及相關配套措施之政策，藉由競技運動帶動全民運動風氣，提升國家競爭力。

(三)活力台灣：活絡運動產業與建立優質運動文化

在國民生活型態改變及健康與運動意識抬頭的今日，台灣全民運動的時代已經來臨，運動與休閒將成為現代國民日常生活所需，運動與休閒產業與其相關產業將是國家整體經濟體制的重要環節。因此，以延續、修正、創新的精神，調整發展策略，整合提出「幸福運動產業經濟」，重新定位台灣運動產業的重要性及永續價值，除了可帶動民眾運動參與興趣，導正社會健康風氣之外，亦可以活絡經濟，同時創造廣大的就業市場，為未來台灣建置優質運動文化。

二、體育運動發展目標

(一)學校體育：活絡校園體育，增進學生活力

隨著社會的進步，學校體育的價值從身體活動擴展為「全人教育之必要元素」及「終身學習之權利」；進而加深成為「競技運動之根基」、「全民健康之磐石」以及「文化傳承之平台」。現代社會生活所帶來的各種健康問題，使運動與健康的議題為全球所重視，而學校體育之推動，是為國民健康、競技卓越之基礎工程，未

來，期待透過完善體育行政法規與組織，培育學校體育專業人才，扎根厚基學校體育，養成國民規律運動習慣、維持國民生活、生命品質與培養新世代健康國民，成為未來國家施政的重要工作。

1.完善體育行政法規與組織。

2.建立體育專業人力培育與進修制度。

3.優化體育課程與教學品質。

4.提升體育活動與運動團隊質量。

5.強化優秀運動人才培育機制。

6.落實適應體育的實施。

(二)全民運動：運動健身，快樂人生

運動權為基本人權，乃是國際潮流，對國民、銀髮族、婦女、身心障礙者及運動能力弱勢者等，提供適合的運動項目及舒適安全之運動環境，給予國民充分的活動機會，滿足其身心運動的需求，並積極輔導辦理全民休閒運動，擴大民眾參與層面，提升規律運動人口，蓬勃全民運動發展，養成民眾規律運動習慣，改善國民體質，促進國民健康，以滿足國民的基本要求。因此，積極落實運動即生活，使台灣國民的體育運動達成全民化、生活化、國際化的境界，成為一個健康國家。

1.完善全民體育運動組織與法規。

2.普及國人運動參與並推展體育運動志工。

3.擴增規律運動人口。

4.整合運動與健康資訊，提升國民體能。

5.推展傳統與新興運動。

6.建構優質運動文化。

(三)競技運動：卓越競技，登峰造極

運動場上的極致表現往往可以撼動人心，例如奧林匹克運動會、世界盃足球賽及其他重要職業運動賽事，常成為國際矚目焦點。優秀的運動成就需完整的教育體系才有機會養成，舉凡運動人才與教練培育機制、國際標準運動環境建構、運動醫學科學協助輔導、運動心智技術冶鍊、體育運動志工服務、法令規章政策之完善規劃等，均應有前瞻的理想與實踐毅力，才得以有傲人的成果。未來競技運動的發展，將藉由選、訓、賽、輔、獎的完備體制，加以落實。

1.落實運動科學選才（項），擴大奪牌優勢項目。
2.建立運動人才培訓體系，推動浪潮計畫。
3.建立分級參賽制度。
4.建立完善輔導機制。
5.獎勵績優運動人才。

(四)國際及兩岸運動：植基台灣，邁向世界

國家之體育運動能否持續發展，或將體育運動情勢轉為正向成長，均有賴於和其他國家保持接觸，並且具有靈活而結構層次健全的國際體育運動交流。在學校體育與全民運動的基礎下，造就的競技運動優異成績，是國力的象徵。因此，藉由積極參與國際體育運動組織與活動，透過運動提升國際能見度，增進國際影響力，除了作為國民提升國際視野與培養優質世界公民外，也是推展實質外交最好的方式。

1.積極參與國際體育運動組織與活動。

2.爭取主辦國際運動賽會與會議在台舉行。

3.建立國際體育運動事務人才及志工養成制度。

4.促進兩岸體育運動多元互動管道與成效。

5.建構國際體育運動交流平台。

(五)運動產業：打造幸福經濟的推手

隨著經濟發展與商業化時代的來臨，運動與休閒已成為現代國民日常生活所需。運動與休閒產業與其相關產業將是國家經濟發展重要的一環，不僅可活絡經濟，提升競技水準，並可創造廣大的就業市場，衍生出關聯性產業的附加價值。展望未來，結合政府民間力量，擴增體育運動發展資源，活化運動產業與擴增產值，以打造台灣幸福經濟。

1.擴大運動產品與服務需求。

2.提升我國運動企業組織的競爭力。

3.健全運動產業人才培訓制度。

4.增加投入運動產業的資源。

5.建構全國體育運動雲端資料庫。

6.以公共部門帶動產業發展。

(六)運動設施：營造優質友善運動環境

優質運動環境是引導民眾養成良好運動休閒習慣，促使民眾擁有強健體魄，及提供競技運動訓練的重要依據。因此，期待各類運動場館與設施規劃從「以人為主體」的觀點出發，重視營造幸福感的快活運動環境，融入樂活的綠化、永續、環保概念，同時嘗試從實用面考量運動空間的多元智慧效能，以理想面提出兼具美學與強調社會適應的活力願景藍圖，在重視人際合作、親子溝通、社會

參與等的空間設計中思考，期待在快速變遷與忙碌的社會環境下，每個運動空間，能夠真正地提供國民在幸福環境中享受體育運動價值。

1.規劃興（整）建各級競技運動場館。

2.規劃興（整）建全民運動休閒環境。

3.提升運動場館與設施興（整）建及營運品質。

4.整合運動場館各類專業人才。

5.建構全國運動場館資訊網。

前瞻2023年，面對新世紀全球化政治、經濟發展的連動，少子化及高齡化所影響的運動健康思維，我國必須以全新視野、恢弘氣度及宏觀思維來省思其所處定位，體育運動的價值也將在新趨勢衝擊下以全新定義及風貌呈現，不僅宏揚傳統在地運動文化，扎根學校體育價值，並透過運動接軌國際。

第四節　政府體育運動政策

一、綜合性體育運動政策

我國政府歷年推動之體育運動政策如下：

(一)積極推展全民體育運動計畫

政府於民國68年即訂定「積極推展全民體育運動計畫」，其中包含兩大目標十一項實施要項。隨即於民國69年更制定「積極推展

全民體育運動重要措施計畫」，工作要項共五大項二十六小項。其中不乏各種軟硬體建設等全面性發展體育與推展運動之規劃。

(二)國家體育建設中程計畫

政府於民國76年起即研訂「國家體育建設中程計畫」，以建立好的制度，鼓勵社會力量的參與；一方面保障優秀運動員與教練，一方面多舉辦適合青年人興趣的活動。計畫中訂定六大目標與八大實施項目。

(三)中華民國體育白皮書

民國88年政府為凝聚全民共識，明確宣達國家體育政策，營造21世紀體育新格局，具體擘劃至民國99年的體育發展藍圖及制定《中華民國體育白皮書》。書中詳實闡述各項推展全民運動、增進國民體能、振興學校體育、強化競技運動、改善運動環境、鼓勵民間參與、促進體育交流、活絡媒體互動、拓展運動產業等，全面建構我中華民國21世紀體育發展的藍圖。

此後，更於2012年制定《體育運動政策白皮書》，揭櫫以「健康國民、卓越競技、活力台灣」為願景，匯集體育運動智慧典範，據以擘劃2023年國家體育運動新願景：以「健康國民」營造富而好動之健康國家，「卓越競技」強化運動人才，提升國際競爭力，以及「活力台灣」活絡運動產業並建置優質運動文化，進以貫穿匯通「優質運動文化」、「傑出運動表現」與「蓬勃運動產業」之三大核心理念，以及「學校體育」、「全民運動」、「競技運動」、「國際及兩岸運動」、「運動產業」、「運動設施」等六項主軸。此外，為了順應時代脈動，並追求體育運動發展之進步革新，以此國家體育運動之方向，作為國民創造愉快的運動經驗，並培育健康

卓越人才爲核心使命，則體育署在此時空環境變化下，需要新的思維和新的方向，統籌所有體育運動相關事項，以擘劃未來十年台灣體壇發展方向。

(四)國民體育法

「國民體育法」爲我國政府體育施政的基本法律。民國18年即由國民政府制定公布，而後歷年經多次修正，漸近完備、符合時勢之趨與社會所需。100年修正後，現行條文共二十二條（附錄）。

二、運動設施整建政策

(一)國家運動設施整體興建計畫

總統重視國人的健康體能狀況，提出多項與體育運動相關政策，希望能從硬體「改善國民運動環境」與軟體「打造運動島」兩項基礎面共同提升國人的健康體能狀況。前行政院體育委員會以提供五星級設施，平價消費的運動環境爲施政綱本，以「樂在運動，活得健康」作爲推展全民運動之理念，積極推展全民運動，增強國民參與運動意識（**圖2-1**）。

◆總統政策指示，現今體育運動政策發展的四個主要方向

1.培育學生運動員的興趣習慣，讓持續性運動從小養成。
2.政府提供良好的運動社區，包括輔助學校設備、開放學校設備給民眾使用等。
3.成立一般大眾使用的國民運動中心，讓他們以平價的消費，使用五星級設備。

願景	指標	策略	預期效益	課題	理念
打造運動島 樂活在臺灣	1.法規制度 2.運動健身獎章數量 3.運動訊息接收率 4.輔導成立運動社團（俱樂部） 5.運動參與人口 6.規律運動人口 7.製作運動IC卡 8.活動辦理 9.專業人力 10.經費支出 11.國民運動中心設置	1.運動健身鼓勵專案 2.運動樂趣快易通專案 3.運動社團（俱樂部）建置 4.運動樂活島推廣專案 5.國民運動中心設置	1.運動健身獎章數量 2.運動訊息接收率 3.運動社團（俱樂部）成立數量 4.運動參與人口 5.規律運動人口 6.活動辦理 7.專業人力 8.國民運動中心設置	獎勵標竿強化體質、普及運動擴大效果、建立平台基礎扎根、樂活加值創新服務	鼓勵潛在運動人口成為自發運動人口，讓個別運動人口轉換為團體運動人口

圖2-1　推展全民運動願景圖

資料來源：行政院體育委員會（2011），頁104。

4.國家體育人才培訓法制化，好好培育人才，希望最後能達到
台灣成為運動島的目標。

◆「國民體育法」之規定

　　國民體育之實施，以鍛鍊國民健全體格，培養國民道德，發揚
民族精神及充實國民生活為宗旨；各級政府為推行國民體育，應普
設公共運動設施。

◆補助直轄市、縣（市）政府興建運動設施作業要點

　　補助地方政府辦理運動設施興（整）建運動設施計畫，以充實
運動場地，縮短城鄉運動差距，提升運動場館品質，增加運動人口，
特依據中央對直轄市及縣（市）政府補助辦法規定訂定本要點。

(二)改善國民運動環境計畫

延續行政院民國94（2005）年之「改善國民運動環境計畫」第一期計畫。主要目標：

◆興建國民運動中心

於民國102（2013）年前逐年於全國各地規劃興建完成50座國民運動中心，提供民眾多元化的運動選擇，養成規律運動習慣。

◆改善國民運動設施

興設運動公園，辦理運動場地興（整）建（籃球場、游泳池、溜冰場、網球場、慢速壘球場、槌球場等運動設施）、辦理簡易運動場地維護整修（簡易棒球場、簡易籃球場等運動設施）共200座。

(三)國民運動中心興建計畫

為使國民運動中心發揮最大的效益，達成推動目標，推動時需兼顧「施政之優先性」、「民間參與之可行性」及「各縣市政府計畫執行能力」。民國99年至102年經費需求總計本計畫費需求四年共計116.6億元。其推動策略架構，參閱圖2-2。

(四)自行車道路網整建計畫

◆計畫緣起

行政院體育委員會自民國91（2002）年起，為建構新世紀之國民運動休閒生活及推動國家休閒建設永續發展，開始執行「全國自行車道系統計畫」；民國95（2006）年間更是從「使用率」、「可及性高」及城鄉差距之需求，不大興土木，減少環境衝擊，連結運

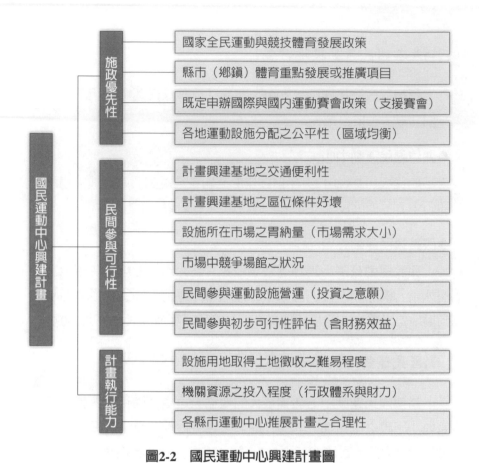

圖2-2　國民運動中心興建計畫圖

資料來源：行政院體育委員會（2011），頁106。

輸系統等原則，落實推動；該計畫執行迄今，共投入18億5,800萬元在自行車道，完成1,017公里自行車道，展現出具體成果，並間接推動自行車運動風氣，惟區域路網尚未完成，亟須進行整體性規劃，以達各車道之串聯。

◆計畫目標

提供民眾安全、舒適、充滿趣味的騎乘環境，並強化自行車活

動舉行及提供相關訊息，創造多元運動、休閒、旅遊型態，滿足民眾休閒運動休閒需求。以「人」爲核心，充分統合地方產業及特色資源，將自行車道視爲串聯各區及本身之「綠廊」，建構北、中、南、東、離島等地區「綠色網路」，讓台灣朝向「自行車島」目標邁進。

◆相關政策

　　相關政策含內政部營建署之「既定市區道路景觀與人本環境改善計畫」，行政院經濟建設委員會之「人本交通整合推動構想」，以目前機動車輛爲主之交通規劃及建設方向，重新轉變成以人爲本之交通系統管理（TSM）理念；及交通部之「振興景氣方案——配合節能減碳東部自行車路網示範計畫」。因此前體委會爲確實發揮本自行車道路網整建計畫執行效益，將積極統整目前相關計畫執行情形，從整體性並考量區位發展觀點，精確定位各自行車路網之主題及類型，有效整合公部門間管轄範圍內自行車道，建立良好溝通協商管道，以最佳資源配置，打造「自行車島」。

◆營運管理

　　自行車道後續營運管理模式大致可分爲：

1. 自行辦理：由權責單位自行辦理維護管理業務，可由編制內人員負責執行，或以約聘或約僱方式任用非編制人員執行。
2. 付費委外：由權責單位編列經費，將環境整理與設施維護等業務，發包委託民間專業廠商執行，權責單位僅負責督導與查核工作。
3. 民間認養：即建設地區之管理維護工作由鄰近社區、學校、企業、團體或個人認養執行，可帶動鄰近社區對當地所產生的認同感，統合大家的向心力，共同維護周遭生活環境品質。

◆預期效果及影響

1.完成六個自行車道路網,預計新增自行車道公里數可達1,000公里,提供優質運動休閒環境。

2.結合各地區人文、景觀、休閒運動或旅遊景點,建構永續運動休閒生活旅遊網,活絡觀光旅遊產業。

3.透過自行車道宣傳及自行車活動之舉行,增加國內運動人口,強健國民體能。

4.促進區域發展,並利用與自行車相關產業發展,創造就業機會,擴大政府投資效益,帶動經濟繁榮。

(五)高爾夫球場管理

國內早期之高爾夫球場,政府並無專責機關負責,而係分別由國防部、經濟部或各地方縣(市)政府建管單位依權責負責管理。迄至民國70(1981)年9月30日起教育部始奉行政院指示,發布「高爾夫球場管理規則」。民國83年修訂之「高爾夫球場管理規則」除了明定球場之主管教育行政機關及權責外,因球場之開發與營運,涉及國土規劃利用、國防軍事安全、水力電力設施、水土保持及環境保護等相關事項,爰增列球場之中央及地方各目的事業主管機關及權責,亦規定高爾夫球場之申請流程區分為:申請籌設、申請開發、申請開放使用等三階段。

為重視對於環境之影響管理規則,明定球場不許可籌設之事項如下:

1.影響軍事設施或國防安全者。

2.妨礙區域計畫、都市計畫或依法編定之使用地所不允許變更編定者。

3.妨礙自然文化景觀、古蹟、生態平衡、水土保持、河川管理或水利設施功能者。

4.位於重要水庫集水區或自來水水源之水質、水量保護區域者。

5.申請位置座落於野生動植物重要棲息環境、國有林自然保護區、非都市土地特定農業區、森林區、各種使用區之國有林事業區林地、保安林地及試驗用林地；山坡地保育區範圍內平均坡度30%以上者。

　　由於「高爾夫球場管理規則」涉及內政部、國防部、財政部、經濟部、行政院農業委員會、行政院環境保護署等機關主管之多項法令及影響人民之權利，而限於行政命令之位階，執行上遭遇甚多困難，且鑑於球場違規情事日漸增多，又並未澈底解決高爾夫球場管理上之缺失與建立球場完整之制度，於是教育部奉行政院指示，積極研擬相關法案予以規範與管理。其條例立法重點如下：

1.明定高爾夫球場之主管機關暨各目的事業主管機關權責。

2.明定高爾夫球場之開發及營運應重視對環境之影響，並以整體規劃分區開發為原則，及不許可籌設之情事。

3.基於球場安全之考量並為符合標準，提升球場品質及避免無限制的開發，規定高爾夫球場總面積之最低標準及上限。

4.明定高爾夫球場籌設之審查程序及審查標準。

5.明定高爾夫球場申請開放使用程序及應檢附之文件。

6.明定各級主管機關及目的事業主管機關得就其權責範圍派員定期或不定期檢查球場，如有未符合規定者，應依有關規定處理。

7.明定高爾夫球場違反規定者，球場負責人應負之刑事責任，如致生公共危險者，最高可處六個月以上，五年以下有期徒刑，得併科新台幣六十萬元以上三百萬元以下罰金，以加強

管理。

8.明定高爾夫球場違規開放使用之處罰規定及處罰之權責機關。除令其限期停止開放使用外，處新台幣十萬元以上三十萬元以下之罰鍰，並得按日連續處罰至停止開放使用為止。

三、國際體育交流政策

推動國際體育交流政策，一直是我國體育行政主管機關重要政策。有關我國國際體育交流政策推動可分下列項目加以說明：

(一)推動國際體育交流計畫與法規的訂定

前行政院體育委員會為推動國際體育交流活動，特依「國民體育法」第十六條第一項規定，先後訂定與修訂「國際體育交流活動推動辦法」，以推動國際體育交流活動。本辦法未規定者，依本法、全國性民間體育活動團體經費補助辦法或其他法令規定辦理。本辦法所稱國際體育交流活動，其範圍如下：

1.簽訂政府與其他各國政府之體育運動交流合作協定。
2.簽訂民間體育運動團體與其他各國民間體育運動團體之交流合作協議。
3.國際體育運動組織至我國設立總部或其他分支機構或依我國法令設立之國際體育運動組織至外國設立其他分支機構。
4.主（承）辦國際綜合性運動會。
5.主（承）辦國際單項運動競賽。
6.主（承）辦國際性體育運動會議。
7.參加國際性體育運動會議。
8.擔任國際體育運動組織職務。

9.擔任國際運動賽會裁判及其他專業輔助人員。

10.邀請國際體育運動組織重要領導人訪問我國。

11.邀請各國國家體育運動組織重要領導人訪問我國。

12.其他有關國際體育運動交流事項。

此外，全國性體育團體、直轄市或縣（市）政府主（承）辦或參加國際性運動賽會或會議，除了依各該國際體育運動組織會章規定外，應依下列規定辦理國際體育交流活動：

1.應使用國名、國旗及國歌，但所使用名稱及旗歌業經本會核定後，向國際體育運動組織登記註冊者，不在此限。

2.以「中華台北」名稱參加者，開幕典禮應以英文或其他文字縮寫TPE之T字母列序。各體育運動團體、直轄市或縣（市）政府應事先與賽會主辦單位洽妥前條各款名稱、旗歌及進場順序等事宜；中華奧會並應積極予以協助輔導。

前行政院體育委員會以「運動發展基金收支保管及運用辦法」規定之運動發展基金辦理國際體育運動交流補助，規劃以「逐年趨向頂級」之動態理念，鎖定重點項目，循序漸進，以提升我國運動賽會競技水準、全球化程度及國際能見度，並促進民眾運動參與觀賞熱潮，於民國99（2010）年特訂定「行政院體育委員會運動發展基金辦理國際體育運動交流作業要點」。本要點所稱國際體育運動交流，其範圍如下：

1.於我國主辦頂級、高競技水準之國際綜合性及單項性運動賽會。

2.我國申辦頂級、高競技水準之國際性運動賽會。

3.邀請國際奧林匹克委員會（International Olympic Committee, IOC）、國家奧林匹克委員會、亞洲奧林匹克理事會及國際單

項運動組織主席、秘書長等重要人士前來我國訪問交流。

4.邀請世界級教練、選手或其他體育運動專業人員前來我國講授交流、競技比賽、參訪表演等體育運動交流活動。

5.於我國主辦大型、特殊或重要之國際體育會議、活動等，邀請國際體育組織重要人士前來我國講授體育運動策略及經驗交流。

6.其他經行政院體育委員會認定者。

本要點發布實施對我國應用運動發展基金辦理國際體育運動交流有實質助益，尤其各直轄市、縣（市）政府、全國性民間體育團體、公私立大專校院及依法登記立案而具有辦理與體育運動相關項目之公司均可透過此項要點補助來推動國際體育運動交流活動。

(二)爭辦國際大型運動賽會作業流程

前行政院體育委員會有鑑於相關單位爭取各大運動賽會之舉辦及提升申辦成功之國際賽會之賽會品質，請中華奧林匹克委員會藉由中華奧會申辦與籌辦國際賽會之實務經驗，協助規劃國際賽會申辦標準作業流程，出版《我國申辦與籌辦國際運動賽會標準作業程序說明書》，以供國內各相關單位及體育運動團體對奧運會、亞運會、世界大學運動會及東亞運動會之申辦與籌辦參考。

(三)2009年世界運動會申辦

◆申辦過程

世界運動會創始於1981年，每四年舉辦一次，是奧運會以外最重要的國際運動盛會之一。歷屆世界運動會吸引愈來愈多的頂尖高手，在各種運動中同台競技。我國高雄市依據國際世界運動總會

國際武術大賽提供選手競技與民眾觀賞武術的機會

（International World Games Association, IWGA）的規定，於2003年5月前致函索取申請文書問卷，7月底完成申辦文書，交IWGA，完成申辦手續。終於高雄市在與其他世界五大城市激烈角逐中脫穎而出，獲得第8屆世界運動會主辦權。

◆重要成果

　　本屆世界運動會參賽隊伍為102個國家和地區。參賽人數包括運動員和教練等在內的代表團總人數共計4,713人。綜合而論，2009年高雄世界運動會順利成功的申辦與舉辦，是我國推動國際體育交流政策極為成功的成果之一，尤其2009年世界運動會被國際世界運動會總會主席朗·佛契於開幕及閉幕時，稱高雄世運是「世界運動會史上最精彩的一次『開幕典禮』，及有史以來最成功的『世界運動會』」，對高雄及台灣都意義非凡。2009年世界運動會為台灣與高雄市留下了可貴的體育、文化、人文及社會關懷的資產，這些經驗及資產將繼續傳承，為台灣及高雄市再次創造新頁。

(四)2009年第21屆聽障奧林匹克運動會申辦

◆申辦過程

　　爭取大型國際運動賽會來台舉辦爲我國重要體育政策之一，中華台北聽障者體育運動協會組團參加2001年羅馬第19屆聽障奧林匹克運動會返國之後，在考量爭取主辦的國際現實壓力最小、國際聽障運動總會會員國鼓勵、展現我國聽障者體育運動協會主辦大型國際競賽的能力等理由，中華台北聽障者體育運動協會決定全力爭取2009年第21屆聽障奧林匹克運動會主辦權。

◆志工招募

　　志工招募爲本次賽會的一項特點。2009年第21屆聽障奧林匹克運動會志工資料，依其統計方式約可分類爲個人志工777人，國際志工39人，團體志工8,952人，總計9,768人。培訓方面：依培訓類別分爲基礎課程、專業培訓及實地演練等三種課程加以培訓；志工工作分配方面：由基金會依賽會需求與志工服務意向進行志工工作分配。志工種類可分爲一般志工、手語志工及外語志工，並於賽會工作分流後將志工分配至諮詢接待、交通、醫護、行銷媒體、場地管制、維安、競賽、資訊、開閉幕典禮、藝文活動、隨隊服務及中英口譯等工作。

◆重要成果

　　台北聽奧的籌備工作自2005年正式開跑，在長達五年的階段任務完成後，依據國際聽障運動總會規章規定，於賽會結束後陸續完成成績總冊（Official Results）、紀錄片（Official Film）、賽事精華（Sporting Highlights）及相關報告等，及寄發給國際聽障運動總會與各國會員國，並於2011年2月前往斯洛伐克，出席國際聽障運動總

會舉行的年會作總結報告（Official Reports），與各會員國分享台灣的喜悅、成就以及驕傲。

　　總結2009台北聽奧被國際聽障運動總會稱讚為八十五年來最好的一次，且未來的聽奧賽會亦將難以超越。本屆賽會共有81個國家4,018位選手職員等參與，更改寫41項大會紀錄及55項聽障世界紀錄，創下歷屆聽奧賽會新高。

　　綜合而論，2009台北聽奧成功的舉辦，是我國推動國際體育交流政策極為成功的成果之一，尤其2009台北聽奧被喻為國際上最成功的聽障奧林匹克運動會，且是有史以來首度在亞洲舉辦的聽奧盛會，對台北及台灣都意義非凡；台北聽奧為台灣及台北市留下了可貴的體育、文化、人文及社會關懷的資產，這些經驗與資產將繼續傳承，為台灣及台北市再次創造光榮與驕傲。

(五)我國申辦國際大型運動賽會之努力方向

　　世界運動會與聽障奧林匹克運動會之舉辦業已積累我國申辦大型綜合賽會之寶貴經驗、能力，以及有利條件，包括適合舉辦綜合大型活動之標準化場館的興建完成、可被兩岸當局接受的賽會儀軌模式的形成、熱心參與賽會的熱忱民眾與志工的養成，以及運動競爭實力的提升等。

　　然而，僅管如此，我國在申辦國際大型運動賽會或活動方面，仍有窒礙難行或不順遂的情況發生；一些問題亟待解決。目前我國申辦國際賽會的問題，大致歸為外部環境及內部環境兩部分，其中外部環境可分為國際情勢、社會需求、科技水準、經濟景氣、競爭者，以及政治情勢；內部環境可分為人力資源、資金以及設施裝備。除了前述問題外，籌備申辦事宜與規劃時程往往過晚，以致造成準備不足的情況，這也是導致我國常常申辦失利之原因。所以，

　　未來我國若要申辦大型國際運動賽會或活動，就必須針對國際政治面強化國際關係，在國內建立運動文化，健全全民運動及運動產業相關法規，積極推動運動產業，健全運動產業發展環境。其次在基礎建設及運動設施方面，應健全基礎建設，興（整）建運動設施，以符合國際世界運動總會規定的賽會設施標準來規劃、設計。在後勤支援與承辦大型活動信譽方面，應培養賽會經營管理人才，累積興辦賽會經驗，政府申辦重大國際賽會也應該由小規模再至大規模的賽會逐步進行，累積舉辦各級、各類國際運動賽會的經驗，才能提高賽會評審對我國辦理能力的信心，增加申辦成功率。

四、兩岸體育交流政策

　　我國的兩岸體育交流政策，跟隨著兩岸關係的變化而與時遞變。兩岸關係一直在發展、變動，在歷經第二次世界大戰後的復員時期、冷戰時期、蘇聯解體，中國大陸持續發展並再崛起；台灣亦經經濟飛躍成長與政治民主化，於是兩岸關係隨著時代的演變，不斷出現變化，原來在長期特殊分治的對峙狀態下所衍生的「我國對中國大陸的政策及中共對台政策」思維，演變到目前的「兩岸體育交流政策」。不容諱言的，體育政策深受整個政府國家政策之影響。現階段的兩岸體育交流政策如下：

(一)我國對中國大陸的政策

　　台灣對中國大陸的政策，可以民國76（1987）年政府開放民眾赴中國大陸探親為分界點，最早為「反攻大陸、漢賊不兩立」，其後由「三不」到「五不」，到單向交流、雙向交流與協商。其主要政策期程舉例如下：

1.堅持反攻大陸，光復國土（1949~1978年）。

2.不妥協、不接觸、不談判三不政策（1978~1981年）。

3.政府間不妥協、不接觸、不談判，民間不迴避、不退讓等五不政策（1981~1987年）。

4.單向交流，可赴中國大陸探親、活動（1987年起）。

5.雙向交流與協商（1988年起）。

(二)中共對台政策

中國大陸對台灣的政策，大致以民國68（1979）年元旦為轉折點，由原「武力解放台灣」到「和平解放台灣」，然後為「和平統一台灣」。其主要政策期程如下：

1.武力解放台灣（1949~1958年）。

2.和平解放台灣（1958~1978年）。

3.和平統一時期（1979年之後）。

(三)我國現階段的兩岸體育交流政策

依國家最高體育主管機關——前行政院體育委員會頒訂的兩岸體育交流有關法規，我國當前的兩岸體育交流政策如下：

1.兩岸交流應本對等互惠的原則，不應有損我方之尊嚴與立場。

2.兩岸體育交流目標：

　(1)以「奧會模式」為準，理性建立兩岸體育交流制度。

　(2)以地位對等、互利雙贏、多管道進行為原則，促進兩岸體育交流合作。

3.奧會模式：

(1)依據1981年與國際奧會簽署協議：我國奧會名稱爲Chinese Taipei Olympic Committee，使用代表團團旗（奧會會旗）、團歌（國旗歌旋律）參與各項奧運會活動。我各單項運動協會亦以Chinese Taipei名稱、會旗、會歌之「奧會模式」恢復其國際單項運動總會會籍，於參加或主（承）辦國際性運動賽會開幕時，我代表隊（TPE）排在T組入場，與中國大陸CHN排在C組有所區隔。

(2)依據民國78（1989）年與中國大陸奧會簽署協議：台灣地區體育團隊及體育組織赴中國大陸參加單項運動訓練、會議或活動，按國際奧會有關規定辦理，大會（即主辦單位）所編印之文件、手冊、寄發之信函、製作之名牌，以及所作之廣播等，凡以中文指台灣地區體育團隊與體育組織時，均稱之爲「中華台北」。

4.兩岸體育交流處理規範：

前行政院體育委員會於民國87年頒定了「處理台灣地區及中國大陸地區兩岸體育交流」的規定，其中涵蓋範圍如下：

(1)中國大陸體育人士來台辦理程序。

(2)國旗及元首肖像布置問題。

(3)名稱及稱謂處理方式。

(4)體育人士赴訪中國大陸地區。

(5)接待單位與中國大陸來台體育人士發生糾紛之處理。

具體規範主要內容如下：

(1)辦理中國大陸體育人士來台從事體育交流活動之接待單位，應依據「台灣地區與大陸地區人民關係條例」及「大陸地區專業人士來台從事專業活動許可辦法」等規定提出申請。

(2)應注意其安全，並以不亢不卑態度依核准行程接待。

(3)中國大陸體育人士提出我方官員不得出席相關活動要求者，應予拒絕。

(4)請求更動活動場地原有我方國旗及元首肖像布置者，應堅持國旗及元首肖像維持原狀。

(5)彼此稱謂應求對等，不得使用矮化我方之用詞。

(6)國際性體育活動有關旗歌及稱謂，應依國際奧會或相關國際體育組織規範辦理。對赴中國大陸地區參加體育活動亦有規定，不得接受任何矮化或對我方不利之要求或安排。

(7)在國際體育運動組織註冊有案之名稱及旗歌應依規定辦理；不得組隊前往大陸地區參加其「全國性」體育活動。中國大陸人士有統戰宣傳及歪曲說詞者，應適時予以澄清。

五、身心障礙國民運動政策

目前所言之「特殊體育」乃專指針對「身心障礙者」實施的體育運動。教育部於民國88年將國內慣用之「特殊體育」改稱為「適應體育」。相關政策如下：

(一)組織方面

民國81（1992）年前，教育部體育司兼辦。民國81（1992）年，教育部依「發展與改進特殊教育五年計畫」第十一項計畫「推展特殊體育及殘障運動」第一點工作要項「成立特殊體育及殘障運動推行委員會」規定，在「特殊教育委員會」下設「特殊體育運動推動小組」專責推動特殊體育，督導奧會、中華民國體育運動總會（Republic of China Sports Federation）、大專體總、高中體總、各

縣市體育會、各大專院校成立「特殊體育及殘障運動委員會」，作為推動特殊體育及殘障運動之專責單位。民國86（1997）年體委會成立後，體委會設「身心障礙國民運動委員會」專責身心障礙國民運動政策之研擬、活動指導等政務。

(二)重要政策

1. 民國86（1997）年7月，行政院體育委員會成立後，體委會除設立「身心障礙國民運動委員會」，作為推動身心障礙國民運動政策諮詢外，並隨即每年訂頒「推展身心障礙國民運動實施計畫」，作為每年推動身心障礙國民運動依據。計畫中共有七大工作要項，二十三項執行要項，其中七大工作要項包括改善無障礙運動設施環境、加強身心障礙運動競賽與活動、加強身心障礙運動選手、教練暨身心障礙運動人才培訓、加強身心障礙運動國際交流、研發身心障礙運動軟硬體設施、輔助身心障礙運動團體以及其他補助事項。並訂定「推展身心障礙國民運動經費補助原則」，作為經費補助依據。

2. 民國88（1999）年10月，教育部賡續「改進特殊體育教學實施計畫」，訂頒第二階段計畫「適應體育教學中程發展計畫」，計畫期程五年，自民國88（1999）年至民國92（2003）年，計畫主要工作方向為教學與策略、教材與教具、輔導與評鑑、研究與發展、進修與考察、場地與設施、活動與資訊等七大方向。

3. 民國93（2004）年1月，教育部再訂頒「增進適應體育發展方案」，作為「改進特殊體育教學實施計畫」之第三階段計畫，計畫期程五年，自民國93（2004）年至民國97（2008）

年，主要計畫重點工作方向為加強適應體育活動之推廣、健
全適應體育師資進修和培訓、強化適應體育課程與教學、改
善適應體育學習環境、落實適應體育輔導機制等六項。

(三)身心障礙教育法規

1.民國66（1977）年教育部訂頒「國民（初級）中學體育特別
班實施計畫」，規定各校應成立「體育特別班」，以輔導肢
體殘障、體能不足或病患傷殘不適宜接受一般體育教育之學
生。體育特別班以每班不超過15人為原則，未能成立體育特
別班者，體育正課應實施個別輔導。本計畫對設班目標、實
施原則、行政組織、教材總類及要項、教學及指導原則、成
績考核等都有明確規範。

2.民國71（1982）年教育部規定，患病學生體育成績考核應確
實按規定辦理，並再強調學生入學時，應辦理健康檢查，健
康狀態資料供體育教師參考；不宜參加劇烈體育活動之患病
學生超過10人時，應設置體育特別班，施以特殊設計之體育
活動。

(四)競技與獎勵

◆舉辦全國身心障礙國民運動會

綜合性之身心障礙國民運動會，早期係以「仁愛運動會」、
「自強運動會」之嘉年華形式舉辦，民國81（1992）年，教育部
在設「特殊體育運動推動小組」專責推動特殊體育後，對身心障礙
國民體育的推展，除了教育、活動外，也擴及身心障礙運動選手的
培育，以代表國家參加國際競賽，為國爭光。因而將「台灣區身心
殘障國民自強運動會」轉型為「競技性」的運動會，以提供身心障

礙國民運動競技表現的舞台。民國83（1994）年的「台灣區身心殘障國民自強運動會」，開始比照「台灣區運動會」的形式，改為「台灣區殘障國民運動會」。第1屆台灣區殘障國民運動會於民國83（1994）年由高雄市舉辦，主管機關為教育部。民國86（1997）年，行政院體育委員會成立後，主管機關改為行政院體育委員會，大會名稱亦改為「全國身心殘障國民運動會」。

◆獎勵

由於績優身心障礙運動會轉型為競技性賽會後，身心障礙運動選手參加競技性賽會機會增加，選手在辛苦訓練得到競賽成績後，也要求比照一般選手給予獎勵，主管機關體委會與教育部，也有感於績優身心障礙運動選手的確需要予以鼓勵，體委會與教育部乃分別擬（修）訂相關規定，辦理獎勵事宜。獎勵方式包括頒給獎助金與獎狀，獎勵對象包括獲身心障礙帕拉林匹克運動會、聽障達福林匹克運動會、亞洲帕拉運動會績優者。對參加國際性綜合運動賽會臨場表現特殊優異者，亦得主動以行政院院長或體委會首長名義頒給即時鼓勵金。

此外，對績優身心障礙運動選手的升學亦有輔導措施。民國88（1999）年7月，教育部以台（88）參字第88074896號文令發布修正「中等以上學校運動成績優良學生升學輔導辦法」，增訂第五條，中等學校畢業之身心障礙學生，申請甄審輔導至大學院校之資格；第六條，中等學校畢業之身心障礙學生，申請甄試輔導至大學院校之資格；第七條，專科學校之身心障礙學生申請甄審輔導至大學校院之資格。

六、其他相關體育運動政策

(一)運動禁藥政策

「運動禁藥」依「世界運動禁藥管制組織暨聯合國教科文組織教育宣導資料」的說明為：「運動禁藥指運動員違規使用禁用物質或方法提升訓練效能及運動成績，除類固醇之外，興奮劑、賀爾蒙、利尿劑、止痛劑、大麻等其他禁用物質，以及違規輸血、基因違規操作等禁用方法，甚至拒絕接受禁藥檢測或企圖阻擾運動禁藥管制作業都是違規行為」。

運動員上述的違規行為越來越氾濫，國際奧會面對此種現象，於民國77（1988）年6月在加拿大渥太華召開第1屆世界常設反制運動禁藥會議（First Permanent World Conference On Anti-Doping in Sport），邀集27個國家85名政府官員或運動領袖出席會議，會中通過排除運動禁藥方針（Principles in the Elimination of Doping in Sport）、國際反制運動禁藥憲章（International Anti-Doping Charter）、國家反制運動禁藥規範（Model for a National Anti-Doping Programs）等決議。該等決議於同年9月在漢城國際奧會第94屆年會獲得通過，國際奧會乃發函要求各國家奧會及各國政府響應此一全球性的措施。

(二)體育（運動）志工政策

台灣之志願服務在歷年成果的累積下，提供了可見度與可信賴性，逐漸成為台灣社會新文化的一部分，政府亦納為施政的重點——「志工台灣」。民國90（2001）年頒布「志願服務法」，旨在

闡明公部門推動志願服務工作的策略，並建構公部門高效率的志工管理，同時鼓勵社會大眾積極參與志願服務工作，成為積極的社會公民。此項政策推動下，從民國93（2004）年的志願服務從5,087團、599,531人及5,528,318小時，乃至民國96（2007）年的11,544團、496,276人及43,184,133小時，顯見志願服務普及化現象，已成為國家與社會發展重要趨勢。

我國目前體育志工政策重要內容如下：

1.運動志工服務範圍與類型之劃分。
2.體育志工分級及應備資格之確認。
3.體育志工之訓練。
4.體育志工招募與組織。
5.體育志工權益規定。
6.體育志工之輔導。
7.體育志工之獎勵等七大政策內容。

(三)體育團體輔導、評鑑、表揚政策

政府公共事務的推展，除了長期性的由政府主導之外，民間非營利組織的參與、服務也占有重要地位。我國民間體育運動組織長期接受政府補助或委辦相關業務，共同推動體育事務，形成協力與合作夥伴關係，而這些長期代理政府作為、接受政府補助的民間體育團體亦有接受監督之必要。

依照「國民體育法」第八條規定，民間依法成立之各種公益體育團體，其業務應受各該主管機關之指導及考核。體育團體推展體育事務時，除人民團體有關規定外，應依照相關國際體育組織之規定及其章程辦理；中央主管機關為健全體育團體之業務運作，得訂定相關辦法。

學校運動志工培訓研習

　　民國91年前行政院體委會發布「全國性體育團體輔導及考核辦法」，第十四條「為瞭解全國性體育團體會務及業務辦理績效，得定期或不定期派員訪視，並辦理評鑑。訪視或評鑑結果作為行政院體育委員會經費補助或業務委辦之重要參據」。有鑑於此，前行政院體育委員會乃於民國88（1999）年及民國90（2001）年分別辦理「體育團體評鑑」。其中對於體育團體評鑑目標、對象、評鑑組織及分工、評鑑手冊等均有明確規定內容。

(四)體育專業證照政策

　　民國90（2001）年前行政院體育委員會修正發布之「國民體育法施行細則」更明定「本法第十一條所稱體育專業人員，指曾受體育專業教育或訓練之水域救生員、國民體能指導員、運動傷害防護員、登山嚮導員、潛水指導人員、漆彈活動指導員、運動教練及其他以體育為專業之從業人員。」依「國民體育法」規定，體育專業人員須經資格檢定，取得證照，資格檢定、證照核發、校正、換發等事項，由中央主管機關訂定辦法辦理之。迄至目前，體育專業

人員證照方面，各單項運動協會的教練證照，係由中華民國體育運動總會輔導各全國單項運動協會舉辦講習、考試、授證，而由中央體育主管機關予以認定，但尚無正式法律授權。由中央主管機關訂定辦法辦理的有體育專業人員證照，而「體育教師」則依教育相關法規辦理（國民小學部分尚未盡理想）。其他已辦理的有登山嚮導員、國民體能指導員、運動傷害防護員、救生員等。

(五)運動產業發展政策

運動產業發展政策在我國體育政策中，可說是發展較晚的領域。有關我國運動產業政策發展，可從不同階段的行政院體委會中程施政計畫中，看出其發展脈絡。運動產業概念在民國90（2001）年被納入行政院體委會中程施政計畫（90~93年度）有關國際、兩岸體育交流拓展中之「加強兩岸體育運動產業交流」項目。隨即行政院體委會結合學術界及企業界辦理許多宣導及推廣活動，諸如：運動產業博覽會、體育與台灣經濟研討會、運動產業政策國際研討會，以及運動產業徵才博覽會等。

2005行政院體委會中程施政計畫（94~97年度），「運動產業」已被列為「現有策略、計畫執行成效與資源分配檢討——海洋運動發展計畫」項目中，帶動國內觀光旅遊產業促進經濟成長，並在整合國家體育資源計畫中提出民國93（2004）年行政院體委會執行之「我國運動休閒產業發展策略之研究」、「我國運動休閒服務業人才供需調查及培訓策略研究」計畫，並辦理活動產業研討會、活動產業指標研究計畫及運動賽會活動產值調查，希望在國內建立運動產業的概念，並藉以凝聚產、官、學及國人之共識。

2009中程施政計畫（98~101年度），提出整合資源規劃發展運動產業，包括2007年度委託辦理「運動產業發展政策及法制規劃之

研究」、「單項運動賽會產值與就業人數衡量方法研析」，並自民國94（2005）年起陸續進行輔導十四項運動賽會活化事宜。更為重要的是，總統馬英九於民國100（2011）年發布「運動產業發展條例」，使運動產業發展再邁向另一個重要的里程碑。另為促進運動產業發展，體委會依「公益彩券發行條例」，及「運動特種公益彩券管理辦法」為發行法源，於民國95（2006）年12月正式向財政部提出發行運動彩券之申請，終於在民國97（2008）年由台北富邦銀行正式發行運動彩券，藉以提升國民運動風氣，活絡運動產業。另為推動運動產業，結合政府民間力量擴增體育發展資源，籌募社會資源並推展體育運動，籌劃設立「運動發展基金」，挹注體育運動發展；研擬促進運動產業發展相關獎助措施，加速運動產業之多元發展。

此外，民國99（2010）年前體委會再訂定「行政院體育委員會運動發展基金補助運動產業專題會議作業要點」，主要為促進運動產業發展，鼓勵舉辦運動產業專題會議，以廣徵興革意見。俾提供我國運動產業發展策略及輔導政策之重要參考，並提升業者經營管理效能。

運動產業政策未來發展重點為振興運動產業，推動運動休閒服務，有助於體育運動推展及國家經濟發展。其施政重點：

1. 依據運動彩券發行條例及相關規範，輔導管理運動彩券發行相關事宜。
2. 設置運動發展基金，以運動彩券盈餘挹注體育運動發展，強化監督機制及盈餘使用效率。
3. 輔導發展職業運動 、運動觀光、休閒服務等產業。
4. 制定發展運動產業獎助條例，鼓勵企業投資運動休閒業。
5. 籌設國家體育運動博物館。

　　運動產業政策在我國體育政策發展過程較晚，不過從運動產業概念宣導與推廣、研擬運動產業推動計畫、具體推動及法規制訂等，均顯示運動產業政策推動已具初步成效，尤其「運動產業發展條例」、「運動彩券發行條例」及「運動彩券管理辦法」等法規發布執行，這些運動產業里程碑，對我國運動產業發展有極大貢獻。根據先進國家發展經驗，運動產業於經濟發展驅動動能上，具有高度附加價值及發展規模，世界各國莫不視運動產業為國家重點產業及國家升級轉型之新興產業，並傾全力推動扶植，俾以掌握先行優勢。民國100（2011）年6月13日「運動產業發展獎助條例」順利在立法院三讀通過，7月6日由總統公布實施，針對我國運動產業特性及發展需求，以多面向誘導為立法原則，就法規鬆綁、制度建立、多元資金挹注、產業研發及輔導、擴大市場需求及人才培育等，分別自產業供給面、消費需求面及國家經濟背景環境面等各不同面向之發展協助、獎勵補助及其配套管理。如此一來，可提升我國高關聯性之運動產業結構，創造出投資及就業機會，所以具有高度之經濟影響力及外部效益，對我國運動產業發展應有相當大的貢獻。

結　語

　　歷年推出之綜合性體育政策，各有其階段重點，如積極推展全民體育運動計畫、社區體育及職工體育，積極推展全民體育運動重要措施計畫，積極推展國術與民俗體育運動，以及國家體育建設中程計畫中的建立運動聯賽制度等等，都是各階段的重點政策。而各階段有共同的重點政策，如辦理運動選手訓練中心，培養體育專業人才，興建各項運動場地並充實設備，加強國際體育交流活動等計畫，都列為實施要項。此外，體育白皮書則更針對推展全民運動、增進國民體能、振興學校體育、強化競技運動、改善運動環境、鼓

勵民間參與、充實體育內涵、促進體育交流、活絡媒體互動、拓展運動產業等十大議題，提出因應策略及策略推展進程，並建構未來體育發展指標與願景。

在競技運動政策方面，對優秀運動選手培育、運動訓練中心設置、運動教練培育、運動員照護等方面，都有具體的政策。優秀選手培育方面，前教育部體育司推出重點發展學校單項運動、長期培育中小學優秀運動人才、長期培育大專院校優秀運動人才、基層運動選手訓練站、體育班、體育莊敬自強訓練計畫、國軍運動人才培訓、準備參加亞奧運會選訓計畫等等。體委會除接續辦理基層運動選手訓練站、國軍運動人才培訓、準備參加亞奧運會選訓計畫，並再提出運動人才中長程培育計畫、振興棒球運動總計畫及體育替代役等計畫，因此，可以看出政府在這方面的用心。

此外，優秀運動員的照顧方面，學業有「中等以上學校運動成績優良學生升學輔導辦法」，就業有「績優運動選手就業輔導辦法」，兵役有「參加奧運會集訓運動選手兵役義務處理規定」、「國家體育競技代表隊服補充兵役辦法」、「行政院體育委員會替代役體育役役男服勤管理要點」，獎金有「國光體育獎章頒發要點」，對績優運動選手的照顧，可看到政府已經考慮到無微不至。

在全民運動方面，前教育部體育司推出社區體育、職工體育、提升國民體能計畫，前行政院體育委員會除賡續辦前述計畫外，再推出陽光健身計畫、運動健康促進計畫、運動人口倍增計畫、海洋運動計畫、打造運動島計畫、泳起來專案，並對推展體育有功之單位、個人給予表揚，也可以看到政府在全民運動方面的用心。

在國際體育方面，雖沒有很顯赫的運動成績，但民國98（2009）年，成功舉辦了世界運動會與聽障奧運，尤其是在兩岸關係微妙之下，總統馬英九能依國際慣例，以國家元首身分蒞會宣布大會揭幕，也是我國在國際體育及兩岸體育方面的重大突破。

近期政府對國家運動設施整體興設計畫、改善國民運動環境計畫、國家運動訓練中心興（整）建計畫的支持，及對運動彩券發行與體育運動產業發展的重視，都可以看到，國家的體育政策，將帶動國家體育的快速發展。

教育部《體育運動政策白皮書》（2012）揭櫫以「健康國民、卓越競技、活力台灣」為願景，匯集體育運動智慧典範，據以擘劃2023年國家體育運動新願景：以「健康國民」營造富而好動之健康國家，以「卓越競技」強化運動人才，提升國際競爭力，以及以「活力台灣」活絡運動產業，並建置優質運動文化，進以貫穿匯通「優質運動文化」、「傑出運動表現」與「蓬勃運動產業」之三大核心理念，以及「學校體育」、「全民運動」、「競技運動」、「國際及兩岸運動」、「運動產業」、「運動設施」等六項主軸。此外，為了順應時代脈動，並追求體育運動發展之進步革新，以此國家體育運動之方向，作為國民創造愉快的運動經驗，並培育健康卓越人才為核心使命，則體育署在此時空環境變化下，建立新的思維和新的方向，統籌所有體育運動相關事項，擘劃未來十年台灣體壇發展方向。

問題與討論

一、簡述政府體育運動推展之核心理念？

二、簡述我國體育運動發展之願景與目標？

三、運動產業發展政策對我國體育運動發展之影響為何？

四、試思考兩岸體育運動交流演變之時代意義？

參考文獻

行政院體育委員會（2011）。《中華民國建國100年體育專輯——體育政策》。台北：行政院體育委員會。

行政院體育委員會（1999）。《中華民國體育白皮書》。台北：行政院體育委員會。

行政院體育委員會（1999）。《我國體育政策發展與展望》。台北：行政院體育委員會。

行政院體育委員會（2012）。《中華民國101年運動統計》。台北：行政院體育委員會。

吳文忠（1981）。《中國體育發展史》。台北：三民書局。

教育部體育署（2013）。《中華民國102年運動統計》。台北：教育部體育署。

教育部體育署（2013）。關於體育署——102年度工作計畫。

http://www.sa.gov.tw/wSite/ct?xItem=3131&ctNode=282&mp=11&idPath=214_224，檢索日期：103年7月20日。

教育部體育署（2014）。關於體育署——103年度工作計畫。

http://www.sa.gov.tw/wSite/ct?xItem=6592&ctNode=282&mp=11&idPath=214_224，檢索日期：103年7月20日。

教育部（2012）。《體育運動政策白皮書》。教育部。

教育部（1990）。《國家體育建設中程計畫，體育法規選輯》。教育部。

運動人才資料庫登錄網。http://athletic.ccu.edu.tw/register.php，檢索日期：102年11月26日。

成功領導與管理的思維

　　我們常犯的大錯誤，就是把壞脾氣丟給最親近的人，卻把耐心留給與我們關係不深的人；把別人的過錯攬在自己心上，承擔、受罪，折磨自己。

——陳敦禮

3

學校體育運動行政與管理

本章學習目標

1. 瞭解各級學校之體育行政主管單位。
2. 瞭解學校體育行政的意義與內容。
3. 瞭解學校體育行政的功能。
4. 瞭解學校體育行政運作原則。
5. 瞭解學校體育行政計畫。
6. 瞭解政府政策下的學校體育行政。
7. 瞭解政府之學校體育發展目標。
8. 瞭解學校體育行政的領導。
9. 瞭解學校體育運動的管理。
10. 瞭解學校體育行政的評鑑。
11. 瞭解學校體育推展情形。

成功領導與管理的思維

　　那些立身揚名、出類拔萃的，他們憑藉的力量是德行，而這也正是我的力量。

——貝多芬

前　言

　　面對21世紀的全球化激烈競爭，為加強競爭優勢，各國無不積極投入人才培育，以「教育強化競爭力」成為國家施政之重要目標。為培養兼具專業與通識人才，養成具宏觀視野及強健體魄的國民，讓國家更具競爭力，教育部特定教育施政五大主軸「全人教育、生命教育、終身教育、完全學習、健康校園」，以發展全人教育為目標，強調多元智能適性發展，以品德教育落實全人格教育，鼓勵五育並重之全方位學習。

　　學校體育是教育重要的一環，「健全的心靈，寓於健康的身體」；透過體育運動的過程，不僅能夠學習尊重、互助合作及公平競爭的精神，更可培養品德，促進人際關係，增進國民體能，提高國民素質。因此，學校體育已是全人教育發展歷程中不可或缺的重要環節，值得我們共同關切與重視。

 # 第一節　學校體育行政組織

一、學校體育行政組織之重要性

　　學校體育行政是朝著達成預定目標的方向而進行著。各級學校為使整個學校運作更有效率，以達成預定之目標，首先要有健全的行政組織。將學校中的制度和人有效的組織起來，適當的分配權責，流暢溝通所有管道，使整個學校組織統整成為一個有機體，促使組織功能的發揮。健全的學校體育行政組織和可行的學校體育行政計畫，有如鳥之雙翼、車之雙輪，彼此相輔為用，缺一不可。

　　學校體育為社會體育與國際體育之基礎，亦居競技運動與全民運動之樞紐，其教學、師資、課程、課外活動、運動團隊組訓等課題，實乃各級學校必須努力經營的範疇與方向。而學校體育經營成功之基礎，係建立在行政效能之彰顯。因此，為達成學校體育目標，各級學校體育行政主管，對於相關行政事宜，應先做一清晰的掌握與規劃，並依照各項體育運動實施計畫確實執行，最後則針對各項執行業務進行評估，以作為未來改善之參考依據。如此，學校體育之經營方能克盡其功。總而言之，學校體育行政之主要課題在於針對學校體育行政之內涵、定義與範疇，說明與其相關之各項事務的規範，並從學校體育行政組織之概況、學校體育之規劃、學校體育之執行與評估中，打造學校體育行政之希望工程，創造各項體育運動業務之最佳績效。

　　學校體育行政組織是學校行政組織的分支，自然無法獨立於學校行政組織之外而獨自運作。依法令規定，大學校院之體育行政組

織是屬於學校的一級行政單位，而中小學的體育行政組織是隸屬在學務處下之二級行政單位。不過由於各級學校體育行政工作之範圍與內容是相似的，因此，負責全校體育工作之計畫、執行及評鑑之行政單位之重要性，切勿因行政組織位階之高低而有差別。

學校體育的經營，組織是必要的條件。雖然體育課教學表面看起來每一位體育教師就可以單獨指導實施，可是僅靠體育教師的力量，欲統整體育教學成立的軟硬體條件（諸如運動場地設備、分組教學等）是不可能的。它務必要確立互相協力的指導體制（即體育教學組、體育教學研習會或委員會），才能實現正常化、樂趣化及績效化的體育教學。此外，校內外活動和比賽之經營，確立指導組織來有效領導，亦不容忽視。蓋這些課程是屬於學生半自主性或自主性課程，實施時間泰半於課餘，活動範圍遍及校內外。於是經營體的每一位成員務必一面發揮服務精神，一面認真負責自己的職務，共同完成組織目標而努力，如此經營成果才能有期待。總而言之，行政組織在推動體育運動方面，具舉足輕重之地位，亦具當然之必要性。

二、學校體育行政組織

我國學校體育行政組織在中央政府為教育部體育署（學校體育組），地方則為各直轄市體育處及縣市政府教育局、處（體健科），各級學校設有體育行政單位，專責體育教學與活動之推動，國小至專科學校則於學務處下設體育組，大學校院則設有體育室（處、組、中心或相關單位）。而推動各級學校體育運動業務之民間體育行政組織則有中華民國大專院校體育總會、中華民國高級中等學校體育總會、縣市中等學校體育促進會及國民小學體育促進會等等。

　　學校體育除了包含課程與活動之外，亦具有行政之特性，因而在整體學校組織系統中，單獨處理學校體育行政組織型態，有其實務工作運作考量之需要。學校體育行政是學校行政之一部分，亦為學校組織系統之分支，故未能獨立於學校組織系統之外，而獨立運作。

　　學校體育運動行政上有其法定的正式組織型態：即其組織的位階、組織的內容、組織的事權及組織的員額編制等，均依據教育法令的規定與各校的組織章程而制訂；它是法定的組織、正式的組織。

　　長久以來，各大學依規定設置體育室（或中心等），以「負責全校體育教學和體育活動之行政工作，並得依其職掌設『組』分項辦事」。然而，當今教育部放寬大學校內組織單位之設置規定，修訂大學法為：各校「得設各種行政單位或召開各種會議；行政單位之名稱、會議之任務、職掌、分工、行政主管之資格及其他應遵行事項，於大學組織規程定之」。於是，校內的體育運動行政組織，瞬間變得可有可無，可大可小；全由各校依需求、依發展特色而設置之。儘管如此，絕大多數學校為了持續推展各種體育運動之教學、競賽、表演、培訓、研習或交流等龐大業務，依然維持現有之體育運動相關單位，名稱可能仍為「室」，或稱為「處」、「中心」、「組」。而權責層級可能三級、二級，亦有學校提高到一級。隸屬單位有人文社會學院、通識學院、通識中心、學務處、教務處或者是校長室等等。

　　高級中學、國民中學及國民小學亦放寬規定，各校掌握大原則，設教務、學生事務、總務三處，各設主管，由校長主持全校教務、學生事務、總務事項。而學校多半依然維持舊有的體育運動相關單位，例如體育運動組或體育衛生組等。以持續推展各種體育運動之教學、競賽、表演、培訓或交流等業務。

第二節　學校體育行政的意義與內容

一、體育行政的意義

　　由於英文「Administration」的意義，包含有行政和管理兩種意涵，所以Administration of physical education一詞，行政機關和學校都使用。即行政機關稱體育行政，學校稱體育管理。事實上兩者本質相同，可是具體事項則各有不同內容。所謂「體育行政」，是執行國家體育政策的行政機關業務，它包含有指導和管理內容，並依據法令，由規定的行政機關執行相關業務。因此，行政具有指導機能，它有別於古代的強制和服從的行政方式，而演變爲指導和促進的行政機能係近代行政之趨勢。簡單的解釋，就是國家對體育事業的行政。換句話說，就是政府負起計畫、執行與考核的責任，採用最經濟而有效的方法，實施體育政策，鍛鍊國民強健體格，培養民族朝氣，以達到民強則國強的理想與目的。而「體育管理」是舉辦體育活動時組織內的作用，它具有直接指導，間接整備設施，而提升活動效果之援助功能。

　　從另一角度而言，體育行政是以科學的方法，研究有關體育設施方面的計畫、執行、考核等法則，以最經濟的手段與最有效的方法，用於學校或社會，使體育業務的推行，能因組織、設計、實施、管理、視督等合理措施，而達到預期效果的一門學術。

二、學校體育行政之意義

　　學校體育是在以學校教育為主的環境中，以身體運動、衛生保健為手段，採用體育課、課外體育活動等多種組織形式，鍛鍊學生身體、增強學生體質、培養體適能、進行道德品質教育、促進學生身心全面發展的有計畫、有組織的教育活動。學校體育也是學校教育的重要內容，學校應提供或布置有計畫、有組織、有系統、具備安全設施的體育運動環境，滿足學生身心發展的需要，並規定、鼓勵或引導學生從事體育課程學習、練習、訓練及比賽，以完成學校體育目標。

　　「學校體育行政」即學校所處理的一切體育相關事務，舉凡人、事、財、物等各方面都包括在內。更嚴謹的說法，學校體育行政乃是：學校機關依據體育教育原則，運用有效和科學的方法，對於學校內體育相關人、事、財、物等業務，做最妥善而適當的處理，以促進體育教育進步，達成體育教育目標的一種歷程。

　　學校體育行政的本質，具有教育性和服務性，在於導引和支援「教」與「學」，為師生服務。而其所使用的方法，乃是採用有系統、有組織的方法，處理各項業務，以提高工作績效。至於其內容則含括教務、訓導、總務、輔導、人事、會計和研究發展等業務。最後的目的，在於促進體育教育進步，達成體育教育目標。所以，學校體育行政不僅是目標的達成，而且也是達成目標的一種歷程。

　　學校是由校長、教職員工、學生等人員組成的專業教育機關，在校長領導之下支援教學活動，為全校師生之教學服務，並有效處理校內外教育問題，達成學校的教育目標。因此，學校教育首重健全組織、有效領導、凝聚效力、發揮全校人力，並有計畫、有方法、有效率的執行學校行政業務；換言之，即要有適當且妥善的行

政處理，有效的運作，才能竟其功。

　　體育是教育，學校體育是學校教育課程之一，則學校體育行政是學校行政的一種，應是順理成章之事。學校體育課程是由體育課教學、校內體育活動比賽、校外運動比賽等內容構成的，論其服務對象則遍及全校學生，欲使體育課程與活動能有效運作，則各校非有體育專業的業務單位，以及專業人員負責其事不可。如上所述，學校體育已成為專業的理論課程且成為學術研究領域之一，因學校體育係專門研究學校體育課程之科目，而學校體育課程之實施與運作，則有賴學校體育行政之經營管理。因此，「學校體育」、「學校體育課程」、「學校體育行政」等三者成為相同的研究對象，並且在支援體育教學和體育活動比賽、服務全校師生、落實體育教育、增進學生健康、提升運動水準等方面，共同完成學校的體育目標。

三、學校體育行政的內容

　　學校體育行政內容應包含「學校體育課程」和「學校體育行政」兩類。體育課程是由體育課、校內體育活動與比賽、校外體育活動與比賽所構成的，由於體育課程學習對象遍及全校學生，學習之場所及設備種類多且所占校地之面積大、學習年限最長至十六年、一天服務學生學習時間長達十四小時之久、學生學習過程具有意外之風險性，學習教材多達二十多項等，所以非有專責、專業及專人的行政單位處理不可。學校行政內容是由人、事、財、物等四種類別所構成的，所以學校體育行政之內容亦可區分為人、事、財、物等殆無異議。

(一)人的方面

　　學校體育行政的主體是「人」，不論是處事、理財及用物者都是人；人就是在處事、理財及用物的過程中處理行政工作。因此，人是學校體育行政工作能否順利完成的重要角色。各級學校依規定設有體育組、體育衛生組、體育室或體育處等體育相關行政單位，而與這些單位相關的「人」即學生、體育教師、一般教師、運動教練、行政人員等等。

(二)事的方面

　　體育課教學、校內體育活動及比賽、校外體育活動及比賽等學校體育課程內容就是行政的事務，它是動態取向的事務工作。支援全校體育課教學是學校體育行政的首要工作，亦為最艱巨的工作。全校體育課程教學之正常化、樂趣化及績效化與否，攸關學校體育行政工作之成敗。

(三)財的方面

　　財指的是學校的體育經費。學校體育行政具有異於學校各行政單位的特性，因此，不但要有專責單位專任人員負責推動，而且也要有專款的經費支援，才能使行政業務圓滿完成。例如，學校要興建多種運動項目的場、館、池等場地，也要購置種類繁多的設備與器材、舉辦運動會或各項運動競賽活動，更要組訓代表隊並參與競賽等等。

(四)物的方面

學校體育行政除了具有教育性外，尚具有服務性的特質，因此，它在於導引與支援學校的體育課教學、運動比賽、體育活動等，並且尚有開放服務社區民眾之責。職是之故，學校內的一切體育的「物」，均應以符合教育目標，支援校務發展為鵠的。「物」指的是運動場地與器材設備，亦即支援體育課教學及體育活動比賽的所有運動場地、設施、器材而言。

綜合言之，「人」是學校體育行政的主體，「事」是學校體育行政之核心，而「人」、「財」、「物」等行政之內容，都因「事」的存在，它們才會存在。即「人」、「財」、「物」等都是為「事」而服務。當學校內沒有體育課程與校內外運動比賽活動時，體育行政的事務就不存在，則體育行政單位也無必要設置。

第三節　學校體育行政的功能

學校體育行政是達成體育教育目標的必要手段之一。因此，它必須提供師生最佳的教學與學習環境，方能發揮教學效果。所以，學校體育行政的功能，主要可歸納如下：

一、提供學生接受適當教育的機會

學校行政的功能，在於使合適的學生，在國家財力許可與學生最能受惠的條件下，從合適的教師中，接受適當的教育。因此，學校各種行政措施，如課程編排、教學實施、生活管理、團隊活動、

安全教育等，其最主要的功能在使學生能夠接受最適當的教育。

二、協助教師體育教學活動的進行

　　學校體育行政本身是一種服務性、支援性的工作。而學校體育教育的主體，一是施教者（體育教師與教練），另一種是受教者（學生）。施教者使體育教學活動順利進行，除了展現自己的體育專業知識與技能外，學校體育行政的支援是不可或缺的要件。由於在體育教學過程中，需要進行運動相關設備或學習環境的提供，故有賴學校的行政支援，才能使體育教學活動順利進行。

三、增進學生學習活動的興趣

　　學生來自不同的家庭環境，其能力、興趣和需求不盡相同。因此，每位學生須加以尊重和關懷，使其潛能都能夠發揮出來。所以，如何引導、啓發與培養學生的學習興趣，便成為體育教師的教學重點，也是學校體育行政工作的重要目標。因此，學校體育行政應該配合教師教學活動的進行，提供學生最佳的學習環境，使學生能夠提高興趣，快快樂樂的學習，並鍛鍊強健的體魄。

四、協助政府社會教育的推動

　　學校體育行政除了協助體育教學與運動相關活動外，對於政府各種體育運動相關政令的宣導或賽會宣傳，如水上遊憩安全、學生體適能檢測、全國中等學校運動會、世界大學運動會等方面，也要盡量予以協助和配合，使得政府各種體育運動相關政令的宣導能

夠眞正落實，讓師生和民衆都能瞭解到政府施政的方針和重點。所以，學校體育行政能夠擴大其服務範圍，則社會教育的功能將更爲彰顯。依據「國民教育法」第十五條規定，國民小學應配合地方需要，協助辦理社會教育，促進社區發展，辦理下列事項：

1.開放運動場所、集會場所及圖書閱覽室等供民衆使用。
2.協助社區民衆舉辦各項體育及康樂活動。
3.輔導家庭教育及親職教育。
4.舉辦有益於改善社區民俗之活動。
5.其他有關社會教育事項。

 ## 第四節　學校體育行政運作原則

　　學校體育行政屬於教育行政的一部分。因爲學校是以「教育人」爲目的，其成效最不易評估；不像一般企業機構，可由其利潤來瞭解其績效。但是，學校體育行政的運作仍必須顧及效率或效能，下列幾項運作的原則必須把握住，組織才能發揮其功效，學生才能獲益，教育的目標才能達到。

一、專業化原則

　　任何專業，必須具備下列條件：(1)提供獨特的服務；(2)接受較長時間的養成教育；(3)不斷接受在職教育；(4)具有相當的自主權；(5)遵守倫理信條。學校體育行政主要目的之一，在於協助和支援體育教學與運動訓練工作，進而提升學生學習品質與鍛鍊強健體魄。是故，學校體育行政人員必須具有體育專業知識與素養，才能提

供給師生最有效的服務。為了加強學校體育行政人員的專業化，除了人員應具備政府所規定的任用資格外，也要定期讓人員有接受在職訓練的機會，並賦予相當的工作自主權，以培養其優秀的專業能力，俾有效地履行其所負責的行政工作。因此，學校體育行政績效高低與否，行政人員的專業化程度，實居於舉足輕重之關鍵地位。

二、科學化原則

學校體育行政工作，經緯萬端，甚為複雜。因此，需要採用科學的方法，才能馭繁為簡，提高績效。目前，處在資訊的社會，學校體育行政已紛紛採用管理資訊系統來處理學校各項體育運動相關業務，譬如體育課程大綱輸入、課程分組選項選課、出缺席登錄、運動代表隊資料建立、體適能檢測資料建檔、成績建檔與查詢、經費預算建檔、費用支出之申請與記錄、賽會或活動之電子化報名與分發、設備與圖書之管理等等，目的在於減輕人力，降低成本，提高績效。所以，辦公室自動化也成為時代之所趨。當然，資訊化只是科學方法的一種，善於運用有組織、有系統的方法，處理學校體育運動各項相關業務，使其能夠順利有效的運作，亦為科學化的方式之一。

三、學術化原則

體育運動相關學術與科技之發展，進步神速，日新月異。學校體育行政人員必須隨時進修與研究，方能掌握教育動態與訊息，成為時代的先鋒。

體育運動相關的學術領域範圍極廣，除了各單項運動之學術與技能外，另外亦涵蓋體育教育學、體育原理、體育社會學、運

動指導、體育行政、體育法令、運動管理、運動場館管理、運動生理學、運動生物力學、運動心理學、運動行銷學、體適能、健身訓練、健身俱樂部經營管理、運動營養學、休閒運動、運動與休閒人力資源管理、運動與休閒產業經營、運動與休閒服務等等。

　　面對這麼多學術領域，學校體育行政在處理各項業務時，必然要遇到不少困擾或生疏的問題。如果要有效地解決這些問題，教師、教練與行政人員必須參加研習或參與研究，以順應體育運動學術化的發展趨勢，進而改善學校體育運動行政運作方式，以臻先進國家之境地。

四、民主化原則

　　學校體育行政的推動，絕非個人或少數人的力量可以做好的，必須群策群力，集思廣益，方能收到最大效果。身為學校體育行政主管，處理任何事情，不可存有「唯我獨尊」、「獨斷獨行」的心態，否則將會得到反效果。在一個開放和多元的社會，應讓同仁們有充分表達意見的機會。俗語說：「三個臭皮匠，勝過一個諸葛亮」，其意在此。所以，在處理學校體育行政時，多運用會議方式，廣泛聽取同仁意見；或者私下請益，將可收到良好的行政效果。

五、整體化原則

　　學校是一個小型的社會，為求學校能夠健全發展，學校體育行政的推動，必須著眼於整個團體。因此，要去除單位「本位主義」的觀念。目前，各級學校業務推動，常會發生很多難題或摩擦，其中一個主要癥結所在，就是本位主義作祟，各單位不是認為自己的業務最重要，就是認為體育業務事不關己，不予重視。譬如，全校

運動會的推動，常見校內各單位觀望體育組（室）唱獨角戲，就是最好的例證。所以，處理學校體育行政的基本原則之一，就是各單位要放棄「本位主義」觀念，一切爲大局著想，在學校高層的領導之下，彼此相互協調，密切合作，謀求學校整體的體育發展，才能實現體育教育目標。

六、彈性化原則

體育行政事務處理必須保持充分的彈性，才能適應學校環境可能的變化和發展。因爲學校體育行政所涉及的因素相當多，除了學校校長、體育主管、會計主管、總務主管、經費預算、場地、設施等內在環境本身的因素影響之外，同時也會受到教育部、縣市政府單位、政治人物、社區人士、文化活動，以及經濟狀況等外在環境的影響。因此，處理體育行政事務，宜在法令許可範圍內，適時做彈性處理，切莫拘泥形式，一成不變，才能適應環境之所需，藉以收到事半功倍之效。

七、績效化原則

學校體育行政最根本的目的，在於追求教育目標實現之績效，亦即學校體育行政宜以最少的人力、物力和時間，而得到最大的教育利益。當然，學校體育行政的成功與否，不只是依在每位學生身上花費了多少成本，產生多少看得到的業績，最重要的在於是否培養出學生健康的身心與健全的人格。是故，學校體育行政績效化原則，不僅是追求經濟效益，更重要的是追求教育效益和社會效益，爲社會培養出有用的人才。

小朋友體能課程

 ## 第五節　學校體育行政的計畫

一、計畫的意義與概念

　　「計畫」是學校行政過程（管理過程或經營過程）中最重要之一環，沒有計畫則其他行政過程中諸如組織、溝通協調、控制、評鑑等皆無從實施。正常且有效的學校經營，有賴於正確的目標、周密的計畫、適當的執行、客觀的評鑑等過程，才能達臻預期的目標。由此可知，周密的計畫或有效的計畫是學校行政的基礎，亦為整體學校行政工作運作之藍圖。因為只有按照計畫依序執行，方能促進學校行政工作井然有序，發揮其行政功能，進而達成預期目標。我國俗語說：「凡事豫則立，不豫則廢」，其旨意在詮釋計畫

之有或無，會產生截然不同的結果。學校體育行政工作鉅細繁多，動態與靜態兼備，如果要有效地處理各種行政業務，有效的資源分配和人力配當，則有賴於周密的行政計畫以及計畫執行的有效運作，否則行政運作必艱鉅難行，而且會浪費有限資源，甚至造成無可挽救的損失。

由以上可知，計畫包含下列概念：

1.計畫是行政過程的起點，它是經營機能之最重要之要素。

2.計畫是預先決定的。

3.計畫是運用有關的資訊，經過慎密思考與理智選擇的結果。

4.計畫是行動的準則，是考核的依據，是管理的基礎。

5.計畫具有動態特性，它是一個連續不斷的歷程。

二、擬定計畫之原則

學校體育行政計畫的目的在於確立工作目標，擬定合理方案，有效的執行與圓滿的完成。因此，在訂定計畫時，必須講究原則，方能擬訂一個合理且可行之計畫。通常擬訂合理且可行之計畫，應注意下面原則：

(一)民主參與原則

學校體育行政工作成敗攸關全校學生權益以及學校聲譽，因此，計畫的擬訂，當求匯集全校體育教師與各相關委員會成員之智慧，以謀求集思廣益。並藉全校體育教師參與方式，促使彼等對計畫內容有深入瞭解，以產生認同與支持，進而增加計畫執行的順利性。同時表示對體育教師之尊重，滿足成員的心理需求，促進成員與行政人員關係之和諧，有助體育組（室）團結合作的組織氣候營造。

(二)溝通宣導原則

學校體育行政工作實施對象是全校教學單位（各系所、各班級）之學生，而且協助單位遍及全校各行政單位，於是計畫在執行時或許會遭遇到學校有關單位因對計畫重要性以及內容不甚瞭解所產生的阻力，而致使計畫執行時間的延宕以及計畫推廣得不順遂。因此，計畫編定階段和執行過程中，溝通與宣導至為重要。因為溝通可以化解歧見，宣導可以貫徹計畫執行。至於溝通與宣導方式，可以採用正式的管道方式（譬如各種會議、海報公告），也可以採取非正式組織的管道方式（譬如各種私人聚會）進行。

(三)一貫性原則

學校體育行政計畫有長程、中程、短程等計畫之分，亦有學年、學期、每月、每週等計畫之別，但彼此之間必須有一貫性，彼此間互相包容不矛盾，且有次序性，如此才能發揮承先啓後之作用。

(四)一致性原則

學校體育行政計畫雖有整體性及部分性之分，亦有硬體計畫與軟體計畫之別，但計畫內容之目標、原則與精神等必須一致，才能相輔相成，不致分散或抵銷學校資源。

三、計畫內容之編擬

體育室（組）於每學年之始，擬訂草案，提交體育會議決定，其重要項目如下：

1.全年度全校體育實施計畫大綱。

2.全年度體育經費預算。

3.體育場地擴充計畫及其經費預算。

4.全年度各班級體育教材進度預定表。

5.全年度課外運動實施計畫辦法及其成績記錄與統計。

6.全年度運動比賽、體育表演及野外活動等實施計畫及其成績
　記錄與統計等。

7.健康檢查辦法，記錄、統計及其矯治結果等。

8.體育成績考核辦法、成績標準及其記錄統計等。

9.其他與體育有關事項之計畫、章則、辦法及實施成績記錄。

10.體能測驗。

11.體育室（組）之組織及職掌分配。

12.全學年度體育室（組）行事曆。

13.運動場地改建及興建。

14.運動會籌備。

15.運動代表隊組訓。

16.體育表演會。

17.體育學術研究等。

 ## 第六節　政府政策下的學校體育行政

一、政府主導之學校體育相關行政業務

　　教育部體育署（或前體育司）以及各縣市政府必須主導、輔導與監督許多各級學校體育運動相關的行政業務。簡述如下：

1. 關於各級學校體育實施辦法之執行事項。

2. 關於各級學校體育輔導與獎勵事項。

3. 關於各級學校體育場地設備標準之訂定與興建事項。

4. 關於各級學校體育運動競賽之推行與督導事項。

5. 關於各級學校體育聯賽制度之建立與推展事項。

6. 關於各級學校體育課程標準協辦事項。

7. 關於各級學校體育師資培養及進修協辦事項。

8. 關於各級學校體育優秀運動選手之培養訓練事項。

9. 關於青少年寒暑假體育活動營之規劃與推行事項。

10. 關於運動績優學生升學輔導事項。

11. 關於學校專任運動教練甄選、儲訓、分發、考核事項。

12. 關於各級學校體育總會業務之輔導事項。

13. 關於體育院校之設立、變更、組織、行政、招生、學籍、課程、教材、教學、校舍建築、設備、經費預算、支配等事項。

14. 關於體育院校訓育、軍訓及其他有關會辦事項。

15. 關於體育中學籌劃事項。

16. 關於一般院校體育科系所之輔導事項。

17. 關於學校體育運動團體與人員之國際交流事項。

18. 關於民俗運動之推展與組團出國訪問事項。

19. 其他有關學校體育事項。

二、學校體育政策以推展全民體育與提升競技運動成績為主軸

整體學校體育政策以推展全民體育與提升競技運動成績為主要方向。分述如下：

1. 為促進學生身體活動，讓運動帶給學生健康的智慧，教育部於民國96年7月公布「快活計畫」，補助學校設置多元運動設施，吸引學生加入運動行列；鼓勵學校辦理課間、課後、寒暑假及假期運動休閒活動，並規劃辦理學生快活育樂營，增加各級學生身體活動時間；發展學校特色運動或既有體育活動深耕，而成為校園運動文化，並研訂相關獎勵與補助規定，以獎勵辦理成效良好之縣市及學校。

2. 補助學校設置樂活運動站，提供學生更充足之室內運動空間與運動設施，以多元及具趣味性運動設施吸引學生，讓身體活動弱勢學生加入運動行列。

3. 推動學校運動志工，推動大專校院參與學校運動志工培訓作業，發布「教育部學校運動志工實施要點」；規劃大專校院志工投入參與運動指導及服務。

4. 辦理「走路上學推廣計畫」，進行種子學校之補助、培訓及輔導，辦理工作研討會及成果發表會，設置專屬網站，經由行政單位協調、規劃交通動線、組織導護志工等方面設計配套措施，讓學校、社區及家長瞭解走路上學的意涵，並提供友善的走路通學環境，提高學生走路上學的意願，建構健康校園環境。

5. 辦理推展學校體育績優團體及個人獎勵。為表揚致力推展學校體育有具體績效團體及個人獎，獎勵其推展學校教育，以提升學生體適能、增進運動技能及促進學生身心發展，並落實學校體育活動推展、鼓勵培養基層優秀運動人才與培育活力青少年，自民國92年起，每年舉辦推展學校體育績優團體及個人獎勵評選與頒獎活動。

6. 由政府各項體育政策中顯示，「政府朝推展全民體育及提升競技運動成績發展之政策導向」。並以擴建運動場地設備、

國小孩童運動會努力衝刺，展現健康活力

舉辦運動競賽活動、培育體育專門人才、提升體育學術研究
水準和加強國際體育交流等策略來實施以上兩項體育政策。
例如民國57年的「發展全民體育培育優秀運動人才實施方
案」、民國68年的「積極推展全民體育運動計畫」、民國69
年的「積極推展全民運動重要措施」、民國71年修正之「國
民體育法」、民國75年的「積極推展全民體育運動計畫」、
民國77年的「國家體育建設中程計畫」等等。

三、學校體育政策之擬定與推展受政策所決定

屬於國家體育政策一環之學校體育政策，不論在政策精神或
政策內容上，自然亦以實現國家體育政策為目標。從政府公布之各
級學校體育實施方案、各級學校體育課程標準、前體育司每年之體
育施政計畫或各級政府之體育政策有關學校體育之規定中，均可發
現學校體育政策之取向，亦從遷台初期的「軍事化導向」和「教育

化導向」，逐漸隨著兩岸關係的轉變及國際潮流的影響而調整為以「教育化導向」和「競技化導向」為主軸，而淡化「軍事化導向」之色彩。

　　民國76年解嚴以後，隨著兩岸交流、政治的民主、社會的多元開放和經濟的繁榮等環境因素之轉變，配合國際體育發展的趨勢，我國體育政策更正式以「推展全民體育」和「提升競技運動成績」作為兩大政策取向。這種政策導向反應在學校體育政策上，則更強調體育在教育上之功能，並以體育本身作為發展為主體，逐漸擺脫以往工具性之價值。例如，促使學生獲得運動樂趣、養成終身從事運動之能力與習慣、提升體適能，進而提升生命意義，而將體育的教育化特質充分表露。因此，教育化導向明顯地成為學校體育政策之主要特質。其次，為求拓展國際外交空間而規劃之各種運動績優學生之培訓和獎勵辦法，則使競技化導向亦成為學校體育政策之重要特質。至於在各級學校推展之國術、自衛活動，雖然亦以健身作為主要追求目標，惟已轉為追求健康體適能為目標。

　　由政府遷台以來學校體育政策之內容，可以得知我國學校體育政策具備教育化導向、競技化導向和軍事化導向三項特質，並隨著政策環境之轉變而調整其占有比例之多寡。概略而言，戒嚴時期至解嚴以後，形式上均以教育化導向為主軸，其他兩項特質為輔，實際上，戒嚴初期則係以軍事化導向為上，教育化導向次之，其後再隨著兩岸關係之逐漸緩和而漸漸調整回形式上之比例；至退出聯合國、體育司成立以後，為拓展國際外交空間，競技化導向之比重逐漸取代軍事化導向，與教育化導向成為兩大主流。惟事實上若由經費分配之比例而言，則又明顯地以推展競技運動為主。由此可見，學校體育政策之擬定與推展恆受政策環境之因素所決定。

第七節　政府之學校體育發展目標

　　為精進學校體育教育與發展，政府提出「活絡校園體育增進學生活力」之目標，為達此目標，提出學校體育發展之三項核心指標，並擬定短、中、長程目標。另亦擬訂不同階段之各級學校體育目標。說明如下：

一、核心指標

1.完備各項體育法規並落實體育教師與教練之培育及管理制度。
2.建構精緻多元及整合體育課程與營造體育教學友善環境。
3.發展適性體育、提升學生身體活動量與養成終身運動習慣。

二、短程目標（2013~2015年）

1.訂定學校體育評估、支援與輔導機制，並辦理分項獎勵與輔導措施。
2.辦理完成國小體育教師增能計畫，各直轄市及縣市非體育專長之體育任課教師增能認證比率達80%。
3.培養學生運動基本素養，國小至高中職體育課時數增加至每週三節課（120~150分鐘），鼓勵大學校院學生至少修習二年體育課；每週累積210分鐘以上運動時間達50%；體適能合格率逐年提升2.5%；編擬多元化體育教材並建置教材資源網；逐年提升學生會游泳人數比率達60%。

4.輔導各直轄市及縣市建立區域運動人才培訓體系，整合大學
　校院運動科學輔導機制，落實一貫化培訓制度。

5.訂定學校適應體育師資專業知能與培訓系統，逐年增加各級學
　校聘任具適應體育專長之體育教師人數，推動學校休閒運動社
　團與競技運動之參與，以提升身心障礙學生運動參與率。

小朋友游泳課上課情形

小朋友游泳課上課情形

三、中程目標（2016~2019年）

1. 建置中央、地方之學校體育發展輔導體系，每年遴選學校體育行政、教師、教練與志工等專業人員培訓；逐年成立區域性運動特色中心學校。

2. 設立體育師資術科認證中心，建立體育合格教師人才庫，提升各級學校合格體育教師比率，國小達50%以上，國中95%以上，高中職達98%。

3. 研發完成體育課程與教學教材；學生會游泳人數比率達65%。

4. 擴大推動區域運動人才培訓體系，強化大學校院運動科學輔導機制，增建區域運動科研中心，建立優秀運動人力資料庫，提升競技運動績效與健康照護。

5. 落實適應體育專業教師比例，提升各級學校聘任具適應體育專長之體育教師達5%，活絡校園身心障礙學生的運動風氣，提升適應體育課程與教學品質。

四、長程目標（2020~2023年）

1. 各直轄市及縣市設立3~5所「區域性運動特色中心學校」及3~5個「區域特色跨校聯盟」，並納為輔導團的支援體系，以長期、就近方式進行輔導。

2. 強化體育師資術科認證中心之功能，媒合體育教師就業；提升各級學校體育合格教師比率，國小達60%以上，國中98%。

3. 學生精熟一種運動技能比率達85%，學生會游泳人數比率達70%。

4.依區域建立競技運動發展特色項目,推動「十六年一貫」區域國小至高中職合作平台,且銜接至大學運動生涯與課業輔導,促使訓練生涯系統化及一貫化培訓制度。

5.提升各級學校聘任具適應體育專長之體育教師達10%,落實校園友善運動環境場域,以提升身心障礙學生身體活動時間與運動量,改善身心障礙學生肥胖和健康等問題。

五、各級學校體育目標

我國各級學校體育目標均由教育法令規定,各級學校的體育工作經營,應以達臻各級學校體育目標為原則。如下:

(一)國民小學國民中學的健康與體育學習領域課程目標

1.養成尊重生命的觀念,豐富全人健康的生活。
2.充實促進健康的知識、態度與技能。

學校拔河賽

3.發展運動概念與運動技術，提升體適能。

4.培養增進人際關係與互動的能力。

5.培養營造健康社區與環境的責任感和能力。

6.培養擬定健康與體育策略與實踐能力。

7.培養運用健康與體育的資訊、產品和服務的能力。

(二)高級中學體育課程目標

1.認識體育功能，建立正確體育觀念。

2.增進運動技能，提升身體適應能力。

3.培養運動習慣，樹立良好運動道德。

4.欣賞運動美感，充實休閒生活。

(三)大專以上學校體育目標

1.鍛鍊身體，使體格充分發展。

運動場館落成，增加師生與社區民眾健身的場所（左一為前體
委會楊忠和主委，左二為前台中縣黃仲生縣長）

2.培養公民道德，發揚民族精神。

3.訓練個人與社會生活上之應用技能。

4.養成以運動爲正當娛樂及調節身心之習慣。

第八節　學校體育行政的領導

一、學校行政領導人的重要性

　　一個組織通常可區分成組織與個人兩種層面，組織有組織欲達成的目標，成員有成員想完成的目的。欲兩者關係繼續存在，則必須符合兩個條件，其一組織要有效能（effectiveness），即組織的目標達成，其二組織成員要有效率（efficiency），即組織成員需求的滿足。因此，組織的目標不外乎在協助組織達成目標，同時滿足成員需求。達成組織的目標和滿足成員的需求並非全然一致，甚至有互相矛盾之處。領導者若顧此失彼，必損及組織全面目標的達成，以及個人需求滿足的落空。是以領導的最終目標貴在統合這兩種目標的達成，以維繫組織內部的平衡與和諧；職是之故，領導是組織管理的一個關鍵歷程。

　　各級學校校長綜理校務，是學校最高領導者，亦爲唯一的領導者。而在學校裡，被領導者（或稱成員、部屬）是指學校教師、職員、職工及學生等，也可以廣義的解釋到學生的家長和社區人士，所以校長的領導行爲在學校行政中是一個關鍵的過程。學校有了校長的領導作用的發揮，才能使學校正常運作，使全校的意志匯集成決策，共同擬訂計畫，發揮組織功能。學校有位成功且理想的校長領導，不但能使學校正常運作，而且才能使其成爲有效率且有

效能的學校。大學校院設體育室置主任一人，中小學設體育組（或體育衛生組），置體育組長一人。雖然體育室主任要領導體育教師、職工、學生，甚至於校友、學生家長等，而規模小的中小學體育衛生組長可能只有領導體育教師而已（因規模小無職員工之員額編制），不管如何，站在學校體育行政立場而言，彼等都是學校體育的最高領導者，只在於領導幅度的大小不同而已。體育室（組）的成員以體育教師為主，他們也是體育主任（組長）輔佐的重要人物，由於彼此間對體育教師角色、任務、形象等認知之差別，容易造成體育行政單位組織氣氛不良；而若彼此間對學校體育經營理念一致，則該體育行政單位組織之凝聚力就很穩固。所以主管之領導能力與風格相當重要。

二、學校體育行政領導之角色及職責

(一)大學校院體育主管之角色與職責

　　大學校院的體育主管由校長聘請職級較高的體育教師兼任或擔任之。體育主管秉承校長之命，負責全校體育運動工作之計畫與推動。倘校長延聘有理想、有目標、有共識、肯奉獻、肯負責的體育主管，則他不但是校長的好幫手，更是優質學校不可或缺的團隊成員。有關其角色及職責說明如下：

◆體育主管之角色

1. 主管者角色：從學校整體行政組織型態而言，體育主管需要領導體育單位所有同仁以及體育教師，共同推動體育運動相關工作，為全校學生服務，肩負體育工作成敗重責。因此，

　　如何擬定計畫，有效組織人力及運用人力推動工作，至為重
　　要。

2.幕僚者角色：體育主管是校長的重要幕僚之一，不但要襄助
　　校長處理相關校務，替校長分憂解勞，同時更是校長重要體
　　育決策或重要體育計畫的諮詢者。他應隨時提供有關體育工
　　作資訊，供校長辦學參考，以盡幕僚之責。

3.執行者角色：體育主管秉承校長之命，負起各種法令、計
　　畫、教學、活動、評鑑等業務之執行。因此，體育主管應時
　　時督促及激勵所屬同仁，擬訂各項體育工作計畫，並隨時檢
　　討計畫的成效，而全力以赴的執行計畫。

4.協調者角色：體育業務經常與學校各處室、各系所院、各中心
　　等有密切關係，為使體育單位之業務及工作推展順利，則體育
　　主管應與學校各行政單位，教學或研究單位維持良好關係，故
　　須扮演溝通協調之角色，使全校各單位都能支援體育工作之推
　　動。其次，體育主管扮演著承上啟下的橋樑，他要做好校長與
　　教師之間、學校與社區之間、學校與民間體育團體之間等溝通
　　協調工作，因此，他要廣結善緣的做好人際關係。

◆體育主管之職責

1.提供諮詢、輔佐校長計畫校務及發展校務、完成教育目標。

2.秉承校長指示，計畫、執行及評鑑學校體育工作事宜。

3.綜理全校體育工作事宜。

4.出席參加校務會議、行政會議及其他有關會議，報告體育工
　　作。

5.督導各組編訂各組工作計畫。

6.督導各組執行各組工作。

7.督導各組評量各組工作執行結果。

8.召開且主持體育室各種會議，溝通意見，凝聚共識，推動業務。

9.參與學生各種體育活動比賽，接觸學生，瞭解學生，輔導學生，加強學生服務。

10.輔導體育教師參加社會服務、學術研究、在職進修、體育專業成長等。

11.參與社區、校際間、民間體育團體、上級機關等有關活動與會議，增進相互瞭解及爭取資源。

12.辦理例行公事。

(二)中小學體育主管之角色及職責

中小學體育主管負責全校體育工作計畫推動，倘若校長能延聘有理想、有目標、有共識、肯奉獻、肯負責的體育（衛生）主管（組長），則他不但是校長的好幫手，更是優質學校不可或缺的團隊成員，有關其角色及職責如下：

◆體育主管的角色

大學校院體育主管所扮演的角色和中小學體育主管所扮演的角色都相似，除了要扮演主管者角色外，還要扮演幕僚者角色、執行者角色、協調者角色等。所不同的是，就主管角色而言，中小學體育主管在學校整體組織型態是屬低管理階層者；就幕僚角色而言，體育主管一般皆為學務主任的重要幕僚之一，他襄助的長官是學務主任；就執行者角色而言，體育主管秉承學務主任之命而執行體育工作；就協調者角色而言，體育單位與學務處各組有密切工作關係，同時也和教務處各組或總務處各組有業務關係。因此，維持彼此間良好關係至為重要，至於與校外各機關、團體、學校等溝通協調之工作亦為其責無旁貸之事。

◆體育主管的職責

1.各種體育章則之擬訂事項。

2.辦理校內外運動會及各項體育競賽事項。

3.運動場所及體育設備之管理與維護事項。

4.主持早操或課間活動事項。

5.辦理學生體能測檢事項。

6.各項體育競賽訓練及選拔事項。

7.學生體育成績之考查統計與報告事項。

　　從體育主管扮演多種角色，以及體育單位工作內容可知，中小學體育主管的職責和大學校院體育主管的職責幾近相同，只是中小學體育主管要秉承學務主任指示，對學務主任絕對負責，以及體育單位是學校的低管理階層，它不能分組辦事，而必須由主管、職員，以及義務幫忙之體育教師執行工作。

第九節　學校體育運動的管理

一、學校體育課程風險管理

　　風險管理是利用一些合適的管理過程，透過檢驗計畫、發現風險、分析風險、認識風險，進而評估風險並運用最佳的對策，加以控制與處理，以最小的代價，達到保障組織永續經營之目標。

　　風險管理是運動管理中相當重要的一環。由於體育課程屬於身體的活動，常常是很激烈且需要使用場館、設備或器材，存在

有受傷，甚至死亡之風險，因此，體育課程的規劃是有需要融入風險管理的理念。目前國內學校體育場地設施往往在有限經費的考量下，多屬能用則用、能省則省、壞了就算了的狀況下，讓體育老師自行尋覓合適教學場所，並全權擔負教學責任。一旦出現重大意外事件，除了造成不幸外，往往體育老師要挑起「教學計畫失當」或「未盡義務通報」的責任。所以學校高層、總務單位、體育室（組）主管，及體育老師等，都要共同來做好防範措施，做好風險管理；在有限的學校體育場地設施與不足的教學設備中，風險管理的規劃不僅可避免體育教師因學生意外傷害而引起法律上的訴訟，最重要的是可使學生在活動的過程中多一分的保障。

二、學校體育運動場地設施管理

基本上，從一個學校體育運動場地設施管理的好壞就可大致瞭解管理者的智慧與其理念。如何妥善地將有限的場地設施做最大的利用，如何公平合理的訂定使用準則，如何決定體育教學、球隊訓練、活動租用的場地使用優先性，以及如何維護場地設施的安全等等，都考驗著管理者的智慧。規劃與管理方針的擬定不應只是管理者個人權威下的產品，而是經由合理的溝通、協商，及在公正公平的原則下所形成的全體共識。除此之外，定期檢視與修正不合時宜的管理辦法，也是保障組織內管理意識落實執行的好方法。

三、運動賽會活動規劃與管理

學校內之體育活動除了體育教學外，最大的盛事就是運動會與相關競賽的籌辦。一個運動會的成功與否對整個學校體育推展的影響是相當大的。一個運動會的舉辦需要整個學校的參與；先前的

國小孩童運動會努力衝刺，展現健康活力

規劃中必須要瞭解事前籌備、規劃與宣導的重要性，舉辦過程中分層負責與執行單位的職責，以及事後的處理工作。一個運動會成功與否的要件，包含了執行單位統整的能力、賽程規劃、場地設施管理、預算編制、行銷與贊助、公共關係、運動與媒體、賽會人事管理、風險管理、危機管理、群眾管理等等。

四、預算編制、資金募集、行銷與贊助

一個計畫往往必須有經費的支持才得以順利執行，所以預算的編制就顯得重要。通常在學校行政系統下的預算編制是有一定的規範，體育行政主管或老師如能運用管理的知識來編制相關資本門或經常門之預算，則必能有效率地協助各項預定活動之順利舉辦以及行政業務之順利推動。

資金募集與行銷贊助的概念是全然不同的。基本上，資金募集

是屬於單方面的捐款，捐款單位多是出於慈善心態、理念相同或樂意回饋，較不要求商業利益的回報。在整個大環境不佳的情勢下，學校體育經費日益拮据，如何根據可能捐款單位的特性來擬定資金募集策略與如何為學校體育發展基金找到財源，是學校高層與體育運動相關單位的新功課。

過去學校體育業務方面是不太需要行銷與贊助的，因為學校的經費全部來自政府補助，或校方自有規劃，預訂的經費足以應用，也不需要特別「行銷」學校的名氣。然而，現在的學校與科系越來越多，少子化影響下學生數驟減，再加上政府補助的經費萎縮，於是在有限經費卻又得做更多事之情況下，體育單位必須慢慢接受行銷與贊助的概念，並且瞭解到校園體育運動資源充分運用的重要性。

藉由學校體育運動設施開放來提供附近居民活動的空間，並培養居民「使用者付費」的觀念，為校園籌措資金的管道之一。經由各種管道來接觸潛在的學生群，經由刻意包裝來行銷學校的特色，藉此吸引學生來就讀，也是屬於一種行銷概念的延伸。此外，透過與業界進行產學合作與學生實習，以塑造業者、學校與學生三贏局面，更是學校行銷與獲得支助相當有效的長遠之計。

五、運動觀賞人口的培育

學校體育階段是培育觀賞性運動人口的最佳場所與時機。國內目前中小學以下學生體育是必修課程，大專院校則是視狀況開設必修或選修課程，各校有不少運動性社團與運動代表隊，也舉辦各種運動競賽。在這麼多學生人口接觸體育活動的情況下，學校體育運動除了教授學生基礎的運動技巧外，學生也從中找到自己喜愛的項目持之以恆，並養成終身運動的習慣。

並非每一個學生都能夠在短而有限的上課時間內，在運動體

能與技巧上有大成就或大幅度的進步。但是，每一個學生都能在體育老師耐心的解說下，瞭解「林書豪打球動作之迅速與投球之精準以及創造林來瘋之台灣驕傲」，以及爲什麼「網球選手山普拉斯發球的速度會讓對手心寒」、「籃球選手喬登飛身灌籃的先天條件與體能」、「桌球選手陳靜攻擊對方選手弱邊的策略運用」、「足球選手馬拉度納如何騙過對手後，瞬間帶球閃身過人的技巧」、「田徑女選手瓊斯幾近恐怖的後勁爆發力」等等相關原因或其背後之意義。

　　如果學生能夠在體育教學課程或活動參與中瞭解某一、二項運動，就有可能會引發他們自動自發的學習。即使以後的運動技巧並不是非常好，學生也可透過運動組織找到相同技能層次的族群一起練習，獲得樂趣與友誼，而有助於養成終身運動的習慣。甚至如果因爲某些原因（如肢障或受傷）而不能參與運動，也能夠引發興趣去觀賞運動、談論運動。更重要的是，這些運動人口與觀賞運動性人口即將帶動整個社會對運動的重視與喜好風氣。

第十節　學校體育行政的評鑑

一、學校體育評鑑的意義

　　一般而言，評鑑是確保發展績效的重要機制，所以學校體育評鑑是確保學校體育發展績效的重大機制。換言之，學校體育行政品質與效能的提升，及所有積極促進國家體育發展與改革的努力，倘若能適當的輔以體育視導與評鑑工作，則將更能有效確保體育發展目的之全面達成。因此，不論是教育部所規劃執行的「各級學校

體育訪視」，或是前行政院體育委員會所推動的「民間體育團體評鑑」制度，皆在於整合國家寶貴資源，發現並解決學校與國家體育發展現況所面臨之問題，進而提出輔導與改善措施。此外，體育訪視與評鑑二者在意義、目的、範圍、對象及實施上，雖不盡相同，但其追求品質監督機制、達到落實國家體育政策之理念，與促進國家體育發展更多元化、優質化及國際化之目的卻是一致的。

評鑑可說是「欲瞭解預定目標與現況之間的差異情形，有系統蒐集、分析及解釋資料，並進行價值判斷，而其評定結果應使之回饋，藉以改善缺失，以提高績效」的過程。體育行政工作經計畫及執行後，即應透過有系統的評鑑，藉以瞭解得失，找出原因，作為重新擬訂計畫或再改進之依據。學校體育行政工作只有在不斷評鑑及持續改進下，行政工作才能日新月異的進步發展，辦學效能才能不斷提升，最後才能達成預期目標。尤其各級學校體育在面臨變遷快速、趨向多元且複雜的社會，必須透過評鑑的過程而進行行政業務改革，以確保品質，提升效能，才得以永續經營。

二、學校體育評鑑的功能

學校體育評鑑具有正面性、積極性和建設性的意義，而其功能則有助於體育的改進與發展。有關評鑑的具體功能如下：

(一)瞭解與診斷的功能

實施體育行政評鑑就是對學校體育教育與運動的現況，和預訂的學校體育目標間之落差情形進行瞭解，並且依據瞭解的結果診斷現況的優劣點，而能及早發現問題所在，進而加以改正。否則，一旦行政業務缺點存在卻被合理化，以及錯誤措施被制度化，則將來

必無法改正或難以改正。

(二)激勵的功能

評鑑是屬於價值判斷的過程，於是評鑑結果不但使學校辦學的優點和缺點顯現，而且學校辦學績效彰顯與否也昭然若揭。評鑑對學校、校長、教職員工、學生等具有推動其向前邁進和向上提升之功能，也具有促進自求改進，人人努力，力求精進，以提升成員的效率以及組織效能之作用。

(三)品評及品管的功能

各級學校的特色、功能、任務、方針等不一，欲判斷其綜合性價值，評斷其體育推展之成就，務必有一個公平、正確、科學的評鑑制度運作才能竟其功。因此，評鑑具有價值判斷功能。其次，學校的評鑑有如商品的品質管理，目的在維持學校辦學的一定水準。一件商品能長期且持續為消費者所接受，必須做好品質管理工作。同理，一所學校體育教學與活動推展的優劣要為社會大眾所認可，也要透過評鑑方式加以品管才能達成。

(四)檢討與改進的功能

改進是評鑑主要目標之一，改進之依據來自評鑑過程的收集資料、分析資料、解釋資料，以及評鑑結果的建議；諸如教育目標達成情形、行政計畫擬訂妥適與否情形、組織裡的資源（人力、物力、財力）是否有效運用情形、組織的成員工作動機及工作成就等反省與檢討，然後提出改進策略，進行改進。就學校體育行政而言，其改進應具有長遠觀點外，同時要注意改進的策略能由具代表性身分的人（諸如教師、學生、校外人士等代表）共同參與；因為

評鑑的實施，是由群體、團隊來共同完成，並非個人可完成的。

三、學校體育行政的評鑑內容

體育行政工作之評鑑雖包含在學校的校務評鑑內容中，不過所占內容極為有限，實難窺學校體育行政之全貌，更難瞭解其現況之詳情，於是中央政府和地方政府的教育行政單位，基於需要也曾多次單獨舉辦學校體育評鑑。其評鑑內容舉例陳述如下：

(一)國民小學體育教學與活動評鑑

國民小學體育教學與活動評鑑，內容包含：

1. 行政措施：定期召開體育委員會議、訂定全學年度體育實施計畫、訂定全學年度體育教學計畫、訂定全學年度運動場地設施對外開放計畫、訂定全學年度體能測驗計畫、訂定全學年度校內體育活動計畫、訂定全學年度校際體育活動計畫等。

2. 教學活動：按部頒課程標準編定進度、按課程表實施教學、按教材系統施教、體育課教師教學認真程度、體育課教師到課情形、體育課教師請假代課或補課情形、體能測驗執行情形等。

3. 師資與進修：舉辦校內體育科教學研究會（含觀摩會）、參加校外體育科教學研習會（含觀摩會）、參加其他體育專業進修活動、聘任合格（專業）體育教師、體育科任制執行情形等。

4. 運動場地設備器材：訂定使用管理辦法、聘有專人管理及維護、器材足敷教學與訓練使用、場地與全校學生之比率、運

動場地開放辦理情形等。

5.經費：依學生班級數編訂經費、體育經費占全校總經費之比率。

6.課外活動：早操或課間操執行情形、聯課活動執行情形、代表隊組訓、慢跑執行情形等。

7.競賽活動：每年舉辦全校運動會或體育表演會、每學期舉辦班際比賽、每年參加校外運動競賽或聯賽、每年參加全市運動會、參加校外運動競賽成效等。

8.成績考查：訂有成績考查辦法、編製體育成績量表、編製學生成績紀錄卡等。

(二)大專院校體育訪視

大專院校體育訪視，其內容如下：

1.教學與研究：體育教師授課課程綱要擬定及實施情形；全校體育課程規劃、編排及其實施情形；平均每班修課學生數、選修體育課學生比率、體育教學評鑑實施情形；體育成績考查辦法訂定及實施情形；校內體育教學研究運作情形；適應體育實施情形、近五年內體育教師學術研究成果、教師參與進修研究情形等。

2.組織與行政：合格體育教師聘任情形；專兼任教師比率、設有專責單位負責體育行政之規劃、執行體育室（組）組織章程訂定及執行情形；全年度體育實施計畫訂定及執行情形；體育經費預算編列及其使用情形；體育相關資料建檔及學校中、長程計畫中明訂體育發展計畫、運動安全體系建立及執行情形等。

3.活動與競賽：每學年舉辦全校運動會、每學年舉辦校內運動

競賽（至少三種）、舉辦校內體育活動、參加校際體育活動、參加校際運動競賽、運動代表隊組訓情形、運動社團組織及活動情形等。

4.場地與服務：運動場地訂有使用管理辦法並指定專人管理維護、體育設備安全維護及處理情形；運動器材足敷教學使用、運動器材室之設置與規劃情形；運動器材保養及維護情形；體育運動場館設施開放情形；體育教師擔任校內體育相關服務與推廣情形；體育教師擔任校外體育相關服務推廣情形等。

5.特色與展望：體育圖書資訊管理及使用、出版學術性刊物、學校特色體育活動辦理情形；體育行政電腦化執行情形；主辦或承辦校際、大專及社團運動競賽情形；主辦或承辦社區體育及休閒相關活動情形；主辦或承辦國內外體育學術研討會、舉辦全校水上運動會、舉辦體育表演會、教職員工體育活動執行情形；運動績優生培訓與輔導計畫實施情形；設置體育類獎助學金、參加校外運動競賽績效、研究儀器購置與使用、舉辦假期體育育樂營、社區資源應用、夜間部學生體育教學或活動執行情形；其他等。

 ## 第十一節　學校體育推展情形

一、體育教師與教練

我國各級學校體育教師之聘任，除了國小多採包班制外，國中至大學校院體育教師之聘任係以體育相關科系為考量。依據教育部

2014年出版之《學校體育統計年報》資料顯示，目前國小體育教師畢業於非體育相關科系而擔任體育教師者約占總體的69.97%，其餘國中、高中職至大學校院非體育相關科系而擔任體育教師者分別為7.27%、2.73%及2.92%。另教育部於2009年至2012年針對國小體育教師辦理增能研習，培訓完成每位教師至少具備兩項運動專長。

專任運動教練方面，由各單項運動協會負責研習及考照制度，政府則規劃與審查編制內各級學校專任運動教練資格與聘任相關辦法。各級學校專任運動教練分為兩類，一為依據「各級學校專任運動教練聘任管理辦法」聘任之正式編制教練，二由教育部、各直轄市及縣市政府與學校約聘僱之編制外運動教練。在專業結構上，國小只有55.4%的運動教練畢業於體育相關科系，國中、高中職及大學校院分別為92.75%、94.55%以及96.99%。

二、體育課程與教學

體育課程方面，我國國中小、高中及大學體育課時數，係分別依據「國民中小學九年一貫課程綱要」、新修訂「普通高級中學課程綱要」及「大學法」規定辦理。依據教育部2014年出版之《學校體育統計年報》資料顯示，國小實施體育課每週平均約1.86節；國中實施體育課每週平均約2.03節；高中職實施體育課每週平均約2.02節；大學校院則每週約有100分鐘體育課，其中大部分學校為大一、大二必修；大三、大四選修。就整體而言，公私立大學校院體育課皆以二年必修占最多數。

體育教學方面，我國各級學校體育教學除國小大都由非體育專長級任教師授課外，其餘由體育專任教師授課居多。教學的方式，國小至高中職主要以原班上課為主，大學校院則以興趣選項上課居多。授課教材與教法通常由體育教師決定，教學內容則受學校運動

學校邀請美國武術教練來台指導

場館與設施影響較大,而球類是最主要的授課運動種類。

三、體育活動與運動團隊

依據教育部2014年出版之《學校體育統計年報》資料顯示,在體育活動方面,全國國小辦理體育活動,以有辦理「全校運動會」之學校最多,占94.28%;其次是「健康體適能推廣活動」占93.04%。國中以辦理「全校運動會」最多,占95.40%;其次是「參與地區性校際體育活動及運動競賽」占91.87%。高中職以辦理「全校運動會」最多,占90.34%;其次是「參與地區性校際體育活動及運動競賽」,占86.72%。大學校院以辦理「全校運動會」最多,占95.06%;同時,「教職員工體育活動」亦占95.06%。另外,教育部自2007年起也陸續推動「快活計畫」、「學生體適能計畫」、「國中小學生普及化運動方案」、「自行車推廣計畫」、「游泳推廣及海洋運動教育推廣方案」、「大專校院學校體育專案評鑑」及「技

職校院運動績優生專案訪視」等相關措施。

　　在運動代表隊方面，國小平均每校有3.52隊；國中平均每校有4.39隊；高中職平均每校為4.39隊；大學校院平均每校為14.27隊。另運動社團方面，國小平均每校有4.72個；國中平均每校有5.70個；高中平均每校為4.84個；大學校院平均每校為8.58個。

四、優秀運動人才培養

(一)運動選手培訓體系方面

　　我國現行競技運動培訓係採金字塔四級培訓體系，即第四級以國小、國中階段基層訓練站為主，培植具運動發展潛力基層選手；第三級以遴選優秀選手至高中職體育班銜續訓練；第二級則精選菁英選手加入大學校院或國家培訓隊專業訓練；第一級嚴選頂尖選手加入國家代表隊，並針對奧、亞運舉辦期程進行長期培訓，期盼在運動賽會中為國爭光。

(二)體育班制度方面

　　歐美國家係透過運動社團、運動代表隊及運動競賽來發掘人才，並無體育班之設置。依據教育部2014年出版之《學校體育統計年報》資料顯示，101學年度我國各級學校國小體育班有391班，共有8,387人；國中則有792班，共有17,918人；高中職共有421班，共有9,728人。其中高中職體育班推展運動種類，包含奧、亞運與非奧、亞運項目。

(三)體育學校方面

我國目前設有國立台東大學附屬體育高級中學及花蓮縣立體育實驗高級中學兩所體育高中，以及國立體育大學、國立台灣體育運動大學及台北市立體育學院三所大學體育校院。兩所體育高中設校宗旨皆在發掘及培育運動人才，其中花蓮體中更著重該縣原住民學生運動潛能及升學管道。三所大學體育校院整體設校以培養競技運動、運動訓練、健康休閒、運動管理、運動科學、舞蹈藝術、資訊傳播人才及體育師資等為宗旨。另外，除上述五所體育學校外，部分大學校院也設有體育或競技相關系所培育運動人才。

五、適應體育

重視每一位學生平等參與體育活動的權利，已是世界趨勢與潮流，尤其針對身心障礙學生，更應營造友善的學習環境，以減少運動學習的阻礙。因此，教育部於1994年訂定為期四年的「改進推展特殊體育教學實施計畫」，並於1999年持續推出為期五年的「適應體育教學中程發展計畫」，再於2003年公布「增進適應體育發展方案」，積極推動適應體育。

依據教育部2014年出版之《學校體育統計年報》資料顯示，目前各級學校開設身心障礙特殊教育班之學校共803所，約占全國總校數19.54%（未含特殊學校）。其中國小計有464所；國中251所；高中職88所。國小至高中職特教班學生與普通班一同上體育課的比率均達60%以上，但隨著學校層級提高，在特教班上體育課的比率亦相對提高。在運動代表隊方面，國小平均每校有1.11隊；國中平均每校有1.07隊；高中職平均每校有1.34隊；大學校院平均每校為

學校舉辦健康體適能研習

1.25隊。另運動社團方面,國小平均每校有1.74個;國中平均每校有2.37個;高中平均每校為4.73個;大學校院平均每校為1個。針對各級學校身心障礙學生體育教學師資,國小及國中主要以體育科系畢業教師為主,分別占36.23%及68.44%;高中職及大學亦以體育科系畢業教師為主,分別占76.25%及87.42%,而適應體育系畢業的教師在國小至大學校院所占比例分別為國小0.00%、國中1.03%、高中2.42%、大學6.06%。

結 語

學校體育就是在學校的教育範疇中,所安排或設計的體育活動、體育課程及運動團隊。因此學校體育是現代多元體育概念發展中的一部分,也是最具基礎性、學習性的一環,是全世界各國體育發展中不可缺少的國家體育內容。學校體育為社會體育與國際體育之基礎,又居競技運動與全民運動之樞紐,其教學、師資、課程、

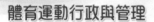
課外活動、運動團隊組訓等課題，一直是各級學校體育必須持續努力經營的範疇與方向。

此外，學校體育經營成功之基礎，係建立在行政效能之彰顯。因此，爲達成學校體育目標，各級學校主管體育行政事務之單位主管，對於相關行政事宜，應先做一清晰的掌握與規劃，並依照各項體育實施計畫確實執行，最後則針對各項執行業務進行評估與檢討，以作爲未來改善之參考依據。如此，學校體育才可能永續經營。因此，學校體育行政之主要課題即在於針對學校體育行政之內涵、意義、目標、功能，說明與其相關之各項事務的規範，並從學校體育行政組織概況，以及學校體育之規劃、運作、管理、執行與評估，打造學校體育行政之希望工程。

問題與討論

一、試思考爲什麼要設立體育運動行政組織？

二、有關學校體育運動，政府過去有哪些具體政策？目前又有何最新的措施？

三、試討論學校體育領導人在行政上能夠發揮什麼功能？

參考文獻

一、中文部分

全國法規資料庫（2014）。大學法（2011）。http://law.moj.gov.tw/Law/LawSearchResult.aspx?p=A&t=A1A2E1F1&k1=%E5%A4%A7%E5%AD%B8%E6%B3%95，檢索日期：103年8月2日。

全國法規資料庫（2014）。國民教育法（2011）。http://law.moj.gov.tw/Law/LawSearchResult.aspx?p=A&t=A1A2E1F1&k1=%E5%9C%8B%E6%B0%91%E6%95%99%E8%82%B2%E6%B3%95，檢索日期：103年8月2日。

行政院體育委員會（1999）。《中華民國體育白皮書》。台北：行政院體育委員會。

行政院體育委員會（1999）。《我國體育政策發展與展望》。台北：行政院體育委員會。

行政院體育委員會（2011）。《中華民國建國100年體育專輯──學校體育》。台北：行政院體育委員會。

行政院體育委員會（2011）。《中華民國建國100年體育專輯──體育政策》。台北：行政院體育委員會。

吳文忠（1981）。《中國體育發展史》。台北：三民書局。

吳清山（1999）。《學校行政》。台北：心理出版社股份有限公司。

周中勛、唐恩江、蔡長啓、劉仲華（1985）。《體育行政》。台北：健行文化出版事業公司。

教育部（1990）。《體育法規選輯──國家體育建設中程計畫》。台北：教育部。

教育部（2012）。《體育運動政策白皮書》。台北：教育部。

教育部體育署（2014）。學校體育統計年報（2013）。http://www.sa.gov.tw/wSite/ct?xItem=10855&ctNode=248&mp=11&idPath=214_226，檢

索日期：103年8月2日。

彭小惠（2002）。〈運動管理課程的定位與爭議〉。《中華體育》，16(1)，頁81-87。

黃昆輝（1980）。《教育行政與教育問題》。台北：五南圖書出版公司。

葉憲清（2005）。《學校體育行政》。台北：師大書苑有現公司。

劉碧華（1995）。〈如何加強運動場地的安全管理〉。《中華體育》，9(3)，頁8-14。

鄭志富（1994）。〈學校體育的風險管理〉。《學校體育雙月刊》，4(6)，頁35-39。

鄭志富（2009）。《體育行政與管理》。台北：師大書苑有現公司。

鄭彩鳳（1999）。《學校行政理論與實務》。台北：麗文文化公司。

二、英文部分

Crosset, T. W., Bromage, S., & Hums, M. A. (1998). History of sport management. In L. P. Masteralexis, C. A. Barr, & M. A. Hums (Eds.), *Principles and Practice of Sport Management* (pp.20-38). Gaithersburg, Maryland: Aspen Publishers, Inc.

Hart, J. E., & Ritson, R. J. (1993). *Liability and Safety in Physical Education and Sport: A Practitioner's Guide to the Legal Aspects of Teaching and Coaching in Elementary and Secondary Schools*. Reston, Virginia: AAHPERD.

North American Society for Sport Management (1999). The Annual Conference. Vancouver, B. C. Canada.

North American Society for Sport Management (2000). The Annual Conference. Colorado Springs, Colorado.

Parkhouse, B. L. (1996). *The Management of Sport: Its Foundation and Application* (2nd ed). St. Louis, Missouri: Mosby-Year Book, Inc.

Schneider, R. C., & Stier, W. F. Jr. (2000). Sport management curricular

standards2000study-Graduate level. *International Journal of Sport Management,1*, 137-149.

Stier, W. F. Jr., & Schneider, R. C. (2000). Sport management curricular standards2000study-Undergraduate level. *International Journal of Sport Management,1*, 56-69.

成功領導與管理的思維

　　一個人最可惜的是擁有好眼力，卻對天載難逢的機會，視而不見。

——陳敦禮

4

社會體育運動行政與管理

本章學習目標

1. 瞭解社會體育運動之實施目標與重點內容。
2. 瞭解社會體育運動推展現況。
3. 瞭解社會體育運動之發展策略。

成功領導與管理的思維

　　眾人在傷腦筋怎麼去吃、去玩的時候，我在積極尋找學習與服務的機會。

——陳敦禮

前　言

　　我國政府民國102年《體育運動政策白皮書》揭示，全民運動推展之目標在於運動健身快樂人生。眾所周知，適當的身體活動不但可以提升國民的體適能，進而降低罹患許多疾病的機率，對於提升國民健康、減少醫療支出與社會成本均有極大的助益。特別是現代國民生活型態改變，閒暇時間增加，醫藥發達，造成壽命延長，促進國民健康成為重要的政策。因此，近年來許多國家相當重視國民的身體健康，也紛紛訂定提升國民運動習慣的策略。2011年國際奧會世界全民運動大會提出之《呼籲全民運動行動》北京宣言中更指出，「參與體育活動不僅能促進各年齡階段人群的身體健康，還能帶來社會效益並提高人們的幸福感」。全民運動計畫的實施可縮小人們在社會和經濟方面的差異，從而達到上述目標並直接解決越來越多的人不積極參與體育運動所引發的社會問題。基本上，如《體育運動政策白皮書》所示，推展全民運動應考量國家相關的歷史、政治制度、經濟狀況、傳統習俗、地理條件、生活方式、人種特徵、心理因素等影響運動的各種社會背景，從不同的發展水準來探討，以強化各國或地區全民運動發展的重要脈絡。

第一節　社會體育運動之實施內容

一、社會體育運動實施的意義

　　「社會體育運動行政」是國家體育行政主要範疇之一，是學校體育與國家體育政策的重要銜接口，對我國體育行政而言，具有重要的影響與地位。由於社會體育事務龐雜，加上推展之體育運動型態不一，加重了社會體育行政推展的困難度，間接地使得體育政策推動受侷限，最終影響到我國體育運動之普及發展。因此，透過國家體育政策之訂定，並從健全我國各級民間體育運動組織運作、運用各地運動場地、建立專業人員證照制度，以及規劃運動競賽季節等策略下，讓社會體育成為推動我國體育政策的重點，以達國家政策的最終目標。此外，必須透過政府體育行政部門制定規範，加強與民間體育運動組織的溝通與相互合作，彼此建立信賴與生命共同體的機制，發揮民間體育運動組織的實質作用與能力，齊為建構我國體育行政更穩固之基礎而努力。

　　社會體育運動的實施對象為一般民眾，凡公共地方如公園、公共體育場以及公私團體，所行的體育活動與體育學術的研究都包括在內。社會體育亦可說是學校體育的延伸，以補學校體育的不足，使學生之體育生活繼續維持，並能使學校體育與社會體育相輔相成，以期獲得更大的效果。

二、社會體育運動實施目標

社會體育運動實施目標如下：

1. 發展健全國民體格，發揮全民體育功能，使國民能達到五育平均發展之目的。
2. 訓練培養國民生活技能，使其有適應環境之能力。
3. 養成國民終身運動之習慣。
4. 培養國民團結合作精神，以及養成勇敢、奮鬥、刻苦、耐勞之風尚。
5. 養成國民以運動及遊戲為正當娛樂之習慣，以改善社會風氣。

三、社會體育運動實施重點

社會體育運動實施重點如下：

1. 健全各級民間體育運動組織——各級教育行政單位與社政單位應充分協調配合。以加強各級體育會及單項運動協會（委員會）發揮組織功能，推展社會體育工作。
2. 推展社區體育運動，利用行政組織（如社區理事會）。推行社區體育活動，發動社會的力量支援，根據當地環境及需要推展適當運動項目，達成人人、時時、處處運動的目標。
3. 有效運用運動場地與設備，訂定管理使用維護保養辦法，以發揮其功用。並逐年充實設備，力求完備。
4. 運動環境之提供、運動項目之規劃與推展、健全組織系統、

統籌相關經費。

5.行銷管理之應用、人員之訓練與培養、媒體之協助與推展。

四、社會體育運動實施工作要項

社會體育運動實施工作要項如下：

(一)一般性工作要項

◆競賽活動方面

1.舉辦各項國民運動會、各單項運動會、民俗運動會、全民健身活動。

2.舉辦全國、市、縣各單項運動競賽。

3.利用節日推行鄉村民俗各項活動，如舞龍、舞獅、競渡、登高遠足、越野賽、放風箏、踢毽子等。

4.推行國民體操（晨操、廣播體操）。

5.舉行體育表演會。

6.成立各單項運動訓練站。

◆大眾傳播方面

1.報紙、雜誌、畫刊。

2.廣播及電視。

3.體育活動表演遊行（體育節）。

4.出版體育知識手冊。

5.運動模型展覽、運動影片欣賞。

6.體育藝術展覽（繪畫、雕刻、建築、印刷等）。

7.舉辦體育運動講座、學術講演、研習會。

8.體育運動資料展覽會、籌設體育文化資料館。

9.組織體育運動影片巡迴放映隊及宣傳列車。

(二)政府社會體育運動推展內容

1.關於民間體育活動團體之輔導與獎勵事項。

2.關於國內各項運動比賽之推行與協助事項。

3.關於增建各項體育場館及運動公園輔導事項。

4.關於運動教練、裁判之培養與精進之策劃事項。

5.關於高爾夫球場設立之審核事項。

6.關於社區全民運動、職工體育之推展事項。

7.關於訓練中心、基層選手訓練站之輔導事項。

8.關於優秀運動選手之獎勵與就業輔導事項。

9.關於體育運動團體及人員出國比賽活動事項。

10.關於國外運動團體來華訪問比賽事項。

11.關於主辦或參加國際性運動比賽事項。

12.關於國際體壇重要人士訪華接待及頒獎事項。

13.關於國際及兩岸運動交流之策劃事項。

14.其他有關社會體育與國際體育事項。

15.關於專業運動事項。

五、社區體育運動之推展

所謂社區，就是集合各種不同類型的家庭群居一起，而成為地域性的共同生活體的意思。近年來在社區發展或社區建設中，對於社區的體育運動發展，世界較為先進的國家均十分重視。尤其先進

國家在面臨高齡化時代來臨的時刻，社區的體育運動發展可以在提升健康、創造福祉、減少醫療支出等方面，發揮無可限量的功能。

　　推展社區體育運動在體育行政上應具備四種基本條件，也就是要提供四種服務。分述如下：

(一)運動環境（場地、場館、設備）

　　推展社區體育運動，首應設置運動場地、場館及設備；即所謂「工欲善其事，必先利其器」。各級政府可自行興建運動場地（館）、購置設備，或輔導其他機關團體興建運動場地（館）與購置設備，其中民眾廣泛使用的簡易運動場地（館）與設備，應列入重要與優先之措施。

(二)運動項目

　　社區推展之運動項目宜顧慮到區域性、特殊性、傳統性的運動，或是注意休閒活動項目的特徵；一般以休閒性、健身健美的鍛鍊性、趣味濃厚的競賽性等活動，較符合一般民眾需要且容易推廣。此外，舉辦活動宜有縝密的規劃與編排，才可收預期的效果。

(三)運動組織

　　社區運動可由政府單位負責推行、由民間運動組織負責推展，或是社區民眾自動籌劃舉辦。因此，政府單位（如體健課、體育科）、民間運動組織（如各體育委員會）及社區（如社區發展協會）等三者皆可成為社區運動推展的主要運動組織單位。

(四)運動宣導

宣傳報導在行政上,是十分重要的工作。體育運動行政的宣導含有兩個目的,一是促進大眾認識運動的重要,先以意識思想上接觸運動,進而引起其運動期望,另一是使民眾認識運動的方法、內容,並提供有關運動知識與協助其從事運動。亦即觀念的灌輸以及知識的傳達。

社區體育運動的宣傳及倡導的方法如下:

1. 利用大眾傳播工具,廣泛介紹社區運動有關消息及知識,引起社區住民普遍注意及認識。
2. 巡迴宣傳,利用電影、電視、幻燈片等分赴各地巡迴放映或請專人講演。
3. 將宣傳內容及有關各種資料,印成刊物、手冊分發社區民眾閱覽以收實效。

小朋友美語學武術

4.遴選具有代表性的社區，舉辦觀摩式示範表演。

六、社區體育運動推展之困境與解套

社區民眾成員多元化，且較複雜，包括年齡、職業、興趣、教育程度、生活習慣等，各人之間可能差異非常大。又加上社區不像政府機關、公司、學校等，一樣屬於較具一致性或有紀律性的團體，因此體育運動推展經常面臨一些難題，而造成效率不彰或過程相當辛苦。其經營困難之因素如下：定位不明確、缺乏健全組織、缺乏溝通聯繫、政府不支持、土地徵收不易、缺乏專業人才、缺乏專人管理、經費不足、居民共識不足、不利運動推廣的社會風氣影響、居民對健身休閒之知識不足等等。

職是之故，社區體育運動行政之策略可朝以下幾個方向進行，以裨益於社區體育之健全發展：

1.組織重新定位與歸屬。
2.組織與學校、政府間加強聯繫，共享資源，相輔相成。
3.組織爭取政府立案支持。
4.專業人力資源之管理。
5.謀求業界支持。
6.有效的管理與再造。

第二節　社會體育運動推展現況

現況分析

　　我國自1997年起由教育部與前行政院體育委員會分別在學校與社區推展全民運動，其現況、問題與發展策略分別已有明確之闡述（體育運動政策白皮書，2012；中華民國102年體育統計，2013；體育署官方網站，2014）。前行政院體育委員會爲了有效發展體育運動，推出「強化國民體質」與「提高競技實力」雙主軸，並以「硬體設備」、「軟體資源」、「人才培養」及「宣導開發」等四個策略，作爲帶動的主要作爲，當時稱爲雙主軸四輪帶動，爲我國體育運動事業發展注入了一股新思維與新的生命力。教育部體育司則積極推動學校體育教學正常化，推動一人一運動，一校一團隊，培育每位學生均能具備運動之知能及養成終身運動之能力與習慣，奠定規律運動之基礎。整體而言，政府在推動全民運動之概況約可分爲以下六點加以說明：

(一)全民體育運動組織與法規

　　體育運動隨著社會的快速發展，已成爲國民生活上重要的一環及多目標的事業體；因此，將體育運動組織定義爲：「爲達成體育運動事業共同追求之特定目標及共識所組成的合作體系。」體育運動事業爲因應社會需求，朝多元化目標發展，也產生各種不同運動組織的類型。

國內現行體育運動組織類型概況如下：

◆體育行政機關

我國主管體育運動事務機關，在中央為教育部體育署（民國102年1月合併前行政院體育委員會及教育部體育司為教育部體育署），在地方有各直轄市體育處及縣市政府教育局（處）、體育及衛生保健科、社教科以及體育場（處）或體育場管理所等。截至民國100年底止，中央與地方政府體育運動事務主管機關組織人力，實際任、聘用1,238人，包括正式人員375人（30.29%），約聘僱人員282人（22.78%），其他類人員581人（46.93%）。其中包括中央機關共130人，地方政府共261人，體育處、場共847人。民國101年底止，中央與地方政府體育運動事務主管機關組織人力，實際任、聘用1,195人，包括正式人員409人（34.23%），約聘僱人員258人（21.59%），其他類人員528人（44.18%）。其中包括中央機關共129人，地方政府共225人，體育處、場共841人。

101年度中央與地方政府體育運動事務主管機關組織經費總額計新台幣一百二十億多元，其中中央政府經費五十二億一千多萬元，地方政府經費六十八億多元。

◆奧、亞運運動競賽種類團體

包括棒球、自行車、田徑、游泳、擊劍、鐵人三項、撞球、排球、足球、手球、跆拳道、橄欖球等45個奧、亞運運動競賽種類團體，101年度組織人力總共有310人。其中專職人員計147人，兼職人員共163人。101年度組織總經費計新台幣七億一千多萬元，其中自籌經費四億三千多萬元，獲補助經費二億八千多萬元。

◆非奧、亞運運動競賽種類團體

包括身心障礙、劍道等32個具國際組織的非奧、亞運運動競賽

種類團體，101年度組織人力總共有430人。其中專職人員計126人，兼職人員304人。101年度補助經費共計新台幣四千八百多萬元。

◆全國性財團法人體育運動基金會

國內現有之全國性財團法人體育運動基金會計有28個單位。101年度基金會董事總計299人，其中男性241人，女性58人。101年度總經費共計新台幣二億九千萬元。

◆體育學術團體

國內現有之體育學術團體計有15個單位。此15個學會101年度組織人力總共有203人。其中專職人員計65人，兼職人員138人。101年度總經費共計新台幣一千二百多萬元。

◆各直轄市及縣市體育（總）會

由地方政府輔導的各直轄市及縣市級民間體育運動組織，101年計有22個直轄市及縣市體育（總）會。

◆鄉鎮市區體育會

由地方政府輔導的鄉鎮市區級民間體育運動組織，101年計有368個體育會。

在現行推展全民運動法規中，目前有具法律位階之「國民體育法」及「運動產業發展條例」，其中「國民體育法」明定中央主管機關為教育部，在地方為各直轄市及縣市政府，且各機關、團體及企業機構應加強推動員工之運動與休閒活動。此外，企業機構推行運動與休閒活動所需經費及捐贈體育運動事業款項，應准列為費用開支。

在法規命令部分，訂有「全國性民間體育團體經費補助辦法」輔助非奧、亞運團體推展全民體育活動；為提升體育專業人員素質，訂有「救生員授證管理辦法」、「登山嚮導員授證辦法」、

「國民體能指導員授證辦法」、「國民體能檢測實施辦法」。另外，為發展全民運動（含身心障礙國民及原住民）、維護國民運動權、提升運動技能，訂有「全民運動會舉辦準則」、「全國身心障礙國民運動會舉辦準則」、「全國原住民運動會舉辦準則」、「績優身心障礙運動選手及其教練獎勵辦法」及「機關團體企業機構推展員工體育休閒活動獎勵辦法」。此外，為因應身心障礙者、原住民、水域休閒運動、非奧、亞運運動種類人才培育及新興運動發展需要，訂有各項基金作業要點及新興活動（飛行運動、潛水及漆彈）注意事項。

(二)體育志工與運動志工之培訓

體育志工與運動志工為推動全民運動之重要人員，目前國內體育志工與運動志工之培訓，於2013年體育署成立前，分別由教育部培育運動志工，前行政院體育委員會培訓體育志工。截至2012年底，教育部約培訓6,000名運動志工，前行政院體育委員會培訓登錄志工自2005年到2011年止，總計約為33,000人。此外，各縣市亦培養體育志工，2012年度各縣市體育志工總計14,268人（男性6,653人，女性7,615人），其中以屏東縣的體育志工人數3,753人最多。

(三)推動全民運動與規律運動人口現況

在「陽光健身計畫」、「運動人口倍增計畫」和「打造運動島」等發展全民運動計畫的帶動下，政府、民間組織、各級學校、機關團體與個人，開始積極投入以普及國人運動參與為訴求的休閒運動，而國人對休閒運動的認知、需求和參與也逐年提升。國人對於「運動可以有效提升體適能和促進健康」已經有了正確的概念，願意投入規律運動的人口在教育和宣導下，已見成效；2012年前行

政院體育委員會的調查報告顯示，國人的規律運動人口比例已從2010年的26.1%提升到30.4%，其主要參與動機則為健康、身材和興趣。從2012年28,000餘人（2013年亦有約25,000人左右）參與日月潭泳渡及超過12萬人參與台北富邦馬拉松的現象可知，國人在規律運動風氣不斷提升的影響下，參與具挑戰性的大型活動機會亦逐漸增加。此外，教育部亦依據「全國原住民運動會舉辦準則」定期舉辦全國原住民運動會，推展原住民運動；「全國身心障礙國民運動會舉辦準則」與「續優身心障礙運動選手及其教練獎勵辦法」定期舉辦身心障礙國民運動會，推展身心障礙國民從事運動，及培育優秀身心障礙運動選手與獎勵教練。這些政策與措施對於直接或間接提高民眾對運動的參與率，以及提升特殊族群之健康與福祉，功不可沒。

(四)國民體能提升計畫與運動健康資訊提供現況

為提升國民的體能，近年來許多國家紛紛訂定提升國民運動習慣的政策。教育部為營造學生健康體位優質環境，加強學生正確體型意識，藉動態生活、均衡飲食，提升學生體適能，以促進學生身心健康，陸續於1999年積極推動「提升學生體適能中程計畫（333計畫）」，2004年起繼續推動「中小學生健康體位五年計畫」，2008年開始則全面推動「快活計畫（快樂運動、活得健康）」。在全民運動推廣部分，前行政院體育委員會在1997年推出雙主軸國家體育政策與推動「陽光健身計畫」，接著，2002年推動「運動人口倍增計畫」，以拓展新增運動人口為計畫目標，致力達到養成規律運動習慣的目標。2010年起，為了保障國民運動權益、改善國民運動環境、增進生活品質、推展全民休閒運動、養成國人規律運動、促進社區交流與振興發展運動休閒產業，提出「改善國民運動環境與打

造運動島計畫」，希望能從改善國民運動環境的硬體面向與打造運動島的軟體面向，共同提升國人的健康體能狀況，以「樂在運動，活得健康」，積極推展全民運動。

　　此外，自國民體能檢測實施以來，已培訓近千名合格國民體能檢測員，每年於各直轄市及縣市遴選出國民體能檢測站，進行數萬人次的檢測，提供國人瞭解自己體能的管道，目前已有部分企業機構開始注重員工健康，辦理員工體能檢測。在運動資訊平台上，教育部體育署之體適能網站已提供學生體適能檢測相關訊息及建議處方，並在「臺灣i運動資訊平台」提供國民體能檢測運動的相關資訊，以及各項運動舉辦的資訊，提供民眾查詢。藉由整合資訊平台提供之資訊，除了可增加民眾參與體能活動的機會，更有助於民眾對正確運動知識的學習，對於提升國民體能及增進其健康，均有所效益。

社區老年人打太極拳情形

(五)傳統體育與新興運動

◆傳承發揚傳統體育

　　教育部為發展民俗體育活動,訂頒「推展學校民俗體育專案計畫」,並分別推動「民俗體育網路資源中心」等四項子計畫,2013年建構民俗體育教學資源網,蒐集教學教材資料庫共104筆,民俗體育師資人力及團隊資料庫300筆;另於北、中、南三區辦理民俗體育種子教師研習,計722人參加;各直轄市及縣市民俗體育教學發展學校45所,參與學生運動人口數33,071人;在辦理「全國各級學校民俗體育觀摩會」方面,共有1,588隊5,653人參加,907人參加民俗體育親子闖關活動等。至於鄉土與傳統體育活動,在閩南族群方面有舞龍舞獅、宋江陣、跳鼓陣等;客家族群方面有爐、攻炮城、客家獅等,而諸多鄉土民俗體育,多與台灣民俗慶典及廟會活動相結合,呈現多元、豐富及地方特色。

社區健康講座

◆台灣原住民傳統體育及活動

台灣原住民族目前有十四個族群，總人口數約為52萬人，占台灣總人口比例2%。除了人口比例數量少外，對比主流文化，亦屬相對弱勢，符合人類學者定義之「少數民族」。而原住民是台灣共同文化資產，尤其在體育運動與傳統祭典方面，為台灣留下珍貴歷史資產，豐富台灣多元文化之內涵。

在「打造運動島計畫」中之「原住民與離島運動樂活專案」，內容包括原住民基礎訓練營、原住民族傳統體育觀摩及研習會、原住民鄉鎮部落運動會以及賽會差旅補助等；2011年原住民專案，全國22縣市中，有19縣市申請；2012年核定通過18縣市之申請案，以4個原鄉較多的屏東、花蓮、南投及台東等縣，申請與通過活動經費較多。

台灣全國性的原住民運動會，自1994年11月15~17日在屏東開辦，1996年舉辦第2屆，其後均為每年一辦，至2001年第7屆後，調整為隔年舉辦迄今。

(六)運動文化推廣現況

運動文化大致包括國民之運動素養（知識、技能與態度等）、運動風氣、運動文獻、運動場館與設施及活動等內涵。教育部於高中以下各級學校均規劃體育課程，實施運動教育；大學校院亦鼓勵提升從事規律運動之學生人口數。前行政院體育委員會自2010年執行「改善國民運動環境與打造運動島計畫」中程計畫，其主要目的即在於創造「人人愛運動、處處能運動、時時可運動」，讓每位國民在台灣的各個角落，都能享受到平價優質的運動環境。因此積極推展打造運動島計畫，希望普及國民運動參與及擴增運動人口。

國內運動賽事轉播，較常見的以棒球、籃球、撞球、高爾夫及

社區會議

網球為主,國外賽事則為職業棒球、職業籃球、職業高爾夫、極限運動、賽車、機車競速、運動舞蹈、滑冰、滑雪、保齡球、足球、職業摔角、美式足球、排球等單項運動及奧、亞運等重要綜合運動賽會。

　　行政院主計總處於2006~2011年公布之運動服務業發展概況顯示:2006年電視傳播業廠商計5家,員工人數為41人,2011年電視傳播業廠商仍為5家,員工人數微幅增加為45人,增加率為9.76%。另外,2006年運動新聞出版業廠商計41家,員工人數為50人,2011年運動新聞出版業廠商計41家,員工人數為54人,增加率為8%。

　　前行政院體育委員會委託台灣身體文化學會出版之《台灣百年體育人物誌》,迄今已出版至第七輯,撰述體育界功績卓著者共85人,每一位體育運動人物都在各自擅長的領域投入生命的熱忱,為台灣體育運動奉獻心力。建國百年之際,前行政院體育委員會特邀集體育界學者,撰述出版圖說體育、體育思潮、體育政策、學校體育、社會體育、運動賽會、奧林匹克活動、傳統體育、體育人物誌

社區會議

社區演講

及體育大事記等十冊體育叢書，勾勒中華民國百年體育史梗概，爲我國優質運動文化留下精彩篇章。2009年，教育部編印《傳炬——學校體育園丁傳習錄》，爲學校體育教學大師，描繪他們投入體育運動的奉獻，頗受好評。2010年再度編印《傳炬II——學校運動教練傳習錄》，表彰培養優秀選手揚名國際體壇的學校運動教練，傳承與發揚珍貴的運動文化。

 ## 第三節　社會體育運動之發展策略

依據《體育運動政策白皮書》（教育部，2012）所提出有關全民運動發展之策略，共有「完善全民體育運動組織與法規」、「普及國人運動參與並推展體育運動志工」、「擴增規律運動人口」、「整合運動與健康資訊，提升國民體能」、「推展傳統與新興運動」、「建構優質運動文化」等六大項，各項發展策略如下：

一、完善全民體育運動組織與法規

(一)完善各級民間體育運動團體之輔導與獎勵辦法

訂定相關辦法，定期辦理績效評鑑，依據評鑑結果獎勵績效良好之體育運動團體，並積極輔導績效欠佳之體育運動團體，發揮推動體育運動功能。

(二)持續訂定體育專業人員之培養相關規範

「國民體育法」授權中央體育主管機關應建立體育專業人員進修及檢定制度，包含各體育專業人員資格檢定、證照核發、校正、換發、檢定費與證照費之費額、證照之撤銷、廢止及其他應遵行事項，皆由中央主管機關訂定辦法辦理之，本項工作已進行部分訂定體育專業人員培養相關規範，教育部將持續訂定體育專業人員之培養相關規範。

(三)周延「新興運動」各項法規

以「國民體育法」為基礎，對於各項「新興運動」的輔導管理，督導各直轄市及縣市政府依「地方制度法」，制定相關管理法規，明定新興運動之定義、類別、分級及其應具備技能範圍，建構專業人力的認證與培育，及設定運動場地設施標準與用地管理規範等。為考量法規的管理規範權責，並與內政部、交通部等相關部會及實際執行之地方主管單位、相關業者共同研議制定與推動，確保民眾權益。

二、普及國人運動參與並推展體育運動志工

(一)發展銀髮族運動，促進身心健康與生活品質

透過研發適合於銀髮族之運動，及輔導大學校院相關系所、社團與學生運用服務學習或實習等課程分赴各地區協助推廣，並協調各直轄市及縣市政府設置適宜銀髮族運動之安全簡易運動設施。其次訂定獎勵計畫，鼓勵各地方政府、公私立機構、各級學校體育運動組織辦理銀髮族運動課程，提供其規律運動機會。各地國民運動中心亦應提供更多的活動區域與優待時段，推展銀髮族運動。

(二)提供幼兒、青少年及職工豐富的運動項目與方便的運動環境

鼓勵學校、社區與運動社團辦理多元化競賽活動與親子休閒運動；編訂青少年運動護照，內容包含運動知識，簡易運動方法及運動紀錄，並規劃其獎勵制度及列為升學參考資料；協調學校、社區與民間團體，提供青少年平價優質的運動環境。此外，研究適合各類職場之休閒運動種類、項目與方法，推動企業及產業工會團體成立內部運動社團，以推展職工與上班族的全民運動。

(三)鼓勵婦女參與休閒運動

加強宣導運動的好處與必要性，鼓勵婦女參與運動，並透過國民中小學運動會規劃親子活動項目，鼓勵親子共同參與運動。此外，針對不同地區需求，規劃與提供適宜的休閒運動內容及機會。

(四)推展身心障礙國民體育活動，豐富其生活內涵

鼓勵身心障礙團體及大學校院培養推展身心障礙體育專業人員，規劃適合身心障礙人士之運動，以及加強運動場所無障礙設施之普及化、推展各種不同類型身障者之運動、提供運動機會，使身障者充分享有運動權。

(五)提升與擴增巡迴運動指導員與體育運動志工質量

培訓優秀運動選手成為巡迴運動指導員，建置多項目及多人數之運動巡迴指導團隊，分派各地協助推廣運動與訓練，並提供優秀運動選手就業管道。同時落實並擴增大學校院體育運動志工團隊，擴展體育運動志工服務範圍與對象，持續經營體育署體育運動志工網路平台，並加強宣導提高平台點擊率，提升平台之效益。

此外，修訂相關法規，落實證照制度，使培訓、發照及應用皆有法令依據。依據志工服務相關法規，分別培訓運動指導志工、體育與運動賽會活動指導志工，並依照運動與服務內容類別分別登錄，期使志工質量均能逐漸提升與增加，統整各項運動證照，並依其特性區隔執業、指導、服務等志工及證照等級。

(六)各級體育會人員體育專業訓練與時俱進

為使體育會人員能夠充分發揮工作成效，配合計畫與專案，定期實施體育專業知能在職訓練，充實本職學能。同時積極提供各直轄市及縣市體育會人員進修資訊與管道。

(七)實施國民運動卡

仿效澳洲昆士蘭、北領地（Northern Territory）與法國等地實

施發行運動券之政策；法國強調國民運動參與，認為藉由運動參與就可以提升人民體力，所以在提升體適能相關計畫上，將重點放在「提高運動參與的計畫」上。同時為了讓青少年能有更多的機會接觸各種運動，從1998年開始推行「運動票券」（sport voucher）系統，讓青少年在學年內使用運動票券，選擇加入地區的運動俱樂部，希望青少年能藉由運動俱樂部的參與提高身體活動量。因此，未來台灣地區，亦將規劃實施國民運動卡，針對青少年、銀髮族、身心障礙者與婦女等特定族群推行全民運動，普及國人之運動參與，並培養成為規律運動人口。

三、擴增規律運動人口

(一)推廣社區休閒運動

　　培養專業且在地化的全民運動推廣人才，透過招募在地體育運動志工，辦理專業培訓，投入全民運動推廣，並透過志工協助上班族、婦女、社會弱勢族群投入運動，提升其生活品質，結合社區、學校、民間單位，推展運動社團與賽會活動。此外，推動登山健行、自行車、游泳等特色活動，表揚推行與投入台灣特色大型活動之民眾與團體。各直轄市及縣市政府建立運動資訊平台，公布運動即時資訊，提供民眾運動新知。

(二)鼓勵機關團體提供職工運動機會

　　為開啟我國全民運動新頁，以人人運動、處處運動、時時運動為目標，其中很重要的理念就是要使潛在性運動人口成為自發性運動人口，使個別型運動人口成為團體型運動人口；冀望以團體同儕

的力量加速運動人口質與量的提升。因此，需透過鼓勵公部門與民間企業，籌組職工運動社團並提供職工運動時間，讓員工每週有固定的運動時間與機會，培養員工運動技能與興趣，透過運動提高職工向心力與健康體能；一方面提升產能與工作效率，一方面養成規律運動習慣。

(三)落實國人運動習慣調查

資訊發展與交通便利帶動國人運動模式的改變，為充分掌握國人參與規律運動情形、運動參與動機與需求，每年定期調查，以作為推展全民運動的參考。

四、整合運動與健康資訊，提升國民體能

(一)建置運動與健康資訊平台

建置運動與健康相關資訊專屬網頁，強化與即時更新國民運動環境資訊，提供全民運動與健康即時資訊。例如：公告國民體能檢測情形及活動，提供國人及企業進行體能檢測個人體能等級查詢，激發國人養成運動習慣的動力；提供運動科學效益為基礎的心肺耐力運動及肌力運動原則，增進國人對運動資訊的瞭解及有效提升個人體適能；提供高血壓、高血脂、退化性關節炎等慢性疾病患者及各族群運動處方建議資訊，全方位提升國人體適能與促進健康；提供預防運動傷害資訊，減少因不適當運動方式，造成長期性的慢性運動傷害。

(二)社區導向之學習

社區導向之學習包括企業機構、健康照護機構及社區發展（里民活動）中心等，結合直轄市及縣市政府衛生局與衛生所等醫療衛生單位，在國人接觸互動頻繁的地點，提供相關的運動健康資訊與運動對健康效益的資訊，以達到最大的推廣運動效率。同時結合運動專業師資、各級學校、各直轄市及縣市政府衛生局、各職場機構、健康照護機構及社區發展中心，辦理規律體適能活動及運動健康資訊學習營。

(三)整合與推廣國民體能檢測及學生體適能檢測

提升體能檢測站的服務品質，增加體能檢測資訊的服務與推廣，以養成運動習慣及改善體適能與健康。具體而言，於各直轄市及縣市輔導大學校院或其他機構，成立長期性的檢測站，全年皆可進行國民體能檢測及學生體適能檢測的服務，增加民眾檢測的方便性及提高檢測站的服務效益。檢測站除了持續定期辦理學生體適能檢測之外，並不定期於國民運動中心、都會區、社區公園及與地方政府活動配合辦理國民體能檢測，提供民眾便利的檢測環境，協助其瞭解個人體適能情形、國民體能常模長期建立及追蹤國民體能變化。

五、推展傳統與新興運動

(一)傳承與發揚台灣傳統體育

持續強化台灣傳統體育之學術研究，建構其歷史脈絡與理論基礎，並推動傳統體育，列為十二年國教學校鄉土教材或體育課程之

一。在推展學校民俗體育方面，持續推動「發展學校民俗體育中程發展計畫」，組成專家小組修訂計畫推動之項目與內涵。除因地制宜外，並兼顧傳統體育的多元性。此外，建構與扎根各鄉鎮具有特色之運動比賽，舉辦適合家庭親子的體育活動，並廣爲宣傳適合全家參與之運動賽會；結合地方節慶及特有文化風情，發揚與維護台灣鄉土與傳統體育活動。

(二)傳承與發展台灣原住民運動文化

規劃成立原住民體育運動研議小組，對於原住民休閒運動及體育等運動文化之傳承、維護與發揚，賦予任務及使命，發揮其教育與文化功能。

(三)建立「新興運動」項目輔導機制

輔導各「新興運動」單項協會進行會員登記，檢視技能認證標準，導入訪視、考核與輔導，強化協會自主管理，確切掌握運動人口，提升戶外運動安全與保障。

六、建構優質運動文化

(一)提升國民運動素養

結合資訊平台、辦理活動場合與宣導品，優質運動節目與平面媒體，宣導休閒運動在身、心、靈、家庭與社會等方面的效益，並透過志工與各種機會教導運動技能，提升國民運動知能。建立使用者付費的觀念，引導國人願意付費參與各類休閒運動，成爲規律運動參與者。

(二)鼓勵轉播國際精彩運動賽會與製作優質運動節目

配合普及國人運動參與，規劃獎勵電視台轉播國際精彩運動賽會或節目；持續補助學生觀賞運動比賽及媒體賽會活動；擬定鼓勵電視媒體轉播國際大型運動賽會計畫。此外，透過製作優質運動節目，營造運動氣氛，帶動運動風氣；具體提升台灣優質運動文化特色，促進族群參與運動之樂趣，建立富而好動之社會。

(三)推展觀賞重要運動賽會，提升運動風氣

2009年我國曾於高雄舉辦世界運動會及台北舉辦聽障達福林匹克運動會（簡稱台北聽障奧運），2017年更將於台北舉辦世界大學運動會。上述比賽之精彩畫面及奧亞運、棒球經典賽與世界盃足球賽等國際重要運動賽事，均有推展給全體國民觀賞之價值，以激發民眾參與運動之熱誠，尤其提供學校作為運動欣賞之教材，將能有效啟發學生之學習興趣，奠定全民運動之基礎。

(四)彙整台灣本土各項運動發展文獻

建置我國身心障礙、世界運動會、原住民及傳統體育運動等參與國內外重要賽會歷程與歷年成績資料。同時，彙整國內各單項運動發展及運動賽會的歷史文獻，一面提供國人運動文化常識，引起從事運動之動機，奠定全民運動之基礎，一面充實運動文化之內涵。

結　語

社會體育運動的範圍極廣，一般而言，所有領域、各個階層的體育運動或軟硬體資源，都屬於社會體育運動的範疇。然而，學校

體育內容與範圍明確，且較有系統與規範，全國學生族群也多，因此亦可排除於社會體育範圍之外，而單獨成為一個領域——學校體育。本章論述社會體育運動之實施目標與重點內容、社會體育運動推展現況，進而介紹政府社會體育運動之發展策略，使內容相互呼應。最後介紹堪稱為我國最重要的社會體育運動推廣單位——中華台北奧林匹克委員會（Chinese Taipei Olympic Committee）與中華民國體育運動總會，讓讀者瞭解我國日益蓬勃的運動事業（包括各單項運動之推展、選手選訓、各賽會舉辦軟硬體資源運用等等），除了政府政策支持與各地方各階層體育人士之辛勤耕耘外，這兩個大支柱的協助、運籌帷幄及有效率地運作，功不可沒。

問題與討論

一、試解釋社會體育運動發展的意義？

二、試舉例說明社會體育運動範疇內的活動？

三、試思考政府全民運動發展策略中，有哪些是比較窒礙難行或比較有挑戰性的事項？

四、試探討體育、運動、健康、休閒相關科系如何與社區共享資源，合作推展社會體育活動？

參考文獻

一、中文部分

行政院體育委員會（2011）。《中華民國建國100年體育專輯——體育政策》。台北：行政院體育委員會。

行政院體育委員會（2011）。《中華民國建國100年體育專輯——社會體育》。台北：行政院體育委員會。

行政院體育委員會（1999）。《中華民國體育白皮書》。台北：行政院體育委員會。

行政院體育委員會（1999）。《我國體育政策發展與展望》。台北：行政院體育委員會。

行政院體育委員會（2012）。《中華民國101年體育統計》。台北：行政院體育委員會。

各級學校運動人才資料庫登。http://niag.ctusf.org.tw/Excellent/Homepage/index.php，檢索日期：103年1月1日。

周中勛、唐恩江、蔡長啓、劉仲華（1985）。《體育行政》。台北：健行文化出版事業公司。

吳文忠（1981）。《中國體育發展史》。台北：三民書局。

吳清山（1999）。《學校行政》。台北：心理出版社股份有限公司。

葉憲清（2005）。《學校體育行政》。台北：師大書苑有現公司。

黃昆輝（1980）。《教育行政與教育問題》。台北：五南圖書出版公司。

彭小惠（2002）。〈運動管理課程的定位與爭議〉。《中華體育》，16(1)，頁81-87。

鄭彩鳳（1999）。《學校行政理論與實務》。台北：麗文文化公司。

劉碧華（1995）。〈如何加強運動場地的安全管理〉。《中華體育》，9(3)，頁8-14。

鄭志富（1994）。〈學校體育的風險管理〉。《學校體育雙月刊》，4(6)，頁35-39。

鄭志富（2009）。《體育行政與管理》。台北：師大書苑有現公司。

教育部體育署（2013）。《中華民國102年體育統計》。台北：教育部體育署。

教育部體育署（2012）《體育運動政策白皮書》。台北：教育部體育署。

教育部（1990）《體育法規選輯──國家體育建設中程計畫》。教育部。

二、外文部分

Crosset, T. W., Bromage, S., & Hums, M. A. (1998). History of sport management. In L. P. Masteralexis, C. A. Barr, & M. A. Hums (Eds.), *Principles and Practice of Sport Management* (pp. 20-38). Gaithersburg, Maryland: Aspen Publishers, Inc.

Hart, J. E., & Ritson, R. J. (1993). *Liability and Safety in Physical Education and Sport: A Practitioner's Guide to the Legal Aspects of Teaching and Coaching in Elementary and Secondary Schools*. Reston, Virginia: AAHPERD.

North American Society for Sport Management (1999). The Annual Conference. Vancouver, B. C. Canada.

North American Society for Sport Management (2000). The Annual Conference. Colorado Springs, Colorado.

Parkhouse, B. L. (1996). *The Management of Sport: Its Foundation and Application* (2nd ed). St. Louis, Missouri: Mosby-Year Book, Inc.

成功領導與管理的思維

管理不是獨裁，一個公司的最高管理階層必須有能力領導和管理員工。

──盛田昭夫

5

我國體育與運動相關組織

本章學習目標

1. 瞭解各級政府體育行政單位。
2. 瞭解政府體育運動推展之核心理念。
3. 瞭解政府體育運動發展願景與目標。
4. 瞭解國內重要的體育運動組織——中華民國體育運動總會與中華台北奧林匹克委員會。

成功領導與管理的思維

　　德若不培，難顯道尊，難擔大任；德若不培，難改氣質，難轉命運。

——一貫道

前　言

　　全民體育的各項活動進展順不順利，有賴全國上下熱烈參與，共襄盛舉；而先前的種種體育與運動相關措施與計畫，有賴各相關政府部門與民間組織的精心擘劃。其能按部就班，成功地實施，這些公、民營單位都是重要的推手，功不可沒。

第一節　國內體育運動組織分類

一、體育行政機關

　　我國主管體育運動事務機關，在中央爲教育部體育署（民國102年1月合併前行政院體育委員會及教育部體育司爲教育部體育署），在地方有各直轄市體育處及縣市政府教育局（處）、體育及衛生保健科、社教科以及體育場（處）或體育場管理所等。各級學校設有體育行政單位，專責體育教學與活動之推動，國小至專科學校則

於學務處下設體育組，大學校院則設有體育室（處、組或相關單位）。而推動各級學校體育之民間體育行政組織則有中華民國大專院校體育總會、中華民國高級中等學校體育總會、縣市中等學校體育促進會及國民小學體育促進會等。

二、亞奧運運動競賽種類團體

國內共有45個亞奧運運動競賽種類團體（最近一屆已辦之奧亞運運動競賽種類），包括角力、游泳、柔道、跆拳道、國武術、空手道、西洋棋、拳擊、排球、籃球、足球、手球、舉重、高爾夫、雪橇雪車、滑雪滑草、滑冰、擊劍、冰球、軟式網球、體育運動舞蹈、鐵人三項運動、現代五項暨冬季兩項運動、馬術、自由車、壘球、曲棍球、壁球、網球、撞球、保齡球、羽球、田徑、體操、滑輪溜冰、棒球、帆船、桌球、划船、橄欖球、輕艇、射擊、射箭、卡巴迪、藤球等協會。

三、非亞奧運運動競賽種類團體

國內共有32個具國際組織對口的非亞奧運運動競賽種類團體，包括劍道、籃網球、迷你高爾夫球運動、十字弓、合氣道、橋藝、巧固球、木球、槌球、太極拳、拔河運動、滑水、健力、浮士德球、山岳、滾球運動、飛行運動、柔術、水中運動、合球、水上救生、飛盤、相撲、賽車、慢速壘球、定向越野、健行登山、健美、克拉術、聽障者體育運動、殘障者體育運動、智障者體育運動等協會。

四、全國性財團法人體育運動基金會

國內現有之全國性財團法人體育運動基金會計有下列28個單位：

1.財團法人中華太極館。
2.財團法人中華合氣道總部道館。
3.財團法人徐亨體育文化基金會。
4.財團法人希望基金會。
5.財團法人第一體育基金會。
6.財團法人關西體育發展基金會。
7.財團法人中華民國中正高爾夫發展基金會。
8.財團法人鴻禧體育基金會。
9.財團法人長安體育基金會。
10.財團法人台灣高爾夫國手培訓基金會。
11.財團法人石為開將軍發展太極拳基金會。
12.財團法人自行車新文化基金會。
13.財團法人太平洋網球發展基金會。
14.財團法人奧林匹亞體育文教基金會。
15.財團法人謝國城棒球文教基金會。
16.財團法人玖順網球發展文教基金會。
17.財團法人國華體育文教基金會。
18.財團法人呂良煥高爾夫體育基金會。
19.財團法人鄭子太極拳發展基金會。
20.財團法人美孚棒球運動發展基金會。
21.財團法人北海高爾夫體育運動發展基金會。

22.財團法人謝敏男高爾夫運動發展基金會。

23.財團法人高爾夫大學文教基金會。

24.財團法人全民太極養生研發基金會。

25.財團法人高雄世運體育基金會。

26.財團法人翁祿壽體育基金會。

27.財團法人台灣名人賽高爾夫運動振興基金會。

28.財團法人歐都納戶外體育基金會。

五、體育學術團體

國內現有15個體育學術團體，臚列如下：

1.台灣體育運動管理學會。

2.中華運動休閒產業管理學會。

3.中華民國體育學會。

4.台灣運動生物力學學會。

5.台灣運動教育學會。

6.台灣運動社會學會。

7.台灣運動健康學會。

8.台灣運動心理學會。

9.台灣體育運動史學會。

10.台灣運動生理暨體能學會。

11.台灣身體文化學會。

12.中華民國玄牝太極健康導引學會。

13.海峽兩岸體育研究學會。

14.中華民國國際標準舞學會。

15.中華民國運動教練學會。

六、各直轄市及縣市體育（總）會

由地方政府輔導的各直轄市及縣市級民間體育運動組織，101年計有22個直轄市體育會及縣市體育（總）會。

七、鄉鎮市區體育會

由地方政府輔導的鄉鎮市區級民間體育運動組織，101年計有368個體育會。

第二節　教育部體育署

一、教育部體育署簡史

我國體育行政主管機關首度以「體育委員會」名稱出現，始於民國21年，惟因時值戰亂，無法發揮功能，至民國62年10月31日教育部修正組織法，在教育部之下正式成立「體育司」，民國71年「國民體育法」修正公布，在體育司之外，並恢復設置「國民體育委員會」。民國79年行政院組織法修正草案第六條增設通過「體育委員會」。民國86年3月，前副總統兼行政院長連戰先生正式核示在行政院下設立體育委員會，並於7月16日主持揭牌儀式，行政院體育委員會正式成立，開始運作。民國87年1月12日奉總統令公布依「行政院體育委員會組織條例」規定，行政院體育委員會為統籌國家體育事務之全國體育行政主管機關。2013年1月1日起，行政院體育委

員會配合組織改造，併入教育部更名爲「教育部體育署」（我國中央體育行政組織變遷過程，如**表5-1**）。

表5-1　我國中央體育行政組織變遷表

時間	中央體育行政組織名稱	備註
1912～1927	教育部社教司兼辦體育業務	中華民國臨時政府成立時
1927～1929	大學院設體育指導委員會	我國首度設置「全國體育政策設計諮詢單位」
1929～1932	訓練總監部國民軍事訓練處設體育科	由軍方主導全國體育業務
1932～1936	教育部設體育委員會	全國體育業務回歸教育部主導設計、指導、督促全國體育之發展
1936～1939	教育部增設體育組	抗戰前夕臨時設置協同辦理體育業務的單位
1939～1940	教育部修正體委員會章程	設計及編輯二組
1940～1942	教育部體育委員會內部改組	改設學校體育及社會體育二組
1942～1945	教育部改設國民體育委員會	依「國民體育法」改組
1945～1949	教育部國民體育委員會改以組織條例設置	抗戰勝利，政府擴大體育組織，設學校體育、社會體育及研究編審三組，提升體育組織人力與功能
1949～1954	全國體育業務由教育部社教司及國際文教處辦理	政府剛遷台，宣布戒嚴，政府致力反共復國大業，中央體育行政工作幾乎停頓
1954～1958	教育部恢復設置教育部國民體育委員會	設學校體育、社會體育、研究實驗三組
1958～1961	裁撤國民體育委員會體育業務歸併兼辦	政府緊縮編制
1961～1973	教育部恢復設置教育部國民體育委員會	政府鑑於體育工作之實際需要
1973～1979	教育部設體育司	首設全國體育業務專管單位，設學校體育、社會（含國際）體育、研究發展三科

（續）表5-1　我國中央體育行政組織變遷表

時間	中央體育行政組織名稱	備註
1979～1982	教育部體育司改組	改設學校體育、社會體育、國際體育三科
1985～1997	教育部增設教育部國民體育委員會	依新修正「國民體育法」增設，以研擬全國體育政策，指導全國體育活動
1991～1997	教育部體育司再度改組	改設學校體育、競技運動、全民運動三科
1997～1998	行政院體育委員會以組織規程設立	中央體育行政組織升格為二級機關
1998～2012	行政院體育委員會以組織條例設立	二級機關性質之中央體育行政組織正式以組織條例設立
2013～	行政院體育委員會併為教育部體育署	政府組織改造結果

資料來源：行政院體育委員會（2011），頁51；林國棟整理。

2008北京奧運場館外觀

2008北京奧運開閉幕表演

二、教育部體育署成立之意義

前行政院體育委員會配合行政院組織改造計畫，與教育部體育司合併，改制成為教育部體育署，將學校體育及社會體育業務合併，整合體育資源，讓體育政策規劃更完整，執行更有力，期使國家體育發展更完善。

我國體育運動之發展，經前行政院體育委員會十五、六年來的積極推動各項政策之下，已有豐碩的成果。不論在建置法規制度、促進全民參與、提升競技水準、推動國際交流及塑造運動環境等各方面，皆有亮麗的成績。今配合行政院組織改造，機關層級雖由原屬二級單位降為三級單位，但相關政策之推動將不受到任何影響，並期待能藉由更彈性、精實、有效率的組織設計，將繼續推動我國體育運動的發展，期待邁向另一個高峰。體育署一項重要的目標為激發國內體育運動風氣之養成與選手之培育；培育國內年輕選手，以提升國人之運動競爭實力。

國家體育事務整合後的重新出發，持續推動體育政策，以增進國民體能，強化競技運動實力，以提升國際體壇地位、拓展運動產業，以促進台灣經濟發展，為國人塑造優質的生活。

三、教育部體育署施政方針（102與103年度）

1.強化學校體育教學，提升學生體適能；推展全民運動，打造樂活運動島；興（整）建國民運動中心及國家運動選手訓練中心，提供優質運動、訓練及休閒環境；加強培訓優秀運動人才，提升競技運動實力。

2.協助籌辦2017年台北世界大學運動會，爭取主辦大型國際賽

會，提高我國國際能見度；建構完善運動產業發展環境，增進業者投資服務意願。

四、教育部體育署掌理之事項與下屬單位

(一)體育署掌理之事項

體育署掌理下列事項：

1. 體育與運動政策、制度之綜合規劃、執行與督導及相關法規之研修。
2. 運動彩券、運動發展基金、運動產業發展之規劃、執行、督導及獎助。
3. 學校體育發展之規劃、執行及督導。
4. 全民運動發展之規劃、執行及督導。
5. 競技運動發展之規劃、執行及督導。
6. 國際及兩岸運動交流發展之規劃、執行及督導。
7. 運動設施發展之規劃、執行及督導。
8. 職業運動之聯繫及協調事項。
9. 國家運動訓練中心之輔導及監督。
10. 其他有關體育及運動事項。

(二)體育署掌理下屬單位

體育署行政上下設綜合規劃組、學校體育組、全民運動組、競技運動組、國際及兩岸運動組、運動設施組等六個組，以及秘書室、主計室、人事室、政風室等四室。另設有國家運動選手訓練中心，由競技運動組管理（即共有六組、四室、一中心）。整個體育署員額總共126人，2013年之年度預算共52.15億元。

第三節　中華台北奧林匹克委員會

一、中華台北奧林匹克委員會成立背景

　　本會成立於民國11年4月3日，原名為「中華業餘運動聯合會」（China National Amateur Athletic Federation）。同年國際奧會於第21屆巴黎年會中承認我中華業餘運動聯合會為「中國奧會」（Chinese Olympic Committee）。民國13年7月，「中華全國體育協進會」在南京成立，經改選董事完全由國人擔任，即取代原有之中華業餘運動聯合會，並為國際奧會所承認（英文會名未改）。

　　「中華全國體育協進會」隨政府遷台，至民國62年，政府鑑於中共之統戰陰謀日趨嚴重，為維護國際各種運動會籍，使我國在國際各種體育運動組織中，保有合法地位，並推展奧林匹克運動，本會奉命全面改組為「中華奧林匹克委員會」及「中華民國體育協進會」兩個組織，推展國際及國內體育活動。

　　由於國際政治情勢的影響，我國奧會及許多運動團體在國際奧會和國際運動總會的會籍相繼受到中國大陸的排擠而被中止或取銷，致使我無法參與國際奧會所轄各種國際體育活動。1981年3月23日本會與國際奧會在瑞士洛桑簽訂協議，以經過國際奧會核准之「Chinese Taipei」（中文為中華台北）名稱，使用奧會會旗與會歌，重新獲得國際奧會之承認，並陸續恢復各運動團體在國際運動總會的會籍，維護了我國運動團體及選手參加國際體育競賽活動的權益。

依照國際奧會之規定，我國運動代表隊參加國際奧會相關活動，名稱排序係依「Chinese Taipei」的簡稱「TPE」排列於英文字母「T」的順序。以上協議與規定，即所謂的「奧會模式」。因此，「奧會模式」為我國參加國際奧會及其他相關國際運動組織所舉辦的賽會活動時使用的名稱、旗、歌及排列等儀節規定。

台灣參加奧運是在很特殊的條件下達成，依中華台北奧會自行發布的文件：「中華台北奧會（Chinese Taipei Olympic Committee）在1981年3月22日與國際奧會簽訂協議，就名稱、會旗、歌及享有之地位、應盡之義務等達成共識，亦即所謂的奧會模式，其主要內容為：『確認我國奧會名稱為中華台北奧林匹克委員會。確認我國奧會會旗、會歌。國際奧會向中華台北奧林匹克委員會保證，可與其他國家奧會享有同樣參與奧運會及其他國際奧會所主辦之活動，以及按照國際奧會章程有同樣之權利及盡相同之義務。』」

二、中華台北奧林匹克委員會成立宗旨與任務

本會以推展全民運動、發揚奧林匹克精神、加強與國際奧會及國內外各運動團體聯繫為宗旨，其任務為：

1. 發展全民運動事項。
2. 參加或主辦奧林匹克運動會及區域性運動會事項。
3. 與國際奧會、各國家奧會、各國際運動總會、各地區性運動組織之聯絡與協調事項。
4. 編譯有關奧林匹克運動書刊事項，並採取適當措施保護「奧林匹克」之名稱、標誌及會徽。
5. 受行政院體育委員會（現為體育署）委託辦理國際體育運動交流事項。

6.舉辦其他奧林匹克活動事項。

此外，本會歷年來在教育部及行政院體育委員會指導下，努力完成各項任務。

三、我國選手較常參與之運動賽會

由國際奧林匹克委員會承認的組織相當多，茲列出中華台北奧會認可且我國選手較常參與之運動賽會如**表5-2**。

表5-2　我國選手較常參與之運動賽會

權責單位	運動賽會
國際奧林匹克委員會	1.夏季奧林匹克運動會 2.冬季奧林匹克運動會 3.青年夏季奧林匹克運動會 4.青年冬季奧林匹克運動會
國際聽障運動總會	聽障奧林匹克運動會（Deaflympic Games，達福林匹克運動會）
國際帕拉林匹克委員會	殘障奧林匹克運動會（Paralympic Games，帕拉林匹克運動會）
國際特殊奧林匹克委員會	特殊奧林匹克運動會（Special Olympics）
亞洲奧林匹克委員會	1.亞洲夏季運動會 2.亞洲冬季運動會 3.亞洲青年運動會 4.亞洲沙灘運動會 5.亞洲室內運動會 6.亞洲武藝運動會 7.亞洲室內暨武藝運動會（亞洲室內運動會與亞洲武藝運動會之合併，並始於2013年）
國際世界運動會總會	世界運動會
東亞運動會總會	東亞運動會
國際大學運動總會	世界大學運動會

第四節　中華民國體育運動總會

一、中華民國體育運動總會成立背景與宗旨

　　「中華民國體育運動總會」的前身為民國13年8月24日在南京成立之「中華全國體育協進會」，民國62年更名為「中華民國體育協進會」，並由個人會員制改為團體會員制。民國78年12月23日復更名為「中華民國體育運動總會」，歷任會長為張豐緒、郭宗清、張萬利、蔡辰威及陳建平。中華民國體育運動總會為全國社會體育運動的領導單位，以推展全民體育、增進全民身心健康、發揚業餘運動精神、提高運動技術水準、加強國際體育聯繫與活動為宗旨。

二、中華民國體育運動總會執行業務

　　本會面對轉型的艱難，但具有克服困難的意志與團結向心力，過去接受行政院體育委員會多項委辦業務，績效卓著，簡述如下：
　　第一，辦理教練與裁判講習會、授證，以及建置教練、裁判、選手等人才庫資料。

1.規定國內體育團體辦理教練、裁判講習制度層級，區分各階層授證權限，將國內講習、授證制度統一。
2.由本會與各單位將國內各單項運動之國家（A）、省市（B）與縣市（C）級教練、裁判、選手資料鍵入資料庫，有利於未來體育政策指導單位對體育人才管制及運用之依據，利於國

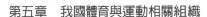
家推動體育運動發展。

第二，辦理各種運動規則審定與印行。

1.將國內各單項運動協會之運動規則，按國際規則逐條審查，統一與規定國內各項運動之比賽規則、計分規則（標準）等，使參與比賽之團體、裁判與選手有所遵循。
2.刊印運動規則光碟與手冊，分發相關運動團體參閱，對各項運動競賽公正性具重大意義。

第三，辦理各種運動紀錄審定與發布。

1.蒐集最新世界、奧運、亞洲、亞運、全國紀錄之項目與成績，由本會運動紀錄審查委員會審查。
2.將全國大專運動會、全國中等學校運動會客觀運動項目最高紀錄審查後，由委員會成立之研究與規劃小組，將各類成績以運動專業逐項分析、比較，建立相關數據之參數，提供政策指導單位參考。
3.刊印紀錄手冊分發相關運動團體參閱，對選手具實質激勵作用。

第四，辦理國光體育獎章初審、資料建置。

1.依據原行政院體育委員會頒發之「國光體育獎章及獎助學金頒發辦法」，由本會「審查工作小組」審查各協會陳報選手參加體委會所核定之各型賽會優異成績之初審作業，並將審查通過之項目、成績轉報體委會複審，對完成審查之選手行文證明其累積績點數或頒發獎金，其審查程序之公正性對選手勤訓苦練具實質獎勵作用，並有積極鼓勵提升運動成績功能。

2.將各類項目比賽獲獎選手之獎金完成數據統計，作爲爾後修訂獎勵標準之參考；而選手之教練部分則區分啓蒙、階段、指導三個階段，對三個階段教練亦有配比獎勵金額，因此，對專業指導人而言具實質保障，將帶動更多優秀教練投入選手指導工作。

第五，辦理前左營訓練中心、前北部訓練中心逾年限財產轉贈會員單位使用，受惠單位計：現代五項暨冬季兩項、舉重、體操、游泳、射箭、田徑、擊劍、台北市體育會、國術、羽球、木球、馬術等協會，對培育體育精英有莫大助益。

第六，成立「國家運動訓練中心興設及管理諮詢委員會籌設小組」，並成立「國家運動訓練中心興設及管理諮詢委員會」，業務規劃、場館設施之興設、行政法人化作業及營運管理等四項業務之評估、建議與諮詢事宜，對未來國訓中心法人化提供諸多興革意見。

第七，辦理全國性亞奧運運動競賽種類團體輔導考核相關工作，訪視亞奧運全國性單項協會後，召開檢討會議，將討論相關意見陳報體育署（原體委會）參考。

第八，技術委員會著手研擬、探討「辦理體委會全民處輔導之全國性體育運動團體建立教練、裁判制度及舉辦講習會實施準則」、「成立亞奧運運動競賽種類體育團體諮詢小組」之任務及宗旨等議題。召開「輔導各全國性亞奧運單項運動協會建立教練制度實施準則（草案）協調會」，並舉辦公聽會，作爲相關運動團體辦理講習會之依據。

中華民國體育運動總會近年來突破以往舉辦活動的刻板模式，承辦各類大型賽會時，以新穎、符合時代潮流的演出呈現給全國民眾，期間民眾熱情參與，進而喜愛體育運動，也無形的增加了體育

運動人口，更對本會有極正面評價。因此，本會與體育署（體委會）形成最佳合作夥伴關係，與各協會也有極佳的互動，在積極推動「關懷、聯繫、服務、友誼」的服務宗旨之際，展現了體育界空前的團結氣象。

三、中華民國體育運動總會會員單位

本會團體會員單位計有65個，其中有56個全國性的運動協會、4個專業總會，4個地區體育會及1個運動傷害防護協會。各會員單位如**表5-3**。

表5-3　中華民國體育運動總會會員單位

1.中華民國棒球協會	23.中華民國跆拳道協會	45.中華民國划船協會
2.中華民國羽球協會	24.中華民國角力協會	46.中華民國帆船協會
3.中華民國籃球協會	25.中華民國摔角協會	47.中華民國滑冰協會
4.中華民國保齡球協會	26.中華民國太極拳總會	48.中華民國滑雪滑草協會
5.中華民國足球協會	27.中華民國拳擊協會	49.中華民國輕艇協會
6.中華民國曲棍球協會	28.中華民國擊劍協會	50.中華民國飛行運動協會
7.中華民國高爾夫協會	29.中華民國劍道協會	51.中華民國田徑協會
8.中華民國手球協會	30.中華民國空手道協會	52.中華民國自由車協會
9.中華民國排球協會	31.中華民國合氣道協會	53.中華民國拔河協會
10.中華民國撞球運動協會	32.中華民國國武術總會	54.中華民國民俗體育運動協會
11.中華民國槌球協會	33.中華民國射擊協會	55.中華民國體育運動舞蹈總會
12.中華民國網球協會	34.中華民國射箭協會	56.中華民國山岳協會
13.中華民國桌球協會	35.中華民國十字弓協會	57.中華民國現代五項暨冬季兩項運動協會
14.中華民國巧固球協會	36.中華民國馬術協會	58.中華民國鐵人三項運動協會

（續）表5-3　中華民國體育運動總會會員單位

15.中華民國合球協會	37.中華民國健力協會	59.中華民國運動傷害防護協會
16.中華民國橄欖球協會	38.中華民國健美協會	60.中華民國漆彈協會
17.中華民國木球協會	39.中華民國體操協會	61.中華民國西洋棋協會
18.中華民國軟式網球協會	40.中華民國雪橇雪車運動協會	62.台灣省體育會
19.中華民國壘球協會	41.中華民國舉重協會	63.台北市體育會
20.中華民國冰球協會	42.中華民國滑水暨寬板滑水協會	64.高雄市體育會
21.中華民國慢速壘球協會	43.中華民國滑輪溜冰協會	65.金門體育會
22.中華民國柔道總會	44.中華民國游泳協會	

結　語

　　以教育部體育署為龍頭之體育運動事務主管機關，在承襲前行政院體育委員會與教育部體育司各別的重責大任後，依然要持續引領全國各處體育運動相關單位，戮力為體育教育、全民健康與活力台灣而打拚。全國各處的體育運動相關單位，在地方有各直轄市體育處及縣市政府教育局（處）、體育及衛生保健科、社教科以及體育場（處）或體育場管理所等。各級學校中，國小至專科學校則於學務處下設體育組，大學校院則設有體育室（處、組或相關單位）。而推動各級學校體育之民間體育行政組織則有中華民國大專院校體育總會、中華民國高級中等學校體育總會、縣市中等學校體育促進會及國民小學體育促進會等。

　　此外，亞奧運與非亞奧運運動競賽種類團體分別有45個、32個之多，全國性財團法人體育運動基金會計有28個單位，體育學術團體15個，中華民國體育運動總會團體會員單位亦有65個，直轄市體育會及縣市體育（總）會計有22個，鄉鎮市區級民間體育運動組織

計有368個體育會。這些單位平日在國內自己的崗位各司其職，既為體育基層扎下穩固的基礎，孕育運動生命，更是發展各項體育活動，傳承全民健康永續的命脈。而中華台北奧林匹克委員會受前行政院體育委員會（現為體育署）委託辦理國際體育運動交流事項，克盡其功。

中華民國體育運動總會輔佐各協會承辦各類大型賽會，與各協會有極佳的互動。以新穎、符合時代潮流的演出呈現給全國民眾，提升民眾熱情參與，進而喜愛體育運動，也無形的增加了體育運動人口。其與政府形成最佳合作夥伴關係，在積極推動「關懷、聯繫、服務、友誼」的服務宗旨之際，展現了體育界空前的團結氣象，無怪乎國內體育與運動日益蓬勃發展，引導國民進入更健康、更有活力，且延年益壽之幸福境地。

問題與討論

一、簡述國內體育運動組織分類情形。

二、試探討體育署掌理的業務對於中華台北奧林匹克委員會、中華民國體育運動總會，以及各協會與地方性體育會之業務推展有何實質關聯與幫助？

參考文獻

中華台北奧林匹克委員會。http://www.tpenoc.net/，檢索日期：103年1月27日。

中華民國體育運動總會。http://www.rocsf.org.tw/index.asp，檢索日期：103年1月26日。

行政院體育委員會（2012）。《中華民國101年運動統計》。台北：行政院體育委員會。

教育部體育署（2013）。《中華民國102年運動統計》。台北：教育部體育署。

教育部體育署（2014）。關於體育署。http://www.sa.gov.tw/menu.aspx?wmid=1147，檢索日期：103年1月26日。

成功領導與管理的思維

好漢不言當年勇、英雄不怕出身低；人生沒有永久被保障的榮耀與成就，也沒有註定永遠都是落寞與失敗。

——陳敦禮

6

國際重要體育與運動相關組織

本章學習目標

1. 瞭解國際奧林匹克委員會成立背景、宗旨、主義、憲章、會旗、組織架構及參加城市等等資訊。
2. 瞭解倫敦奧林匹克運動會的特色。
3. 瞭解國際大學運動總會成立背景、目標、理念與組織架構。
4. 對世界大學運動會與世界大學錦標賽有初步之認識。
5. 對若干體育與運動先進國家體育政策之特性，有初步之瞭解。

成功領導與管理的思維

　一般事業成功的道路，孤獨、寂寞，因為贏在「超越」。

　我們所要經營的事業，其成功的道路，如此寬廣，因為贏在「攜手合作」。

——美安臺灣公司

前　言

　　體育運動的發展相當多元，諸如運動技能、健康體適能、運動科學（包含運動生理學、運動生物力學、運動營養學、運動心理學、運動醫學、運動傷害、運動教練學等等）、運動人文社會領域、體育哲學、休閒運動等等，均不能在自己的團體內閉門造車或者是孤芳自賞、自我陶醉，而必須走出去與其他團體交流；對國家而言，也不宜自外於地球村，同樣必須在國際間與眾國家互訪、互助，進行研習或賽會等交際活動。如此，才能使運動技能精進，國民體能更健康，國家社會更有朝氣與蓬勃發展。

　　奧林匹克運動會乃當今最大與最重要的運動賽會，其起源於國際局勢混亂的中流砥柱，功在消弭敵對殺伐之氣。是長久以來世人共同認同的樂觀、開朗、榮耀、公正、公平與希望的象徵，也是各國菁英運動員全力拚搏，戰勝自己，追求更強、更高、更快的神聖舞台，引領全世界邁向至真至善、至美、友誼、和諧與和平的夢想境界。所以，其堪為世界各國菁英運動員最熱切與引領期盼朝聖的機會。職是之故，對國際奧林匹克運動會組織與活動之資訊做一番

瞭解，是何等重要之事。此外，與國際奧林匹克運動會互爲兄弟地位，亦相當重要的國際大學運動總會（The International University Sports Federation, FISU），以及其主導的世界大學運動會與世界大學錦標賽（World University Championship, WUC），對世界體壇之影響同具舉足輕重之地位。

第一節　國際奧林匹克委員會

一、國際奧林匹克委員會成立背景與宗旨

奧運會最早始於古希臘的奧林匹亞，由古代希臘人民爲祭神和崇拜英雄而舉行的一些競賽活動逐漸發展形成的。第1屆古代奧運會始於西元前776年舉行，最後共舉行過293次。西元393年被羅馬皇帝狄奧多西廢除。

19世紀末（1889年）法國男爵古柏坦（Baron Pierre de Coubertin，註❶）鑑於當時國際局勢混亂，認爲可藉國際運動交流，來消弭敵對殺伐之氣，同時亦認爲古代奧林匹克文化，實有借鏡之處，因此全力投入奧林匹克運動的復興。1894年6月在巴黎主導召開國際運動會議，與當時與會者於同年6月23日倡導成立國際常設機構「國際奧林匹克委員會」以作爲舉辦奧林匹克運動會之最高權

❶古柏坦（Baron Pierre de Coubertin, 1863-1937），是法國著名教育家、國際體育活動家、教育學家和歷史學家、現代奧林匹克運動的發起人。1863年1月1日出生於法國巴黎的一個非常富有的貴族家庭。1896~1925年，他曾任國際奧林匹克委員會主席，並設計了奧運會會徽、奧運會會旗。由於他對奧林匹克不朽的功績，被國際上譽爲「奧林匹克之父」。

威機構。

　　爲了紀念這一具有歷史意義的日子，國際奧委會於1948年起將每年的6月23日定爲「國際奧林匹克日」。其成立宗旨乃爲鼓勵各種運動和運動競賽的組織及其發展；在奧林匹克理想的範圍內，鼓舞及領導運動，藉以促進及加強各國運動員的友誼；除了使奧運會按時舉行外，並使奧運會更能秉承其光榮的歷史，以發揚古柏坦男爵及其同志們所持的崇高理想。因此，國際奧會乃基於「友誼」、「和平」的訴求下而開始成長茁壯。第1屆近代奧運會於1896年在希臘舉行。以後每四年舉行一次。即使其間因故不能舉行，屆數仍然依次照算（第6、12、13屆未舉行）。

　　國際奧林匹克委員會（簡稱國際奧委會；IOC），是領導奧林匹克運動和決定有關奧林匹克運動問題的最高管理機構。總部設在瑞士洛桑的國際奧委會是一個非政府性、非盈利性和永久性的國際體育組織。目前國際奧委會承認204個國家奧會，比聯合國擁有更大的動員力量；它主導國際運動發展，爲國際運動組織之領導中心；其倡導之奧林匹克主義與典章制度，一直爲國際運動組織的典範。國際奧委會每四年舉辦一次奧林匹克運動會，從1924年開始又單獨舉行冬季奧運會，也是四年一次，目的在於集結各國運動好手同場較技，以展現各國國力與經濟實力，宣揚國威、提升國家形象。同時也在鼓勵青年參加體育活動並從中受到教育，爲建立一個和平與更加美好的世界而作出貢獻。奧林匹克的口號是：「更快，更高，更強」。

二、奧林匹克主義

　　國際奧會創立之初並沒有確立所謂「奧林匹克主義」，只是有一些構思和原則而已，不過其後漸爲世人所接受，並公認爲「奧林

匹克精神（主義）」。國際奧會在制定「奧林匹克憲章」（Olympic Charter）時，將奧林匹克主義定義為「一種提升並結合身體、意志與心靈三者於一體及求整體均衡的人生哲學」。

　　奧林匹克主義將運動融於文化與教育中，追求創造一種基於努力而獲得喜悅的生活方式，與追求具有良好典範之教育價值，以及尊重大眾所公認的基本倫理原則。而奧林匹克主義的宗旨在於普遍推展運動，藉以促進人類和諧發展，並維護人性的尊嚴。它也是一種人文關懷的理念，藉著身體運動而達到人性昇華的終極關懷。它展現一種理想的憧憬，即「和平、公平與公正，無任何歧視與紛爭，人人得以自我實現的」大同世界。

三、奧林匹克憲章

　　國際奧委會是依照「奧林匹克憲章」而進行舉辦奧林匹克運動。憲章包括七十三項規則及其實施細目。國際奧委會是奧運會及其五環會徽的專管機構。國際奧委會與其成員國或地區，以及國際單項體育組織相互承認。

　　根據「奧林匹克憲章」，國際奧委會的角色如下：

1.透過運動以鼓勵和支持運動道德之提升與年輕人的教育，以及努力奉獻，以確保運動公平競賽精神之推行與暴力之被禁止。
2.要鼓勵和支持運動與運動競賽的組織建構、發展與和諧。
3.要確保定期舉辦奧運會的慶祝活動。
4.要與公共或私人組織當局合作，努力把體育作人性服務，從而促進和平。
5.採取行動以加強團結和保護奧林匹克運動的獨立自主性。

6.反對會影響奧林匹克運動的任何形式的歧視行為。

7.鼓勵和支持各級女性運動以及男女平等原則之落實執行。

8.主導對抗運動競賽中有關興奮劑之違法使用。

9.鼓勵與支持保護運動員健康的各種措施。

10.反對針對任何運動與運動員做任何政治或商業上的濫用。

11.鼓勵和支持運動組織和公共機構對運動員提供社會性和專業性未來發展的努力。

12.鼓勵和支持所有運動事業的發展。

13.鼓勵和支持任何對環境議題的責任性關注，促進體育運動之持續發展，以及符合奧運會舉行的要求。

14.提升奧運會主辦城市與主辦國所創造與留下來的積極、正面的遺產。

15.鼓勵與支持有關含有文化、教育的混合運動之倡議。

16.鼓勵和支持國際奧林匹克學院（International Olympic Academy）的活動，以及其他全心投入到奧林匹克教育的機構。

四、國際奧林匹克委員會組織

國際奧林匹克委員會的委員以個人身分選入，而非代表國家。1965年後當選的委員，最多年滿72歲就必須退休。由奧委會全體會議選出國際奧委會主席，任期八年。主席任期的延長期限只有四年。全體會議還要選出任期四年的4名副主席和委員，由他們與主席一起組成執行委員會，執行委員會是國際奧委會的最高權力機關。法語和英語是國際奧委會的兩種主要官方工作語言，其次為德語、西班牙語、俄語和阿拉伯語等四種工作語言。

國際奧委會，每年召開一次全體委員大會。國際奧委會委員是

國際奧委會駐在委員所在國的使節，而不是委員所在國駐國際奧委會的代表。一個國家只能出一名奧委會委員，曾舉辦過一次以上奧運會（冬季奧運會或夏委奧運會）的國家則不在此列，這樣的國家可以選出兩名委員。國際奧委會執行委員會每年至少開四次執委會議。現任國際奧委會主席托馬斯·巴赫（Thomas Bach，德國人），於2013年9月任職，是第九任主席。

國際奧委會下設11個委員會：道德委員會、2000年委員會、協調委員會、藥物委員會、奧林匹克教育和文化委員會、運動員委員會、環境委員會、人道主義事務委員會、奧林匹克運動女子委員會、大衆體育委員會和奧林匹克收藏家委員會。

五、國際奧林匹克委員會會旗

奧林匹克的會旗爲白色，中間印有五個相互套連的圓環。五個環的顏色自左至右依次排列爲藍、黃、黑、綠、紅（也可用單色繪製）。會旗的圖案是根據古柏坦1913年的構思設計的，1914年7月，在巴黎舉行的慶祝奧林匹克運動恢復二十週年的國際奧委會會議上，首次懸掛了按照古柏坦構思設計的會旗。在1920年舉行的第7屆奧運會會場上正式懸掛了印有五環圖案的會旗。當時圓環的五種顏色被解釋爲象徵五大洲：歐洲—天藍色，亞洲—黃色，非洲—黑色，澳洲—草綠色，美洲—紅色。後來，正式的解釋是它們代表著參加國際奧委會所有國家國旗的顏色。1979年國際奧委會出版的《奧林匹克評論》（第四十期）強調，五個環的涵義象徵五大洲的團結，全世界的運動員以公正、坦率的比賽和友好的精神，在奧運會上相見。

六、奧林匹克運動會舉辦城市

根據國際奧委會的規定，國際奧委會全體會議的任務之一，是選定每屆奧運會的主辦城市。例如2001年7月13日，國際奧委會在俄羅斯莫斯科召開了第112屆全會。此次會議上，中國北京在申辦2008年奧運會主辦城市的投票中勝出，獲得2008年第29屆奧運會的主辦權。第119屆國際奧委會全會一致通過：從2020年起，奧運會的固定比賽項目為25個，以後的每屆奧運會將視情況臨時增加最多3個臨時比賽項目。又如2013年9月7日，在阿根廷首都布宜諾斯艾利斯舉行的國際奧委會第125次全會上，東京以超過對手24票的優勢戰勝伊斯坦布爾，獲得2020年夏季奧運會舉辦權。

奧運會可說是世界上最大和最複雜的運動賽會；一屆接著一屆，不斷地創造或建立令人難以置信的事實和數字。例如，2008年北京奧運會參賽國家及地區共204個，參賽運動員10,942人，設302項（28種運動），共有逾60,000名運動員、教練員和官員參加。此外，志工約70,000人，媒體代表24,562人，以及159個國家認可的媒體。大會中共創造43項新世界紀錄及132項新奧運紀錄，共有87個國家在賽事中取得獎牌，中國以51面金牌居獎牌榜首名，是奧運歷史上第一個登上金牌榜首的亞洲國家。

除此之外，又如2012年倫敦奧運會，有來自204個國家和地區奧委會的10,500名運動員參加；大會中頒發302面金牌；超過21,000認可的媒體代表，傳達了各項相關訊息給一個潛在的4億人的全球觀眾；採購超過一百萬件的奧運會體育器材；奧林匹克公園內有9個場館舉辦競賽，範圍有2.5平方公里，相當於357個足球場大小；工作人員總數約200,000人，其中超過6,000名員工，70,000名志願者和10萬名承包商等等。此外，高達180,000名觀眾，每天進入公園享受奧

運會盛況，也成為奧運活動的主要焦點之一。因此，一個為期四年的奧林匹克文化，其產生之經濟效益、產值，以及影響程度，不可限量。歷屆奧運舉辦時間與地點詳如**表6-1**。

表6-1　近代奧運舉辦時間與地點一覽表

屆次	舉辦年	舉辦地點	屆次	舉辦年	舉辦地點
第1屆	1896	雅典（希臘）	第19屆	1968	墨西哥城（墨西哥）
第2屆	1900	巴黎（法國）	第20屆	1972	慕尼黑（德國）
第3屆	1904	聖路易（美國）	第21屆	1976	蒙特利爾（加拿大）
第4屆	1908	倫敦（英國）	第22屆	1980	莫斯科（前蘇聯）
第5屆	1912	斯德哥爾摩（瑞典）	第23屆	1984	洛杉磯（美國）
第7屆	1920	安特衛普（比利時）	第24屆	1988	漢城（今首爾，韓國）
第8屆	1924	巴黎（法國）	第25屆	1992	巴塞隆納（西班牙）
第9屆	1928	阿姆斯特丹（荷蘭）	第26屆	1996	亞特蘭大（美國）
第10屆	1932	洛杉磯（美國）	第27屆	2000	雪梨（澳大利亞）
第11屆	1936	柏林（德國）	第28屆	2004	雅典（希臘）
第14屆	1948	倫敦（英國）	第29屆	2008	北京（中國）
第15屆	1952	赫爾辛基（芬蘭）	第30屆	2012	倫敦（英國）
第16屆	1956	墨爾本（澳大利亞）	第31屆	2016	里約熱內盧（巴西）
第17屆	1960	羅馬（義大利）	第32屆	2020	東京（日本）
第18屆	1964	東京（日本）			

資料來源：作者整理。

北京奧運場館外觀

2020年東京奧運場館電腦模擬圖

七、亞洲申辦奧運會成功的國家

(一)日本

日本當它從戰爭災難中復甦過來後，贏得了第18屆現代奧運會的主辦權，使奧運會第一次來到了亞洲。1964年10月10日到24日，第18屆夏季奧運會在日本東京舉行。這是亞洲第一個舉辦奧運會的國家。日本政府和體育界對舉辦亞洲首次奧運會非常重視；籌辦奧運會變成了國家的榮譽，受到全國人民的鼎力支持。耗費了近30億美元，規模空前的「東京奧運會」被視為戰後日本重新回到國際大家庭的象徵，對於後來的奧運會主辦者追求豪華奢侈的風氣產生了很大的影響。

(二)南韓

第24屆奧林匹克運動會於1988年9月17日至10月2日在韓國的漢城（即現在的首爾）舉行，共有159個國家和地區的8,465名運動員（其中女運動員2,476人）參加了23個大項237個單項的比賽。漢城於1981年11月1日成立籌委會，集全國各有關部門，包括工商、企

業、建築、文教、藝術、傳播等優秀人才於一體，積極開展各項籌備工作。本屆奧運會新列入了乒乓球比賽。

(三)中國大陸

第29屆夏季奧林匹克運動會，又稱2008年北京奧運會，於2008年8月8日在中華人民共和國首都北京開幕，2008年8月24日閉幕。參賽國家及地區共204個，參賽運動員10,942人，設302項（28種運動），共有60,000多名運動員、教練員和官員參加北京奧運會（**註❷、註❸**）。

2008年北京奧運會共創造43項新世界紀錄及132項新奧運紀錄，共有87個國家在賽事中取得獎牌，中國以51面金牌居獎牌榜首名，是奧運歷史上第一個登上金牌榜首的亞洲國家。然而，在2012年倫敦奧運中僅得38面金牌（27面銀牌、23面銅牌），屈居第二，遙遙落後擁有46面金牌（29面銀牌、29面銅牌）的美國。

---

❷1979年10月，國際奧委會執委會名古屋會議通過決議，11月26日起正式恢復對中國奧委會（中國大陸）的承認，確認中國奧林匹克委員會爲中國全國性委員會。1981年3月23日國際奧委與我中華民國代表在瑞士洛桑簽訂協議，設在台北的我國奧委會以「中華台北奧林匹克委員會」的名稱留在國際奧委會內。目前，在國際奧委會中，中國奧委會和中華台北奧委會各有一名委員。1997年7月3日，國際奧委會主席薩馬蘭奇宣布香港將以「中國香港」的名義參加奧運會。

❸國際奧委會對奧運會的組織、市場、轉播以及所有衍生產品保有全部權利，確保奧運會的獨立性和廣泛性。奧林匹克運動從奧運會的賽事轉播權之盈利中獲得主要經濟支助，此外，還從奧林匹克夥伴和全世界的贊助廠商中獲得經濟支持。國際奧委會將超過90%的收入分配給奧運的相關組織，以支持奧運的進行，及促進世界運動的發展。國際奧委會保留不到10%的收入作爲管理奧林匹克運動的營運和管理成本。

八、我國參加倫敦奧運之籌備與參與

奧林匹克運動會為世界最高之競技運動殿堂，也是最高水準之綜合性運動會。奧林匹克運動會之參賽規定有別於其他國際綜合性運動賽會，需依國際奧會與各國際單項運動總會所制定之參賽資格，以及每一競賽員額限制之規定，讓全世界運動選手在奧運殿堂演出精彩。

2012年第30屆倫敦奧林匹克運動會，公布舉辦種類共計26種。我國前行政院體育委員會為備戰2012年倫敦奧運獲得最佳參賽成績，於99年度規劃「我國參加2012年第30屆倫敦奧林匹克運動會選手培訓參賽實施計畫」並於民國100年執行培訓計畫，及遴聘專家及學者組成「運動人才培訓輔導小組」審核各協會所提之培訓計畫，惟要參加奧運，則須符合國際奧會參賽資格的規定。

基於參賽資格的要求，體委會自民國100年1月起至倫敦奧運結束日止，分三階段辦理培訓計畫，並訂定培訓標準，以便在奧運報名截止前能有更多運動種類項目及選手能參賽，各單項協會也依據體委會所訂定的培訓標準，展開有機會入選的重點項目培訓及參賽計畫，並提交體委會所成立的訓輔小組會議審議，並依階段進入國家運動選手訓練中心集訓及出國參賽，同時接受運科小組及課輔小組支援輔導，截至賽前，計有田徑、游泳、射箭、射擊、跆拳道、桌球、舉重、自行車、擊劍、帆船、羽球、柔道、划船及網球等14個運動種類，共47位選手達到奧運參賽標準，最後正式取得參賽資格者計有44人。比賽結果成績並不理想，僅得1銀牌（舉重）、1銅牌（跆拳道）。遠比2004年雅典奧運的2金2銀1銅，及2008年北京奧運的4銅，遜色不少。

九、2012倫敦奧林匹克運動會

(一)籌辦理念與特色

　　倫敦是世界上唯一一個三度舉辦奧運會的城市。有了1908和1948年主辦奧運會的經驗，這一次倫敦決心要把2012奧運打造出「綠色環保」和「都市更新」的嶄新契機，讓它爲人們留下最完美的見證。所以，2012倫敦奧運將要展現出有別以往奧運的主題和特色，要讓世人耳目一新。

　　其實當2008年北京奧運閉幕式預告著2012奧運將在倫敦舉辦時，大家就在猜想倫敦將會以何種風貌來呈現自己的特色。由於英國本身是一個具有深度文化且具多元化包容性，開放、互動且有創意的國度，2012年的倫敦奧運舉辦成具永續性的綠色奧運。2005年順利取得舉辦權後，便馬不停蹄進行各項都市建設與規劃，希望打造2012倫敦奧運成爲一個運動、社會及文化融合唯一的全球盛事。

　　除了成爲世界上第一個三度舉辦奧運會的城市是一個創舉外，其他特色還包括「是第一個提供國際遺產（International Legacy）」的奧運會，「主場館第一個採用輕結構、兼具環保功能」；此外，也「第一次將女子拳擊」列入奧運參賽項目。

　　還有讓2012倫敦奧運引以爲傲的是，第一次2012年倫敦奧運將是首度規劃將帕拉林匹克和奧林匹克運動會充分整合的比賽盛事。2012倫敦首次主辦帕拉林匹克運動會，也是第一次將奧運會與帕拉林匹克運動會從開始規劃就完全整合，計畫將殘障奧運會提升到另一個層次，從參賽者、觀衆和受矚目程度來看已成爲歷年來規模最大的殘障運動會。充分展現出英國希望此運動賽事能爲殘障人士提

供新的服務設施標準和機會。

　　倫敦奧運當初申辦提出的初衷，在賽事過後主場館將繼續成為運動和運動員的場地，同時也會舉辦文化和社區活動，而奧林匹克園區則將被改建為一個城市公園。從2012倫敦奧運從籌辦到倒數，英國用機會展示身為奧運主辦模範的優勢強力宣傳，不論在營造、環保永續經營、設計、建築、可再生能源、先進大眾運輸基礎設施，以及高科技的資（通）訊基礎設施等各方面的能力上，已成為全球目光焦點。

(二)永續資產與規劃策略

　　國際奧委會（2011）將「Legacy」定義為奧運會所帶來「正面」且「持久」影響的部分用字。英國倫敦市是第一個擁有奧運會完整永續資產計畫的城市，因此，2012倫敦奧運於是成為第一個提供國際遺產的奧運會。倫敦奧運會所帶來的永續資產領域如**表6-2**。

2012年倫敦奧運場館

2012年倫敦奧運場館

表6-2 倫敦奧運會永續資產領域

永續資產類別	內容	
文化、社會與政治	1.藝術課程	6.健康照顧服務
	2.就業率	7.住房供給
	3.教育	8.體育課程與發展
	4.青少年	9.社區與國家聲譽
	5.志工	10.喚醒文化意識
環境	1.永續性與永續性發展	4.空氣品質
	2.環境與環境發展	5.廢水處理
	3.綠色場館與場所	
經濟	1.旅遊觀光	4.地產／住屋供給
	2.就業率	5.賽會管理
	3.商業機會	6.城市／國家國際形象
城市	1.人口統計	4.交通建設
	2.場館	5.科技（電信通訊與資訊系統等）
	3.交通	
體育運動	1.賽會管理	3.體育課程與發展
	2.場館	

資料來源：吳倫閑、楊志頌（2012）。

◆永續資產理念與特色

2008年英國文化媒體暨體育部（Department for Culture Media and Sports, DCMS）本著「經由文化與體育的活動來改善生活品質，追求卓越與提倡旅遊、文創與休閒產業」之理念，推出一個永續資產計畫，名為「2012倫敦奧運會過去、現在與未來」。此計畫向民眾做出五大承諾，分別為「讓倫敦成為世界運動領導國家」、「倫敦東區城市翻轉」、「啟發年輕的下一代」、「奧林匹克公園成為永續生活的藍圖」，以及「英國成為適合居住與商業發展的地方」。為了確實執行奧運賽會的永續資產計畫，英國政府就賽會的目標，設立堅強的組織架構，以期完成使命（**圖6-1**）。

◆奧運會與帕拉林匹克運動會之經費預算與用途

賽會永續資產計畫內容涵蓋許多全國性的機構共同執行，以及各單位之合作，甚至還需要籌募民間資金四千萬英鎊，以順利進行各項社區體育、健康生活與文化等一系列活動。早在2007年，英國政府就宣布，為因應「奧運會與帕拉林匹克運動會」的各項運動永續計畫進行與硬體設施工程施工，必須籌措93.25億英鎊資金。其重要執行項目如下：

1.主要場館設施興建。

2.交通建設與營運。

3.額外通貨膨脹。

4.奧運村周邊建設與保險。

5.計畫管理。

6.各場館與地點保全。

7.奧林匹克公園及其他相關硬體場館之建設與整修維護。

8.初期奧運執行部營運與週轉金。

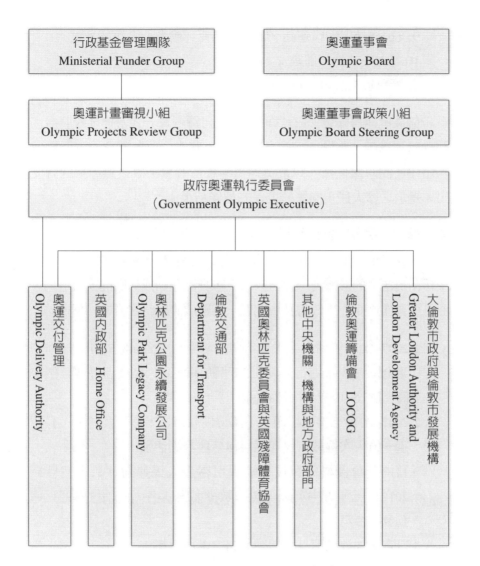

圖6-1　2012倫敦奧運執行機構

資料來源：吳倫閑、楊志頌（2012），譯自National Audit Office (2010). Preparations for the London 2012 Olympic and Paralympic Games: Progress report February2010. From http://www.nao.org.uk/publications/0910/2012_olympics.aspx

9.支援競技與地區運動、帕拉林匹克運動會與全英國計畫。

10.警力與加強戒備維安。

11.所有專案計畫之意外費用。

倫敦奧運籌備會（LOCOG）是以自籌經費方式營運，政府挹注經費營運爲輔。英國國家審計部認爲，確保倫敦奧運會的主場館與媒體中心的永續使用，以及奧運籌備會於賽會結束後無赤字經費支出，是取之於人民，回饋於人民的最佳結果。

◆永續的全民運動習慣執行內容

「永續的全民運動習慣」是倫敦市取得奧運會籌辦的理念。希望藉由奧運會的影響力，讓倫敦市從事身體運動或活動的人口倍增，並以運動作爲媒介來改善社會問題。英國政府執行之方向如下：

1.2007~2012年透過「青少年運動基金」（Youth Sports Trust）讓全國青少年進行高品質的運動課程：5~16歲者每週五個小時，逾16~19歲者每週五個小時。

2.2007~2012年啓發超過一千萬位倫敦市民參與更多運動，且超過一億人次倫敦市民願意規律參與身體活動。

3.藉由賽會優異之競技運動表現啓發人民運動意識，目標爲2012年奧運會中英國得獎牌數排名第四名，而帕拉林匹克運動會排名第二。

4.訂定增加運動與身體活動人口之階段目標：

　　第一階段：讓更多人動起來。

　　第二階段：更新運動的設施。

　　第三階段：建立運動能力與技巧。

　　第四階段：社會受益（透過各項活動）。

由於英國政府投入資金推動青少年運動等一系列活動之努力，

不難預見未來英國將因大多數青少年運動習慣建立與廣泛自發性進行活動，而成功且有效地降低政府在肥胖、健康促進、疾病治療，以及犯罪預防等所付出之社會成本，且提升青少年從事競技運動之興趣，進而增加競技運動表現，提升國家形象與名譽。

倫敦奧運會納入都市更新概念，透過運動賽會喚起更多人投入體育活動，規劃永續全民運動習慣，以及執行各項奧運永續資產計畫內容，已讓倫敦市因爲城市翻轉而創造國民收入的增加，更使得國民願意在運動休閒娛樂上支付更多花費，延續運動習慣、改善社會風氣。可以肯定的，倫敦市與英國整個國家都會因正確的奧運會資源分配策略而更加繁榮。

十、電視媒體是奧林匹克運動會的重要夥伴

電視使觀衆得到最眞實與最清楚的訊息與感受，因此，媒體爭相報導奧運會，使出售電視轉播權成了奧運會與國際奧會最主要的收入來源。據估計，這項收入高達國際奧會總收入的95%。

出售電視轉播權最早始於1960年羅馬奧運會，當時價格只有60萬美元。1964年東京奧運會首次利用人造衛星向全世界做電視實況轉播，這使得奧運會的影響迅速擴大。到1984年洛杉磯奧運會時，電視轉播權已經賣到2.28億美元；漢城奧運會賣到4.07億美元。每屆轉播權價格增長幅度均達50%左右。電視的影響力和購買轉播權的競爭，促使奧運會項目的設置正朝著有利於電視轉播，尤其是有利於插播廣告的方向改革。奧運會的項目設置正從提高觀賞性的基礎上，逐漸增加女子項目而減少男子項目的比例。那些性質相似、重複性強的小項，以及將個人成績簡單相加即爲團體成績的小項，因不適合電視轉播，正在遭受被淘汰的壓力。

由於電視的傳播範圍廣，能使體育比賽的影響無限增大。現

在，在各類媒體的積極參與下，奧運會已成為最受人們關注的體育盛事。自雪梨奧運會電視轉播覆蓋面由1996年亞特蘭大奧運會的214個國家（含地區）上升到220個國家（地區）。許多電視轉播機構在亞特蘭大奧運會期間增加節目的播出時間，透過電視觀看奧運的人數也一屆比一屆多。例如，這次2012年的倫敦奧運會，就估計全球有近40億人通過電視觀看此盛會，在日本收視率更高達88%。電視，這個偉大的大眾傳播媒介，能衝破時空的局限，把體育運動市場向全世界拓展，觸角可伸展到各個角落。體育產業化的突飛猛進，實不容小覷。

 ## 第二節　國際大學運動總會

一、國際大學運動總會成立背景與目標

1923年法國人Jean Petitjean於巴黎舉辦第一屆「世界學生運動會」（World Student Games），隔年成立「國際學生聯合會」（International Confederation of Students, ICS）。1925~1939年間，許多國際學生運動相繼舉辦，相當頻繁，但隨第二次世界大戰的發生，許多運動賽會活動的舉辦受到了阻礙而停辦。戰火結束，在Paul Schleimer的推動之下，於1948年在盧森堡正式成立「國際大學運動總會」（FISU）。隨後1949年於義大利的Merano開始推動「國際大學運動週」（International University Sports Weeks），後來也相繼在Luxembourg（1951）、Dortmund（1953）及San Sebastian（1955）等地區推動此活動。1957年「世界大學運動錦標賽」（World University Sports Championship）於法國應運而生，讓東西

方之學生皆可以參與盛會，彼此交流。

　　爲了促進其理念和履行自己的使命，在近十年，總會訂定下列目標：

1. 確保體育賽事的品質（透過會員國的正確執行義務和密切與總會合作）。
2. 發揚總會在大學和體育界之聲譽。
3. 協助各個國家發展現有的全國總會。
4. 透過研究委員會來加強大學、運動和學生之間的聯結，而做出貢獻。
5. 透過政治與經濟主管部門以及媒體，爲各國之大學運動而獲得新的資金來源。
6. 建立了一套道德標準，經由教育而確定體育發展計畫。

二、國際大學運動總會的哲學理念

　　總會的哲學理念是促進運動價值，以及實踐運動與大學精神的協調與互補。所謂促進運動價值學生，是指學生透過友誼、博愛、公平競爭、毅力、正直、合作、應用等概念從事運動，以期將來在社會從事政治、經濟、文化和工業等各行業中皆能體現運動精神。而實踐運動與大學精神的協調互補，乃指學生透過對人性發展的堅強信念，從大學精神的研究訓練上獲得智能、道德與身體上的全方位發展（The Presentation of FISU, 1997；蔡芬卿，1997）。

三、國際大學運動總會的組織

　　榮居全世界第二大運動組織的「國際大學運動總會」有其既具

靈活又有效率的組織結構。

目前國際大學運動總會（FISU）總部位於瑞士洛桑（Lausanne），已有167個會員單位（國），會員單位間選出執行委員會，成員有27名，任期四年，專門執行一些必要的決策，使總會之各項業務順利進行。目前設有16個常設委員會，專門在各項專業領域方面貢獻心力。總會的經費主要來自出版刊物、年費、報名費、電視收入，以及市場推廣活動等。

(一)會員大會

每一會員單位皆可派出一位以上之會員代表參與會員大會（The General Assembly），享有投票權與發言權（投票權只有一票）。會員代表每兩年在世大運期間同時舉行之會議，稱會員大會，為最高權力機構。執行委員會委員由會員大會中選舉產生，任期四年。

(二)執行委員會

由27名成員組成的執行委員會（The Executive Committee）。為總會的正常運作，每年召開兩次會議，以採取必要的決定。

(三)常設委員會

16個常設委員會（Permanent Committees）如下：

1.國際技術委員會（International Technical Committees）。
2.運動法規委員會（Committee for Sports Regulations）。
3.醫事委員會（Medical Committee）。
4.國際管制委員會（International Control Committee）。
5.教育委員會（Education Committee）。

6.媒體和通信委員會（Media and Communication Committee）。

7.世大運會監督委員會（夏季）（Universiade Supervision Committees; Summer）。

8.世大運會監督委員會（冬季）（Universiade Supervision Committees; Winter）。

9.財務委員會（Finance Committee）。

10.大學體育發展論壇（Committee for the Development of University Sport）。

11.性別平等委員會（Committee for Gender Equality）。

12.法律委員會（Legal Committee）。

13.洲際會（Intercontinental Council）。

14.學生委員會（Student Committee）。

15.營銷和戰略夥伴關係委員會（Committee for Marketing and Strategic Partnership）。

16.紀律委員會（Disciplinary Committee）。

四、世界大學運動會

　　1959年此項大學生的世界性運動錦標賽在義大利的突尼（Turin）舉辦時正式命名為「Universiade」（世界大學運動會，以下簡稱世大運）。從此以後，開始有會旗和會歌，世大運的舉辦亦成定制。「國際大學運動總會」（FISU）成立的宗旨包括促進大學運動各階層的發展、學生道德與身體教育的建立，以及透過國際大學運動的整合，促進世界各國學生的緊密結合與合作。此外，其亦強調不得對任何國家或個人有政治、宗教、種族等方面的考量或歧視。所以，從一開始，「國際大學運動總會」（FISU）就已經建立起世界級水準的運動賽會。

　　世大運自舉辦開始，即逐步穩定發展，不斷地吸引世界各國運動好手參賽，由原1959年義大利突尼夏季賽會的1,407位選手，到2003年韓國大邱的比賽，已有來自174個國家，總共6,643位選手參加。而有史以來，參賽人數以2013年於俄羅斯喀山（Kazan）比賽的11,785人最多。冬季世大運也不遑多讓，一樣有傲人的發展；1958年在奧地利的Zell am See所舉辦的比賽，僅有98位選手參加。到了2009年中國的哈爾濱比賽已創紀錄的有來自44個國家2,831名選手參賽。

　　2013、2015和2017年夏季世大運，分別由俄羅斯的喀山、韓國的光州（Gwangju），以及中華民國的台北市等三城市舉辦。2013年的冬季世大運於義大利的特倫蒂諾（Trentino）舉行，而2015和2017年則分別由西班牙的格拉納達（Granada）和哈薩克斯坦的阿拉木圖（Almaty）二城市接辦。

　　世大運和奧運同為世界級比賽，擁有高度國家動員力和世界大專運動影響力。許多國家優秀選手教練及國家主要資源皆在大專院校，在我國尤是如此。國際大學運動總會為國際大學的運動領導中心，而大學運動常是該各國推展國家運動的重心所在，因此，其可說是一個小奧會。

五、世界大學錦標賽

　　除了世大運外，國際大學運動總會（FISU）其他重要的體育賽事就是在西元偶數年舉辦「世界大學錦標賽」（WUC）。藉由全世界大學運動的發展與開創一系列各單項運動賽事之舉辦，有助於世大運之程序與內容更加完備。而總會在此方面之支持，同時也促使「國際大學運動總會」之名聲與貢獻更為人所樂道。2010年就舉辦了27項錦標賽，其中有來自105個國家和地區的6,000名選手參與。而2012年更舉辦了28項之多。

六、國際大學運動總會學術研討會

「國際大學運動總會學術研討會」（The FISU Conference）與
世大運同時舉行，主要探討社會學與科學之研究，從而闡述結合運
動與大學精神之需要性。因此所探討之議題皆與運動和體育之各面
向有關。

七、國際大學運動總會論壇

國際大學運動總會論壇（The FISU Forum）每西元偶數年舉行
一次，每次的地點皆不同（由執委會開會決定），其目的在於透過
討論有關教育、文化、運動等主題，讓學生或相關人員有更多交流
的機會。

八、出版

在過去的幾年裡，總會積極地增加其出版物的頻率和質量，主
要出版物為已分布在世界各地的FISU雜誌（FISU Magazine）。另也
發行FISU通訊（FISU Newsletter），提供最新的運動會訊息，以及
建立總會網站，提供所有相關資料。

 第三節　體育與運動先進國家的體育政策

為瞭解各國體育與運動先進國家的體育政策，茲就中國大陸、
日本、韓國、德國以及美國等五個國家之體育與運動政策之特性作

探討（鄭志富，2009；行政院體育委員會，1999）。

一、中國大陸體育政策

中國大陸體育法制工作目標分三步驟：第一步是制定「中華人民共和國體育法」，作為大陸體育工作的基本依據。第二步是加快體育立法，強化體育執法，完善體育執法監督體系。第三步是建立「健全依法行政、以法制體」的工作目標和法規體系。重點計畫如下兩點：

(一)全民健身計畫

「提升人民體質」為大陸明載於憲法一貫的體育方針。推行「全民健身計畫」，規定體育應逐步做到生活化、社會化、產業化、制度化，為提高中華民族整體素質和促進現代化建設服務。所以該計畫目的為普及群眾體育運動，普遍增強人民體質。此外，更訂定全國體育工作方針為「實施全民健身計畫，普及群眾體育運動，普遍增強人民體質；加強學校體育，明顯改善青少年身體素質；落實奧運爭光計畫，提高運動技術水平；促進體育科學研究、教育、宣傳和對外交流的發展」。

(二)奧運爭光計畫

「奧運爭光計畫」是以青少年為重點的群眾體育和以奧運會為最高層次的競技體育發展戰略，也是大陸所制定的一個長期、穩定的戰略。在規劃的期間，面臨1996年和2000年夏季奧運會、1998年冬季奧運會、1998年夏季奧運會、1996年和2000年冬季奧運會，以及一系列國際單項比賽。企圖在20世紀內的最後兩次奧運會上，力爭保持團體名次處於第二的領先地位，並縮小與排名第一國家的

距離。因此在1997年第八屆全運會屬夏季的26個項目，全是奧運項目，兩者已完全「對口」，以「縮短戰線，突出重點」，並仿照奧運會的申辦模式，建立全國性的申辦制度。

二、日本體育政策

日本為追求體育運動的發展，提出了具體的體育政策。在其運動振興計畫中，可看到以中央為主、地方政府配合、民間組織的投入及人民的支持。此計畫涵蓋了社區、設施、指導者、資訊、國際交流、充實振興基金等共通項目，其特色如下：

(一)建立行政體系，掌握政策目標

日本體育行政系統，中央文部設有體育局，地方之都、道、府、縣及市、町則分別設置體育指導委員會，民間則成立日本體育協會等單位，肩負振興普及日本體育運動的重大責任，因此振興普及日本體育運動政策自始至終皆為一貫化的發展；有關權責、經費輔助比率、場地設施等等，都有明確的指標，事權專一且分工合作，因而日本在體育運動的推展上，能夠明確掌握問題的關鍵所在，釐定有目標性的政策，並組織執行政策的專職機構，從一而終的堅定實施，使政府與民間體育團體能夠步調一致，相互配合推動體育發展。

(二)全民運動推展具體可行

隨著經濟的高度發展，日本國民已擺脫以勞力組合為生產基本結構的生活型態，而是以高技術化、資本密集化的生產方式進行，形成了產業結構改變、人口老化問題嚴重、休閒時間大幅增加，因

而全民運動的推展是為其體育政策重要的推展指標。因此，從文部省所重新設置的「生涯運動課」及「競技運動課」等兩個新單位，及其所推動的生涯運動競賽、全國運動休閒祭、綜合型地域運動俱樂部培養模範事業等各種政策，再加上勞動省的「行動80健康計畫」、通商產業省的「運動遠景21」等各種具體可行的政策，無非希望藉由民眾對體育運動的投入，來改善過去以治療為著力點的疾病對策，轉換為以透過體育活動達到健身為預防的健康觀念。

(三)場地充裕，管理活潑

場地設施是否足夠，將是運動振興成敗之關鍵，所以對於場地設施的整建，花費相當多的經費與心力，致使日本的人口平均數與運動設施比率，可與歐洲各國並駕齊驅。不過整體而言，其運動設施較偏向於某些運動項目上，在數量上也以學校的運動設施占多數。

(四)體育相關資源豐富

日本的運動行政預算較屬於中央集權式的運動編組。其為使國家競賽水準得以提升並持續計畫性地推動，設立250億日圓的「運動振興基金」，將其基金的所得收益，作為援助運動團體等所進行活動的基金。

而在地方政府的財政支援尚有「地方公債制度」及「輔助制度」等兩種，其總金額甚至超越國家預算之上，可見其地方政府在運動振興方面，扮演極其重要的角色。近來，日本積極開發民間組織的贊助，並研擬運動彩票、獎券發行的可行性，將使運動相關預算來源更加豐富，有助於體育的推展。

(五)落實運動指導員授證制度

早在1987年起，首由文部省推動社會體育指導員資格種類，已達九種之多，充分提供各類運動推展的指導與諮詢。體育專業指導人員證照制度的建立，除了使人力資源充分利用外，亦可增加民眾對體育專業的信任。整體而言，日本在指導員證照制度有立法依據，使制度有法可循，訓練課程內容亦有明訂，使其授證制度嚴謹，可信賴度相對提高。另外，在其他相關的配套措施方面，如促進指導員資質提升之體制、隊友資格者之進修及後續追蹤體制之建立等，使其在招考、培育、進用、升級等方面有系統地發揮其效能，足見其制度運作自如，自是值得借鏡的重點所在。

三、韓國體育政策

韓國與我國不論在地理位置、人種、政治、經濟或社會文化之發展上，均有許多類似之處，然韓國之體育實力與國際地位卻遠高於我國。因此，為求攻錯他山之石，實有加以探討之必要。有關該國具體體育政策及特色與評述如下：

1. 體育政策的目的明確，及透過運動培養身心健康的國民；培養身心健全的國民為因應國際認同之體育目的。
2. 體育政策的內容體系完整。政策上將體育區分為生活體育、競技體育和學校體育三大領域，且將體育基金、運動組織及監督執行均納入「國民體育振興法」內，體系完整。此外，體育產業亦納入政策加以鼓勵、支援，更具特色。
3. 推展體育之組織明確區分。即體育之推展由國家、地方政府；學校及公司、行號分別負責。由政府制定政策，各個組

織據以執行,如地方體育、學校體育、職工體育及休閒體育
之提升或發展均有明確之負責組織。

4.體育週與體育日的訂定。每年訂定體育週和體育日來激勵民
眾對體育之認知,實為一大特色。

5.競技選手之培養系統完整;從選手的培訓、獎勵及教練的養
成和獎勵均有一套制度,且鼓勵措施由總統公告,層級高,
效率自然隨之提高。

6.體育經費以「國家體育振興基金會」籌措推展體育基金,確
保體育經費來源。

7.運動組織納入體育法加以規範,以專業管理專業,功效更能
發揮。

8.按政策緩急,擬定中程計畫,以五年為期,完成階段目標,
如1993年的「國民體育振興五年計畫」、1998年的「國民體
育振興五年計畫」,均訂定明確之發展目標,實施策略均詳
細列舉,從目的、現狀、事業內容、推展計畫均有所說明。

9.「國民體育法」的實施,訂有視察報告規範及罰則,大幅提
高政策的執行績效。

10.體育行政組織層級高,惟變動太過頻繁,難免影響績效。理
想的行政組織,不僅需要層級高,體系完整,並須配合穩定
發展,才能保持政策之延續與績效之提升。

11.「國民體育振興法」對學校體育之提升有積極之功用,該法
規定以增進學術能力及發展學生之身體能力為目標,並成立
管理委員會直接管理學生體育。

12.全民體育之推展,自1986年實施國民體育振興長期計畫以後
即蓬勃發展,尤其經過1986年亞運及1988年漢城奧運後,更
激起國民對體育的關心和參與,至1997年,國民參與全民體
育之比率已達38.8%,較1986年時成長一倍。

四、德國體育政策

德國自1990年東、西德統一後，其體育運動的發展與實力仍為世界強權代表，其主要體育政策如下：

(一)「黃金計畫」提供紮實基礎

德國在前西德於1961年擬定「黃金計畫」，並以十五年的時間，補足國民所需的運動設施，實質可見的績效（數量）為：運動場增加1.7倍，體育館2.3倍，室內游泳池5.5倍，室外游泳池1.6倍，兒童遊戲場1.8倍。雖然事隔多年，然前西德的先知卓見，再加上中央與地方政府的全力配合，使體育相關設施完善，奠定了紮實基礎，成就現今德國體育的驚人實力。

(二)「第二條路」提升全民的運動風氣

前西德另一值得肯定的體育政策為「第二條路」的政策，其對充實人民休閒生活所需，豐富人民的生活內涵有實質幫助。以政策執行之層面而言，從運動俱樂部的推展、活動內容多樣化的提供，其目的在改變以強調競技為導向的體育發展，落實以民眾為主的全民運動風氣提升，影響至為深遠。

(三)教練培訓制度分級實施

德國運動指導員自1990年後分為A、B、C、D等四級。其中A、B、C級教練的培訓由各單項協會負責，D級教練則由德國運動總會的教練學院負責，而各級的教練資格取得條件也因層級越高，限制越趨嚴格，訓練時程也有所不同。此外，除了培訓階段課程的實施外，德

國的教練制度亦重視再教育，使教練制度在培養人才上更趨完善。

(四)運動組織的整合

兩德在統一後，有關運動事務方面，在整合各州運動協會成立「全國體育運動總會」為德國最高體育領導單位，劃分權責，統一事權，發展合而為一的組織型態，有助於後來德國體育運動的發展。

五、美國體育政策

美國可以說是世界上運動最蓬勃發展的國家，其體育運動組織的理念架構與行政措施，深受其「自由、民主、法治」之立國精神影響。美國在民主、社會及經濟等各項發展中，一向為世界各國所參考的指標。在體育運動方面，其商業化與競技的結合，更豐富了其體育運動的內容，使其體育發展更加多元，其主要體育政策如以下幾點說明：

(一)學校體育強調人性發展

為提升國民競爭力，美國國家教育目標從全國一致化轉為強調個人能力的發展。於1995年所訂定的「奔向未來──國家體育標準：內容與評鑑指南」中，不論從身體動作的過程、運動技能的發展、養成規律運動習慣、健康體適能的要求、體育的推動，強調面對21世紀社會急遽變遷個人能力的養成，及身體對社會環境適應能力的增強，以提升其國民未來的競爭力。

(二)體育運動被視為國民健康的重要政策

根據許多研究報告，運動為保持身體健康及疾病預防的重要方

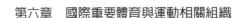

法。因而，美國針對不同對象的需求，提供可行的策略，以促進民
眾健康為重點工作，並時時進行檢討，且由醫師提供一些運動及身
體活動的建議，以達到疾病預防的目的。由此可見，美國將運動視
為疾病預防的重要手段，且提供人力及擬出具體可行策略，具體實
施，方向明確可行。

(三)立法區分權責

　　美國競技運動包含職業與業餘運動，其發展完全由民間組織
或企業來經營，有關身體活動的政策，分散於各相關部會中，政府
僅以立法來約束並規範體育運動的發展。從業餘運動的「業餘運動
法」、「同化類固醇管制法」至職業運動的「反壟斷法」、「勞工
法」、「稅法」、「版權法」等，以立法來區分權責。在對外國際
賽會競技實力的提升方面，以美國奧會為首，從國家選手代表團的
產生、訓練至選手權力的維護，其權責專一、分工合作，民間與負
責單位能相互配合，應為其競技實力獨占鰲頭的主因。

結　語

　　國際奧林匹克委員會的成立乃由於時局動盪，在冀求世界和
平與國際友誼的呼聲中，追求奧林匹克崇高運動精神，在古柏坦爵
士的大力提倡奔走下，於是在1894年應運而生，而後兩年始有第一
屆奧運。國際大學運動總會基於強調運動精神以及促進各國學生的
結合，從1923年的「國際學生聯合會」到1949~1955年的「國際大
學運動週」。可看出國際大學運動總會成立比國際奧會晚且過程漫
長。1959年後才逐漸走出以大學生獨立自主追求運動與智能結合的
特色，與國際奧會追求「更快、更高、更強」的競技傾向，漸有所
區別。然而，兩個組織皆為在追求世界「和平」與「友誼」的基礎

下，藉由運動體現身體與精神完美的崇高理想方面，仍有異曲同工之妙。

　　國際奧會本身規定的主要活動內容以奧運會、相關學術研討會及國際奧林匹克研討會為範疇。FISU本身所規定的主要活動較豐富，例如世大運規模雖不如奧運，然尚有世大錦標賽中之多項競賽。此外，其對錦標賽的項目沒有硬性規定，歷年來世大錦標賽的內容一直不斷地增加，所以，其競賽活動彈性較國際奧會大。國際奧會與世大運總會兩者之學術研討會，同為學術論文發表，鼓勵研究；國際奧會更不斷地推出符合時代潮流，如運動與婦女、運動與環保等主題之學術研討會。奧運會規定各國國家奧會之一般國民可參加，而世大運則規定大專學生方可參加，這是在參賽資格方面相當不同之處。奧運會四年舉辦一次，至今已逾百年的歷史，兩年一次的世大運，迄今也有近半個世紀之久。其已清清楚楚、紮紮實實為全人類創立與記載世界性體育文化史。

　　由國際奧會、世大運總會以及先進國家的體育與運動政策之認識，足以增進我國政府與民間體育與運動推展之宏觀視野。積極參與國際體育交流，學習他國優點，借力使力，並適時改善缺點，則我國體育與運動事業當能持續穩定發展，甚至日益蓬勃。

問題與討論

一、試敘述國際奧林匹克委員會成立的背景與其時代意義？

二、試思考2012倫敦奧運的特色對全世界國家在推展體育方面可能產生之影響？

三、依據先進國家之體育與運動政策優點，試著思考我們如何借鏡與應用？

參考文獻

一、中文部分

中華台北國際大型運動會獎牌列表（2013）。http://zh.wikipedia.org/，檢
　　索日期：102年11月27日。

中華民國體育運動總會（2013）。http://www.rocsf.org.tw/index.asp，檢索
　　日期：102年11月27日。

中華奧林匹克委員會奧會模式。http://www.tpenoc.net/center_b03_01.jsp，
　　檢索日期：102年11月27日。

方勝雄（1997）。〈積極參與國際大學運動總會以提升國際地位〉。中
　　華民國大專院校體育總會八十六年度大專院校體育學術研討會專題
　　演講講稿。

行政院體育委員會（1999）。《我國體育政策發展與展望》。台北：行
　　政院體育委員會。

行政院體育委員會（2011）。《中華民國建國100年體育專輯——體育政
　　策》。台北：行政院體育委員會。

行政院體育委員會（2012）。〈我國參加倫敦奧運備戰與展望〉。《國
　　民體育季刊170》，第41卷，第2期。

吳文忠（1994）。《體育史》。台北：國立編譯館。

吳倫閑、楊志頌（2012）。〈從2012倫敦奧運會看賽會永續資產與規劃
　　策略探討〉。《國民體育季刊170》，第41卷，第2期。

英國貿易文化辦事處（2012）。〈2012倫敦奧運籌辦理念與特色〉。
　　《國民體育季刊170》，第41卷，第2期。

倫敦奧林匹克運動會獎牌紀錄（2013）。http://sports.hinet.
　　net/2012olympic/players.html?m=2，檢索日期：102年11月2日。

原振文（1994）。〈申辦奧林匹克運動會的條件與過程〉。《國際奧林
　　匹克委員會百周年紀念專輯》。台北：中華台北奧會。

國際大學運動總會（FISU）世界大學運動會基本細則（1997）。台北：
　　中華民國大專院校體育總會。

國際大學運動總會（FISU）舉辦世大運候選城市指南（1997）。台北：
　　中華民國大專院校體育總會。

國際奧委會：2020年起奧運會固定項目為25個（2013）。http://big5.
　　xinhuanet.com/gate/big5/news.xinhuanet.com/sports/2007-07/07/
　　content_6339813.htm，檢索日期：102年11月27日。

國際奧林匹克委員會（2013）。http://big5.xinhuanet.com/gate/big5/news.
　　xinhuanet.com/ziliao/，檢索日期：102年11月27日。

國際奧林匹克委員會（2013）。http://world.people.com.cn/
　　BIG5/8212/60991/60995/4249749.html，檢索日期：102年11月27日。

張成林（1994）。〈現代奧林匹克主義的再詮釋〉。《國際奧林匹克委
　　員會百周年紀念專輯》。台北：中華台北奧會。

陳隆豐（2008）。〈國際奧林匹克委員會〉。《新世紀智庫論壇》，第
　　42期，http://www.taiwanncf.org.tw/ttforum/42/42-13.pdf，檢索日期：
　　102年10月27日。

湯銘新（1986）。〈近代奧運會〉。《奧林匹克活動規範》。台北：中
　　華台北奧會。

奧林匹克運動會獎牌紀錄（2013）。http://tw.sports.yahoo.com/
　　olympics/，檢索日期：102年11月27日。

奧林匹克憲章（1992）。台北：中華台北奧會。

奧運知識庫（2013）。http://www.tpenoc.net/center_b01.jsp，檢索日期：
　　102年11月27日。

劉有德（1986）。〈國際奧林匹克委員會〉。《奧林匹克活動規範》。
　　台北：中華台北奧會。

蔡芬卿（1997）。〈中華民國大專院校體育總會未來爭取世界大學運動
　　會及世界大學錦標賽之研究〉。《大專體育》，第32期，頁85-90。

蔡芬卿（1997）。〈國際奧林匹克委員會與國際大學運動總會之比較研
　　究〉。《中華民國體育學會體育學報》，第24期，頁25-36。

蔡禎雄（1994）。〈國際奧林匹克委員會的成立背景〉。《國際奧林匹

克委員會百周年紀念專輯》。台北。中華台北奧會。

鄭志富（2009）。《體育行政與管理》。台北：師大書苑有現公司。

二、英文部分

Coakley, J. (2007). *Sport in Society: Issues and Controversies.* (9th ed.). Boston: McGraw-Hill.

Cousens, L., & Slack, T. (2005). Field-level change: The case of north American major league professional sport. *Journal of Sport Management, 19*, 13-42.

FISU History (2014). Retrieved from http://www.fisu.net/en/FISU-history-3171.html

FISU Today (2014). Retrieved from http://www.fisu.net/en/FISU-today-3417.html

International Olympic Committee (2013). Retrieved from http://www.olympic.org/ioc

Mark Batt (2009). London 2012: Legacy. The Faculty of the Sport and Exercise Medicine. Retrieved from http://www.fsem.co.uk/DesktopModules/Documents/

National Audit Office (2010). Preparations for the London 2012 Olympic and Paralympic Games: Progress report February2010. Retrieved from http://www.nao.org.uk/publications/0910/2010_olympics.aspx

Slack, T., & Parent, M. (2006). *Understanding Sport Organizations: The Application of Organization Theory*. (2nd ed.). Champaign, IL: Human Kinetics.

The Organization of IOC (2013). Retrieved from http://www.olympic.org/about-ioc-institution

成功領導與管理的思維

　　一個人要活得有骨氣，要為自己一生無論品德的修練、事業的成就以及人際關係的好壞負起責任。

——陳敦禮

7

近年我國政府體育
運動推展情形

本章學習目標

1. 瞭解政府提升國民運動參與之施政方針。
2. 瞭解政府打造運動島計畫之實施情況。
3. 瞭解國民體適能檢測實施情況。
4. 瞭解國內體育運動專業人力情況。
5. 瞭解國內運動場館與設施規劃情況。
6. 瞭解國民運動參與情況。
7. 瞭解運動產業之推展情況。
8. 瞭解政府體育運動之未來展望。

成功領導與管理的思維

將要被淘汰的10種人：

1.八小時之外不學習的人。

2.對新生事物反應遲鈍的人。

3.靠個人能力單打獨鬥的人。

4.玻璃心，心理脆弱容易受傷害的人。

5.技能單一且沒有特長的人。

6.計較眼前、目光短淺的人。

7.情緒商數（EQ）低下的人。

8.觀念落後、知識陳舊的人。

9.對人不尊重（尤其對長輩）的人。

10.凡事不在乎，自以為是的人。

前 言

「健康的國民」是國家的最大資產，而「國民體能」是國力的具體象徵，也是國家競爭力的關鍵因素與國家現代化衡量的指標之一。近年來，休閒、運動、樂活漸漸受到國人重視，幾乎成為最流行的生活形態。前行政院體育委員會希望能有效整合中央與地方體育資源，除了主張提倡國民運動風氣外，並同時致力於提升參與運動人口、促進國民生活品質，以達成運動生活化、打造台灣運動島的目標。因此，除了以「全民運動」與「競技體育」為兩大施政主軸外，更以增進我國競技實力、推展全民運動、創造國民優質運動

環境、舉辦國際賽事、推動體育外交的終極目標，以及拓展國際體壇空間等作爲施政目標。

隨著高科技的普及新知識經濟的發展，人類在享受科技成果之際，身體機能也因坐式生活形態而快速退化，進而產生許多潛在危害身心的危機。人類的平均壽命增加，但身體的免疫功能降低，心血管疾病罹患率增加，心理層面被壓力、緊張和焦慮所占據，嚴重地影響生活品質，導致每年花費在醫療相關的費用上逐年增加。根據前行政院衛生署（2010）的98年度全民健康保險醫療統計年報顯示，糖尿病、心血管疾病及高血壓等三種疾病所導致的四百四十億元醫療開銷，爲前行政院體育委員會年度預算的數倍之多。過去研究證實，運動不僅可以增進體能，也是增強免疫力、免於慢性疾病危害、促進身心健康、改善生活品質和生命素質最積極的行爲。因此，鼓勵身體活動、提升體能，成爲已開發國家預防醫學的主流價值。周嘉琪（2004）認爲運動對人類的影響擴及心理、生理及社會三大層面，運動不單只是動四肢，而是可以促進心理健康，改善人

孩童盡情地享受大自然

們情緒、緩和壓力、降低焦慮和沮喪心理；並進一步增進心理健康與自我概念，豐富人類生命之意涵，保持身心平衡狀態，與他人交往互動無礙，增強個體之社會功能。有鑑於此，前行政院體育委員會陸續推行一系列促進全民運動的政策，從早期的社區運動、全民運動重點實施計畫、國家體育建設中程計畫，到近期的陽光健身計畫、草根計畫、運動人口倍增計畫、愛動計畫、運動樂活及扎根計畫等，在2010年更提倡了為期六年（自民國99~104年）的打造運動島計畫，希望全民都能來運動，同時能養成規律運動的習慣，並提升國人的健康體能，以達到全人幸福的最終目的。

 # 第一節　提升國民運動參與之施政方針

一、政府具體施政方針

政府近年提升國民運動參與及體能之施政方針如下：

1. 積極推展全民運動，打造樂活運動島；激勵國人運動健身，提升全民游泳能力，強化國民健康體能；健全運動彩券發行管理制度，推動發展運動產業。
2. 充分運用國家運動設施，爭取舉辦大型國際賽會；保存與推廣固有優良體育運動，舉辦精緻之全國性賽會。
3. 加強優秀運動人才培訓，提升競技運動實力；興（整）建國民運動中心及國家運動選手訓練中心，建構自行車道區域路網，提供優質運動、訓練與休閒環境。
4. 推動百年運動史籍與人物誌編纂計畫，深化體育文化底蘊；

以「運動樂活」為主軸，推動路跑、登山、自行車等多元旗艦活動與競賽，讓全民享受各種運動之樂趣。

二、教育部體育署102年度施政方針

1. 強化學校體育教學，提升學生體適能；推展全民運動，打造樂活運動島；興（整）建國民運動中心及國家運動選手訓練中心，提供優質運動、訓練及休閒環境；加強培訓優秀運動人才，提升競技運動實力。
2. 協助籌辦2017年台北世界大學運動會，爭取主辦大型國際賽會，提高我國國際能見度；建構完善運動產業發展環境，增進業者投資服務意願。

第二節　打造運動島計畫

一、國民參與運動的比率不高

　　根據前行政院體育委員會（2009）所做的調查顯示，台灣地區規律運動的人口比率僅為24.4%（2008年為24.2%），約四分之一人口。而不運動的人口竟有19.5%（2008年為19.7%）之多，約占總人口五分之一。在2009年有參加運動類型社團的民眾為16.4%，而沒有參加運動類型社團的民眾則為83.5%。此外，有38.1%的民眾認為縣政府、學校、社區或運動協會經常或偶爾為縣民舉辦體能性活動，有34.5%的民眾則認為很少或沒有為縣民舉辦體能性活動；另外，有10.4%的民眾最近一年有參加縣市政府、學校、社區或運動協會舉辦

體能性活動，但有高達89.6%的民眾沒有參加經驗。在接收訊息的部分，有24.7%的民眾表示經常或偶爾接收到縣政府透過媒體、學校、社區、運動協會等宣傳運動的訊息，但有69%的民眾則認為很少（或沒有）接收到運動宣傳的訊息。在BMI方面，有31.1%的民眾屬於超重（10.1%為肥胖、21.1%為過重）。為了使全民運動的發展更全面、更多元、更有效，於是前行政院體育委員會在2010年訂定與實施為期六年的「打造運動島計畫」。

二、打造運動島計畫實施情形

近年來，民眾對於休閒運動之需求及健康人生之追求漸加重視。為實現「人人愛運動」、「處處能運動」、「時時可運動」之理想，前行政院體育委員會自民國91年起研擬「運動人口倍增計畫」、「打造運動島計畫」，強調「由下而上」、「社區化」及「生活化」之理念，宣導與鼓勵民眾親身參與運動，獲得運動學習資訊與管道，整合社區資源，建構優質運動學習環境，並積極協助各縣市建立運動人口倍增計畫資料庫，藉以蒐集、統計及分析歷年來之相關活動資訊，並提供中央、縣市政府及一般民眾瞭解運動相關訊息與資源，以有效達成運動人口倍增之施政目標。

前行政院體育委員會自民國99年開始執行為期六年（至民國104年）的打造運動島計畫，主要目的在於推廣全民運動；增強國民參與運動的意識；落實強化基層體育組織；鼓勵潛在型運動人口（無運動人口、不規律運動人口），成為自發型運動人口（規律運動人口）；讓個別型運動人口，轉換為團體型運動人口，進而擴增規律運動人口及提升國民體質。

從政策的擬訂到執行，其中歷經多次的座談與會議，同時結合全國鄉鎮市區體育會人員及體育志工的基礎訓練，希望同時宣導

「樂在運動、活得健康」的理念，達到人人愛運動、處處能運動、時時可運動的「運動島」遠景。

為期六年的「打造運動島計畫」，計分四項專案。茲介紹民國100年執行「打造運動島計畫」情形如下：

(一)「運動健身激勵專案」

透過獎勵制度實施體能檢測，培養全民規律運動習慣。

希望以運動健身鼓勵國民加強體能活動，整合國民體能推展資源，設置國民體能檢測站及定期辦理體能檢測活動，建置國民體能常模，並針對檢測合格者頒發依年分配發的十二生肖健身激勵獎章。另外，希望針對身體質量指數（Body Mass Index, BMI）超過25以上的國民，辦理職工運動瘦身班；或是以憂鬱症、躁鬱症、老人失智症、精神官能症及失眠症者為對象，教導其適合從事的運動休閒活動，引導他們做適當的自我健康管理，有效降低健保支出。而為了提升運動人口，也希望各縣市體育會辦理親子體能活動或趣味運動競賽等類型的團體性體育休閒活動；並選擇一種或數種運動辦理年度觀摩表演或成果交流聯誼等類型的整合性體育休閒活動。

辦理婦女運動瘦身班、幼兒運動指導班、銀髮運動指導班、農林漁牧運動推廣班等活動，逾230場次。培訓國民體能檢測合格人員266位。於全國設置32個檢測站，每站至少檢測20場次、2,500人。設計製作「跳跳兔」激勵獎章5萬枚。設計印製國民體能檢測DM5萬張，以及體能檢測宣導影片。

(二)「運動樂趣快易通專案」

為建置運動資訊平台，讓民眾方便上網搜尋各類運動資訊，得知何處有運動活動、運動場所，或運動比賽消息。具體做法為建構

台灣運動地圖平台及輔導22縣市政府建置運動地圖網站,以提供多元化的運動相關資訊。並擴增台灣運動資訊平台之管理、查詢、審核,以及訊息平行披露等功能。此外,完成辦理民國100年運動城市調查報告。目前22縣市皆已建置完成地方特色運動地圖。以不同的行銷方式宣導「樂在運動、活得健康」的運動島概念,包括電視、電台、報紙、雜誌等媒體,及製作宣傳單張。

(三)「運動社團建置輔導專案」

本案目的在藉由輔導設置運動社團,增加規律運動人口。以社區、鄰里、鄉鎮及機關團體民眾為對象,鼓勵潛在型運動人口成為自發型運動人口,使個別型運動人口成為團體型運動人口。以各縣市所轄鄉鎮市區數估算,每縣市至少成立一個運動大聯盟(縣市體育會,需立案),另成立約33個運動小聯盟(鄉鎮市區體育會,需立案)、330個運動社團;主要以社區鄰里、鄉鎮及機關民眾為對象自由籌組。一個運動社團至少有20個以上的會員;20個以上的運動

教育部教學卓越計畫成果表演

社團成為一個運動小聯盟；20個以上的運動小聯盟成為一個運動大聯盟。另外，也辦理體育志工招募及養成訓練。

　　結果已輔導與強化368鄉鎮市區基層組織，計補助206件申請案。成立24個運動大聯盟，辦理大聯盟活動46場次。成立運動小聯盟達238個，辦理小聯盟活動達1,156場次。成立運動社團達7,759個，辦理社團團慶活動逾8,000場次。桃園縣已發展出1,012個社團，是推展運動社團最多的縣市。

(四)「運動樂活島推廣專案」

　　希望透過舉辦各種活動，讓不同族群、不同行業之各個階層民眾都能夠共同參與，達到全民運動的目的。以單車、登山、健走及龍舟等活動為主軸，「單車快樂遊」主要希望以騎乘單車的方式，認識自己的家鄉及文化特色，並凝聚社區居民情感。「全國自行車日」是配合全國自行車日（每年5月第一個週日），辦理單車騎乘活動，主要是呼籲民眾多以自行車代步，倡導自行車運動除可強身健體，也可增進與家人朋友的感情。另外，還有以青少年為主的「單車成年禮」。為配合全國登山日及世界健行日，也以此名義同步舉辦登山及健行活動；另外，也鼓勵各縣市體育會舉辦以銀髮族、婦女及親子為主的登山健行活動。而龍舟賽則是結合祭典、體育運動及傳統文化的特色活動。

　　辦理登山、健行、游泳、單車、龍舟活動逾2,000場次。辦理運動嘉年華等系列大型活動，包括軍警消海巡游泳競賽、銀髮婦幼運動樂、企業游泳派對、農林漁牧動起來、青少年飆泳賽。

　　民國100年更推展自行車運動，除了與各縣（市）政府共同合作辦理單車快樂遊之常態性活動外，也自行舉辦各類型自行車活動。活動如單車成年禮、全國自行車日及全國同步自行車騎乘等，均在

鼓勵民眾多加利用自行車道，以將潛在運動人口轉化為實際運動人口。

上述單車成年禮活動（路程100公里），由前體委會輔助各縣市辦理，全國22縣市有超過10萬位同學參加，除了同學們的反應熱烈外，學校的老師和家長也都很支持這項活動。此外，18歲跨區域500公里組北、中、南、東4場次由前體委會辦理，各場次有近200位同學參加，較往年增加三倍之多。

根據前行政院體育委員會運動城市調查發現，國人規律運動比例，2010年26.1%，2011年成長至27.8%，2012年又提升到30.4%。可見，規律運動的人口比例已有起色，但仍有相當大的進步空間。

教育部體育育樂營——游泳

三、其他相關專案推展計畫

(一)泳起來專案

台灣四面環海，以「無泳池鄉鎮小學、中學及高中，不會游泳的學生」為對象，辦理「游泳學習月」的泳訓班，實施補助及補救教學。以「家庭」為單位，鼓勵民眾參與「家庭學習日」的游泳學習活動。另外，也由縣市政府舉辦「全縣校際游泳對抗賽」。而行政院體育委員會也與中華民國體育運動總會共同舉辦「泳起來！軍警消海巡游泳競賽」、「泳起來！水上救生競賽」及「泳起來！企業游泳挑戰賽」，目的在推動及鼓勵各行各業都能參與游泳運動。

(二)原住民運動樂活專案

以「原住民鄉鎮市」為對象，辦理至少含有五種運動競賽的綜合性運動會。利用寒、暑假的時間，針對原住民學童辦理樂趣化教學式的基礎運動訓練營，藉以及早發掘原住民優秀運動人才。另外，也鼓勵各縣市政府辦理原住民族群傳統體育的展演或推廣研習活動。同時，持續輔導辦理全國原住民運動會。

(三)身心障礙運動樂活專案

持續輔導辦理全國身心障礙國民運動會。以身心障礙者為對象，辦理至少含有四種運動競賽的綜合性運動會。為使身心障礙者有更多體驗運動的機會，鼓勵縣市政府辦理身心障礙運動體驗營或運動推廣觀摩研習會，也可培育身心障礙運動人才。另外，將體育場、學校或行政機關之閒置空間，經無障礙設施評估後，設置為身

教育部體育育育樂營──游泳

心障礙運動休閒適能場所，提供身心障礙者從事休閒運動或辦理運動養成班（課程）。同時也設置身心障礙者運動訓練站，辦理基礎運動訓練課程，藉以發掘身心障礙運動人才。

 ## 第三節　國民體適能檢測

一、國民體適能檢測之目的

　　教育部體育署為關心18~65歲國民，於是辦理國民體能檢測事務，並於全國各區設立35家檢測站，另為配合103年之十二年國民基本教育，共設體適能檢測站60個，以協助國中生之體能檢測。

　　凡國民年滿18歲以上者，均鼓勵其參加國民體能檢測。國民體能檢測主要目的如下：

1.瞭解個人目前體能狀況的優缺點。

2.提醒國民針對較差的體能項目進行改善與強化。

3.作為運動建議的參考，並據以設計個人化的運動處方。

4.評估個人進行規律運動前後的訓練效果與進步幅度。

5.避免可能產生的運動傷害與危險。

二、國民體能檢測之項目與意義

1.身高、體重：瞭解身體質量指數BMI。

2.一分鐘仰臥起坐：瞭解腹部肌耐力。

3.坐姿體前彎：瞭解下背部柔軟度。

4.三分鐘登階測驗：瞭解心肺耐力。

三、一般學生體能檢測之項目與意義

1.身高、體重：瞭解身體質量指數BMI。

2.一分鐘仰臥起坐：瞭解腹部肌耐力。

3.坐姿體前彎：瞭解下背部柔軟度。

4.跑走：男生1,600公尺、女生800公尺，瞭解心肺耐力。

5.立定跳遠：瞭解小腿肌群（腓腸肌與比目魚肌）之爆發力。

四、體適能相關計畫

(一)各國體適能檢測項目及指標調查研究計畫

執行成果如下：

1. 調查國家：台灣、日本、中國大陸、美國、芬蘭、韓國、新加坡、法國、德國及澳洲。
2. 台灣、日本、韓國、新加坡和中國大陸等在內的亞洲地區國家，其體適能的實施以政府單位作為主要推動者，而歐美國家對於體適能的重視方向較偏向於提高身體活動量、運動參與，由政府制定政策和提供相關運動設施場地。其相關活動的推廣主要則是由民間組織負責。
3. 整體來說，各國家對於體適能指標的擬定不外乎身體組成、柔軟度、肌肉適能、心肺適能、敏捷性、速度、平衡感和瞬發力等部分。

(二)推動體適能成果國際宣揚計畫

藉由參與國際性會議以及相關研究論文期刊之刊登，宣揚教育部歷年推行各項體適能相關專案之成效與研究成果，以及成功案例之分享，提供國際社會推行體適能相關議題之參考。同時，亦藉機

合氣道表演情形

會建立台灣在國際社會正面且積極之形象，以喚起國外學者專家對於台灣體適能推廣貢獻之重視。執行成果如下：

1. 於民國98年7月15~18日至荷蘭烏垂克大學參與「2009年ISSA運動社會學國際會議」，並由國立台灣師範大學方進隆教授發表。

2. 於民國98年8月12~14日至香港浸會大學參與「8th SCSEPF華人運動生理與體適能學者學會國際會議」，並由國立台灣師範大學卓俊辰教授發表。

3. 教練協會於民國98年12月19日假國立台灣大學，舉辦「2009體育運動團體聯合年會暨學術研討會」，本會共計有七篇論文發表。

4. 撰寫十二篇論文，並投稿至國內外期刊，包括《體育學報》四篇、《中華體育》四篇、《健康生活與成功老化》期刊一篇、*Journal of Adolescent Health*一篇、*Health Promotion International*一篇，及*Global Health Promotion*一篇。

(三)體適能納入升學計分推廣計畫

除了持續推廣與宣導高中（職）將體適能納入升學採計外，並將計畫延伸至大專校院，且為了提高檢測成績之公信力，另規劃增設體適能檢測站。藉由升學加分之誘因引導學校、學生及家長重視體適能。98學年度執行成果如下：

1. 假國立台灣師範大學舉辦說明會，邀請高中（職）所屬教育行政主管機關、高中職升學承辦學校及大專校院體育運動相關系所代表出席參與。

2. 彙整高中（職）升學簡章，將體適能檢測成績列入升學加分

選項。

3.彙整大專校院升學簡章，瞭解各校將體適能列入升學加分選
項之情形。

4.除了原有之北高二區體適能檢測站外，另於大專校院新增檢
測站；聘請合格之體適能指導員（檢測員）至檢測站檢測。

(四)大專校院學生體適能評估暨常模修訂計畫

教育部為瞭解教育單位全力推展體適能後之狀況與目前大專校
院學生之體適能情形，將所蒐集之學生體適能檢測資料，完成百分
等級常模，以作為學生重新設定目標之參考。據此，特委託80所大
專校院實施檢測工作，抽測人數共計32,432人，剔除軍警學校與其
他有問題之資料，最後得有效資料共計28,977份。

(五)體適能資訊多元化推廣計畫

充實與更新「教育部體適
能網站」，執行成果如下：

1.宣導學生使用「健康體
育網路護照」，讓學生
瞭解自身體適能狀況，
除了多元化之運動處方
諮詢系統外，並提供互
動問答遊戲，讓學生從
遊戲中獲得多元的體適
能資訊與喜愛運動，進
而培養規律運動習慣。

教育部體育育樂營——攀岩

2.更新「體適能檢測上傳系統」，協助教師上傳更便利，並提供預警系統與回報系統，除了告知管理者瞭解，以更正錯誤外，學生亦可反應體適能資料是否正確。自96學年度正式上線後，每年度上傳率均至少達93%以上。

3.配合「體適能納入升學計分推廣計畫」，鼓勵學生透過健康體育網路護照之使用，列印相關成績以供升學加分，亦可促進家長能瞭解子女的體適能狀況。

4.撰寫「體適能統計年報」，透過學校上傳體適能資料，除了瞭解目前學生體適能狀況外，並可瞭解各縣市執行情形。

(六)教育人員運動社團推廣計畫

以國民小學為主要推廣對象，由所屬教育行政主管機關推薦與鼓勵各校建立運動社團，透過動態的生活方式以建立教育人員規律的運動習慣。辦理140所國民小學，並遴聘41位輔導委員至校輔導，執行成果如下：

1.140所國小成立「教育人員運動社團」，共計有3,200位教育人員參與；其中女性教育人員參與高達59%。

2.遴選績優學校計有45所。

3.參與活動之教育人員計有八成以上均認同社團活動可活絡同事及師生情誼，並期能繼續辦理。

(七)體適能指導員培育計畫

為提升各級學校教育人員對學生體適能檢測具「執行能力與標準化」，於民國97年開始辦理初級體適能指導員研習，並逐年舉辦中級、高級之培育研習會，至今已有超過1,000位教育人員具「初

教育部體育育樂營——攀岩

級體適能指導員」資格。結合「體適能納入升學計分推廣計畫」與
「體適能檢測站設立」，讓合格之指導員至檢測站協助檢測。

(八)跨領域提升體適能試辦計畫

　　結合體育、學校衛生、醫療等相關人員，運用健康促進模式，
訂定目標，尊重學校本身特色，針對基隆的十所小學學生試辦體適
能提升計畫。經過一年的努力，身體活動方面，基隆十所小學學生
每週運動的時間明顯增加、家長參加衛教活動人次增加、學生參與
運動社團活動或團隊的比例增加，而800公尺跑走成績也進步。此
外，過重、肥胖的比例也都減少。

第四節　體育運動專業人力

一、體育運動行政人員

　　101年度中央與地方政府體育運動事務機關人力，實際任、聘用總計1,195人，包括正式人員409人，約聘僱人員258人，其他類人員528人。其中包括中央機關共129人，地方政府共225人，體育處、場共841人。

二、大專校院體育運動相關系所專任教師

　　101學年度我國各大學暨學院、專科學校設有體育運動相關系

教育部體育育樂營——射箭

所者，聘任用專任教師總計1,232人。其中男性教師計877人，占71.19%，女性教師計355人，占28.81%。以職級而分，教授計262人（男212人，女50人），占教師總人數21.27%；副教授計394人（男275人，女119人），占教師總人數31.98%；助理教授計315人（男217人，女98人），占教師總人數25.57%；講師計236人（男158人，女78人），占教師總人數19.16%；其他類總計23人（男14人，女9人），占教師總人數1.87%；助教共2人（男1人，女1人）占0.16%。

三、體育教師與教練

我國各級學校體育教師之聘任，除了國小多採包班制外，國中至大學校院體育教師之聘任係以體育相關科系爲考量。依據教育部2013年出版之《學校體育統計年報》資料顯示，目前國小體育教師畢業於非體育相關科系而擔任體育教師者約占總體的82.64%，其餘國中、高中職至大學校院非體育相關科系而擔任體育教師者分別爲9.64%、2.97%及2.92%。另教育部於2009~2012年針對國小體育教師辦理增能研習，培訓完成每位教師至少具備兩項運動專長。

專任運動教練方面，由各單項運動協會負責研習及考照制度，政府則規劃與審查編制內各級學校專任運動教練資格與聘任相關辦法。各級學校專任運動教練分爲兩類，一爲依據「各級學校專任運動教練聘任管理辦法」聘任之正式編制教練，二由教育部、各直轄市及縣市政府與學校約聘僱之編制外運動教練。在專業結構上，國小只有55.40%的運動教練畢業於體育相關科系，國中、高中職及大學校院分別爲92.75%、94.55%以及96.99%。

四、體育運動專業系所學生

(一)體育運動專業校院系所畢業生

　　目前我國體育運動專業校院計有台北市立體育學院、國立體育大學及國立台灣體育運動大學三所。100學年度（101年6月）畢業生人數總計1,839人，其中男性畢業生計894人，占48.61%，女性畢業生計945人，占51.39%。

(二)大專校院體育運動相關系所在學學生

　　101學年度我國各大學暨學院、專科學校設有體育運動相關系所在學學生數總計44,470人，其中，男性學生計24,730人，占55.61%，女性學生計19,740人，占44.39%。

五、證照

(一)教練與裁判

　　我國A級（國家級）教練、裁判之取得資格條件，除了必須年滿20歲，具有B級教練、裁判證照，且實際分別從事教練、裁判工作三年以上，成績優異外，還必須分別參與A級（國家級）教練、裁判講習與通過相關測驗及格。101年度我國45個亞奧運運動競賽種類團體核發之A級（國家級）教練證照數達314張，核發張數最多之運動種類為跆拳道，計有127張；而桌球43張，羽球37張。至於A級（國家級）裁判證照數亦達221張，核發張數最多之運動種類為跆拳

萬人泳渡日月潭

道,計有52張,其次為田徑35張,空手道31張。

(二)各級學校專任運動教練

依據前行政院體育委員會所訂定「各級學校專任運動教練資格審定辦法」,運動教練依其專業能力分為「一般運動教練」與「身心障礙運動教練」兩類,各類分別區分「初級運動教練」、「中級運動教練」、「高級運動教練」及「國家級運動教練」等四級。100年度全國總共有356人次通過資格審定,其中初級運動教練313人、中級運動教練37人、高級運動教練5人及國家級運動教練1人。101年度總共有270人次通過資格審定。自民國94年起已有39種運動共3,436人次通過資格審定。

(三)運動傷害防護員

截至101年度止,前行政院體育委員會授證的運動傷害防護員總

人數累計171人，但其中有54人證照失效，而真正從事運動傷害防護工作者僅有33人。

(四)國民體能指導員

國民體能指導員授證數在99與100年度總計核發163張，包括初級86張，中級77張。101年度共核發52張，包括初級19張，中級33張。

(五)山域嚮導

99與100年度登山嚮導員（101年改稱山域嚮導）授證數總計核發361張，包含健行嚮導員353張，攀登嚮導員8張。

(六)救生員

100年度救生員授證數核發情形，計有中華民國紅十字會發照406張，中華民國水上救生協會發照779張，中華民國游泳救生協會發照77張，中華民國水中運動協會發照687張，中華民國海軍水中爆破隊退伍人員協會發照723張，中華海浪救生總會發照267張。

101年度救生員授證數核發情形，計有中華民國紅十字會發照737張，中華民國水上救生協會發照3,833張，中華民國游泳救生協會發照378張，中華民國水中運動協會發照1,108張，中華民國海軍水中爆破隊退伍人員協會發照1,624張，中華海浪救生總會發照258張及台灣慧行志工救生游泳協會106張。

六、體育志工

101年度各縣市體育志工總計14,268人（含男性6,653人，女性

彰化東陽幼稚園開辦防身武術推廣課程

7,615人），以屏東縣之體育志工人數最多，計3,753人，其他志工人
數較多的縣市有新北市1,250人，嘉義縣1,466人，以及高雄市1,387
人等。

 ## 第五節　運動場館與設施

一、國內體育場館數量

　　自民國87年至101年全國各級政府補助興（整）建之運動設施
總計2,552件。其中包括縣（市）立運動場館308座，鄉（鎮、市、
區）運動場館249座，鄉（鎮、市、區）游泳池95座，鄉（鎮、市、
區）運動公園134座，社區簡易運動場所943座，運動場館夜間照明
設備356座，自行車道316處。其他如靶場、各縣市運動休閒推廣中

心興（整）建151座。

二、教育部體育署補助興（整）建之場館

　　100年度前行政院體育委員會補助興（整）建之運動設施總計55件，包括國民運動中心7座，游泳池9座，棒球場9座，壘球場4座，網球場1座，羽球場1座，運動公園7座，籃球場5座，其他類12座。101年度教育部體育署補助興（整）建之運動設施總計129件，包括國民運動中心5座，游泳池11座，棒球場11座，壘球場5座，網球場6座，羽球場2座，運動公園19座，籃球場20座，田徑場8座，其他類42座。

　　高爾夫球場方面，我國各縣市經核准籌設或開放使用之高爾夫球場數，在民國91年前原有83座，隨後陸續廢止19座，以致現在僅存64座。但其中52座已核准開放使用，其餘12座仍在籌設階段。各縣市擁有高爾夫球場最多的是新北市，已核准開放使用9座，4座籌

銀髮族休閒旅遊

設中。其次爲桃園縣，已核准開放使用10座，2座籌設中。有9個縣市未設置高爾夫球場，其爲台北市、雲林縣、基隆市、新竹市、嘉義市、台東縣以及離島三縣（澎湖縣、金門縣、連江縣）。

三、規劃興建中的運動中心與運動公園

台北市現有營運的運動中心有信義、大安、大同、文山、中山、中正、內湖、北投、士林、萬華、南港及松山等12個。原行政院體委會在台北市以外，在全國各縣市已同意核發16個國民運動中心，先期是設計規劃費八百萬，接著是兩億元興建費用。新北市新莊國民運動中心於101年底開幕，目前還規劃或興建有三重、蘆洲、淡水、土城、板橋、新泰、永和、中和、汐止、樹林、新店等11座運動中心。台中市跟進台北市預定打造14座運動中心或運動公園，每座斥資約二億至四億預算，並從民國99年開始規劃。

台北小巨蛋斥資四十七億，高雄巨蛋耗資七十九億，二者興建營運後，近年斥資超過二百億的台北大巨蛋也即將落成。台中也跟進規劃小巨蛋之興建，預計總經費五十億元，興建三年完工。館內可附設商場、餐飲，除了可作體育賽事場地，還可作音樂會、演唱會、戲劇的表演場地，預計可吸引投資客進入，帶動北屯區當地的繁榮。

武術比賽場地

第六節　國民運動參與

一、運動健康認知之提升

　　「運動行為促進國民健康」是21世紀國際間最受肯定的理念。進入了本世紀，推展全民運動、增進國民體能、改善運動環境、充實運動內涵等，已成為全民的共識。諸多先進國家咸認為「自覺運動參與是最具回收價值的投資」，以及「自覺運動參與是最好的預防醫學」。因此，各國政府莫不積極推動國民的「運動自覺學習」計畫與「規律運動」的習慣養成。美國運動醫學學會（ACSM）亦強調，體適能計畫之推展，目的在於鼓勵培養適當的終身運動習慣，進而以足夠的體適能活動來發展與維持機體的功能和增進健康。我國政府亦期望建立一個優質之健康教育環境，藉由認知之補強與意圖之強化等方式，引導國人投入動態之生活方式，養成自動自發的運動習慣，朝向健康促進的方向而努力。前行政院體育委員會長期以來積極推動各項政策，希望能促進民眾之參與進而達到上述目標。

二、民眾參與運動情形

　　前行政院體育委員會於民國100年辦理「我國民眾運動參與調查」，結果如下：

　　1.近八成的民眾是「為了健康」而運動，其次是「為了身

材」、「解除壓力」和「興趣／好玩／有趣」。

2.有運動的民眾中，八成最常從事的運動類型是「戶外運動」，其次為球類運動、伸展運動／舞蹈，以及水上運動。戶外運動種類中，以「散步」項目持續蟬聯民眾最愛運動的第一名。其次為慢跑、爬山、騎腳踏車、打籃球等。

3.參與運動社團的比例逐年提高，如民國100年調查中，有18.5%的民眾有參加運動類型社團，較前一年增加1.6%。其中以13~17歲、55~59歲、碩博士學歷、學生、軍公教人員與商店老闆等參與人數較多。

4.近五成民眾是跟「朋友」一起運動，所占比例最高，其次是「自己獨自運動」（33.2%），再其次是與配偶（23.3%）和子女（14.6%）。另發現65歲年長者、小學以下學歷者、退休／無業者，以「自己獨自運動」的比例最高。

5.較多民眾選擇在「學校運動場館」（27.3%）和「公園」（24%）運動，一般戶外空地和戶外風景區比例較少。

高爾夫練習場

三、國際性運動賽會

(一)2011年第26屆深圳世界大學運動會

本屆賽會計辦理24個運動種類、306個競賽項目，共有來自全世界152個國家地區，10,615人參賽，其中運動選手有7,003人、隨隊官員3,612人。我國總計有149位選手（男性47、女性102）及36名教練，參加18個運動種類。參賽結果計獲7金9銀16銅，總獎牌數32面，在152個參賽國家及地區中排名第8名，超越上屆2009年貝爾格勒世大運成績（7金、5銀、5銅），並創下歷屆總獎牌數最高之紀錄。

(二)2011年夏季世界特殊奧林匹克運動會

2011年夏季世界特殊奧林匹克運動會假希臘雅典舉行，競賽種類計有22種，我國代表團成員共計108名，選手計5位，參加11種運動種類。本屆成績共獲32金、27銀及15銅。

(三)2012年夏季奧林匹克運動會

2012年夏季奧林匹克運動會，我國有14個運動種類，共47位選手達到奧運參賽標準，最後正式取得參賽資格者計有44人。比賽結果成績並不理想，僅得1銀牌（舉重）、1銅牌（跆拳道）。遠比2004年雅典奧運的2金2銀1銅，及2008年北京奧運的4銅，遜色不少。

四、全國性運動賽會

　　中華民國全國運動會（簡稱全運會），是全國最高級別且最大的運動會。全國運動會，是由台灣省運動會和台灣區運動會改制而來。

　　台灣省運動會從1946年第一屆開始，到1973年為止，總共舉行28屆。1974年起，因應台北市、高雄市升格為直轄市，名稱改為「台灣區運動會」（簡稱區運會）。前行政院體育委員會成立後，1999年起，政府功能業務與組織調整，區運會改名為「全國運動會」（簡稱全運會）。

　　現在台灣地區綜合性之運動會，以全國運動會、全國大專運動會以及全國中等運動會三項比賽規模最大。全國運動會舉行之模式仿照奧運與亞運，所以全國運動會只舉辦奧運和亞運比賽之種類。另外，非奧運與亞運舉辦之運動項目，在隔年舉辦「全民運動會」，讓這些項目的選手亦有展現體能與技能的舞台。也就是一年

日月潭纜車增添民眾遊憩的樂趣

全國運動會舉辦純競技性的運動比賽，次年全民運動會舉辦具休閒性質的運動比賽，此二運動賽會分別兩年舉辦一次，例如，民國100年彰化縣舉辦全國運動會、民國101年南投縣舉辦全民運動會、民國102年台北市舉行全國運動會。自中華民國102年起全國運動會與全民運動會均由教育部體育署主管相關事務。

早期的台灣區運動會比賽種類多達四十種，其經費之大、行政之繁複與人力資源運用之困難，對於舉辦縣市而言，造成的壓力相當大。今日演變為全國與全民兩個運動會，不但可以縮小全國運動會的規模，減輕經費支出，減少行政業務量，人力資源運作較容易些，又可顧及不同運動項目之運動權益與比賽機會。

現在全國性運動會之發展逐商業化，更加吸收社會資源與企業之大量合作，並且在政府協助推動運動贊助之鼓舞下，自籌龐大資金。因此，已演變成賽會大量經費可以自籌，與多元社會資源（包括廠商民眾社團學校媒體等）結合，以及具備豐富創意與活潑氣息的體育活動。

民國100年全國運動會於立體育場，計有來自全國22縣市8,749人次（含選手6,259人次及職員2,490人次）於10月展開為期六天的競技，以角逐水上運動等35運動種類計373面金牌，至閉幕止，共締造了14項25人次破全國紀錄、45項103人次破大會紀錄、1項2人次創大會紀錄及3項10人次平大會紀錄的佳績。

民國102年全國運動會由台北市政府舉辦，台北市政府此次是繼1994年，相隔十九年後，第六次主辦此項大型賽會。全國運動菁英於本次比賽中角逐34運動種類計1,093面獎牌（金牌368面、銀牌367面、銅牌358面），大會結束，共締造了16項28人次破全國紀錄、57項109人次破大會紀錄、5項5人次創大會紀錄、2項2人次平全國紀錄，以及2項3人次平大會紀錄的佳績。

教育部體育育樂營——體能王

五、國際體育交流

(一)國外體育運動團體來台參加活動情形

國外體育運動團體100年度來台參加各類活動類別與次數為：正式錦標賽、承認錦標賽、邀請賽、壯年錦標賽、青少年分齡賽、會議、訪問等等，總計181次，較99年度總計182次，減少1次。而101年度總計高達210次之多。100年度來台參加之人次，總計6,395人次，較99年度總計7,416人次，減少1,021人次。然而，101年度來台參加之人次，總計8,788人次，較100年度增加2,393人次之多。

(二)國內體育團體人員出國活動情形

國內體育運動團體100年度出國參加各類活動類別與人次為：

正式錦標賽、承認錦標賽、邀請賽、壯年錦標賽、國際青少年分齡賽、綜合性賽事、會議、訪問等等總計6,151人次，較99年度總計7,691人次，減少1,540人次。101年度則有7,307人次，增加了1,156人次之多。

(三)我國籍人士擔任國際性體育運動組織重要職務席次

至民國100年12月31日止，我國人士擔任國際性（含亞洲地區）體育運動組織重要職務仍在有效任期內者計有102人、130席次，較民國99年的93人、120席次，增加9人、10席次。民國101年則為105人、125席次。

以地區分，擔任國際性組織職務者計43席次，占總席次33.08%，擔任亞洲地區組織職務者計87人席次，占66.92%。以組織性質區分，以擔任球類相關之國際體育運動組織職務者最多，計48席次，占總席次36.92%

(四)我國人士赴大陸體育運動交流

自民國76年至民國85年，我國赴大陸體育運動交流人數總計15,687人次。自民國86年後，赴大陸體育運動交流無需再報行政院體育委員會核定，不再有統計資料。

(五)大陸人士來台體育運動交流

100年度辦理大陸體育專業人士來台參訪交流，計審查384件、3,596人次。自民國81年起至民國100年止，審查大陸來台體育運動交流人數累計19,711人次。101年度計審查395件、3,430人次，累計23,141人次。

六、國際體育學術交流

100年度輔導國內大專校院辦理國際研討會,計審核通過13場會議及3場基金補助,101年度通過14場會議。100年度專家出席國際體育學術會議發表論文及擔任重要職務出席體育學術會議共計35件,101年度則有37件。

七、國家級榮譽獎項

(一)國光體育獎章

國光體育獎章於101年度計頒發166枚(包括教練4枚、選手162枚)。自民國72年起至民國101年止,國光體育獎章已頒發教練及選

孩童盡情地在寬闊的草皮玩耍

手總計11,834枚。其中,在教練部分計已頒發7,540枚,選手部分計已頒發4,294枚。

(二)國光體育獎助學金

國光體育獎助學金於101年度計頒發教練與選手共6,640萬元。自民國72年起至民國101年止,國光體育獎助學金已頒發給教練及選手總計34億3,135萬1,889元。其中,在教練部分,計已頒發6億9,215萬2,889元,在選手部分,計已頒發27億2,709萬9,000元。

(三)體育精英獎

代表體育界年度最大盛事的精英獎共計頒發8個獎項,包括最佳男運動員獎、最佳女運動員獎、最佳教練獎、最佳運動團隊獎、最佳新秀運動員獎、最佳運動精神獎、終身成就獎以及特別獎。

(四)體育推手獎

前行政院體育委員會為鼓勵體育運動贊助,增進民間參與推展運動風氣,自民國97年舉辦「企業贊助體育團體或運動選手表揚活動」,向長期支持奉獻及熱心推展我國體育運動發展之企業團體及個人表達謝意及敬意,當年度共頒發45個單位及個人。民國98年發布「行政院體育委員會辦理體育推手獎表揚活動實施要點」,正式設置「體育推手獎」獎項。

第七節　運動產業之推展

一、運動產業展望

運動產業在主要先進國家中已成為新的經濟驅動力,更是國民生活品質提高和國民身心健康促進的重要策略手段;因此,運動產業的發展可說是國家整體發展關鍵的一環。

而隨著社會生活型態及人口結構的變化,運動休閒事業型態及運動相關產業經營方式將更加多元,產業發展之趨勢亦衝擊傳統體育經營模式。如何尋求轉型並進行專業化的經營與管理,就顯得相當重要。例如,國內運動賽會規模擴增,依賴政府補助之賽會經營型態將難以生存,必須尋求其他財源管道,譬如企業贊助、運動行

中興新村廣大草地供民眾遊憩

銷等協助。另外近年來在職業棒球與職業撞球的觀眾人次都不及歷
史高峰,致使球隊經營普遍處於虧損狀態;除了表現之精彩性與觀
賞性有待加強外,應如何善用媒體行銷與開闢資金來源(增取企業
贊助等)以及運動經紀人制度的建立、強化職業運動管理制度(避
免賭博、放水事件)等,均是未來努力方向。

二、職業運動

(一)職業棒球

目前國內職業運動以職業棒球最為興盛。我國職業棒球運動
自民國76年12月31日「職棒推動委員會」成立,民國78年10月23日
「中華職業棒球聯盟」正式成立,民國79年3月17日中華職業棒球聯
盟球賽開打後正式開啟。

加入中華職業棒球聯盟的球隊,最初有兄弟象、味全龍、三
商虎及統一獅隊四隊。後有時報鷹、興農牛、和信鯨而成為七個球
隊,是中華職棒歷史上擁有最多球隊的時期。民國84年時「台灣職
業棒球大聯盟」成立,自民國86年球賽開打,擁有太陽、金剛、勇
士及雷公隊四隊,我國職棒運動成為兩個聯盟,互有各自的比賽場
次、球員和觀眾群。兩個聯盟相互競爭,瓜分市場,歷經六個球季
後,因職棒賭博案、球員挖角、人才斷層等不利因素影響,球迷流
失、整體棒球市場萎縮。為了再提振我國職棒運動發展,創造整體
職棒大環境,兩個聯盟協商後,於民國91年10月2日簽署合併意願協
議書,更名為中華職業棒球大聯盟,再度回復一個聯盟的局面。中
華職業棒球聯盟自民國79年球賽開打至民國100年,計歷經二十二年
球季。台灣職業棒球大聯盟自民國86年球賽開打至民國91年,計歷

經六個球季。

◆比賽場次

我國職業棒球運動自民國79年球賽開打至民國100年止，中華職業棒球聯盟計歷經二十二年球季，總計舉辦5,667場次比賽（如包含台灣職業棒球大聯盟計1,025場，總計舉辦6,692場次比賽）。中華職棒22年（100年）計舉辦240場比賽、每場售票數每場平均2,999張，其中，中華職棒8年（86年）計舉辦336場比賽，是比賽場次最多的一年。

◆現場觀眾人次

我國職業棒球運動自民國79年球賽開打至民國100年止，在中華職業棒球聯盟所舉辦的5,667場比賽中，至現場觀賽的觀眾人次累計1,961萬6,113人次，平均單場觀眾人次計3,461人次。100年度至現場觀賽的觀眾人次總計71萬9,972人次，平均單場觀眾3,000人次。中華職棒開打後前六年，每年平均單場觀眾人次皆維持5,000人次以上。兩個職棒聯盟同時併存的六個球季中（86~91年），平均單場觀眾人次除85年度時尚有約4,500人次，其餘皆介於1,000~3,000人次間。兩個聯盟於民國92年合併後，平均單場觀眾人次雖回升至3,000多人次，但與中華職棒開打後的前六年球季平均單場觀眾人次仍有差距。99年度較98年度減少25萬2,675人次，大幅減少28.11%

(二)職業撞球

我國職業撞球運動於民國76年8月時，由中華民國撞球運動協會所成立的各區委員會，以推選選手代表參加全國職業撞球排名賽的方式，建立了一套評估選手實力與程度的機制而開啓。民國86年時，有線電視台緯來體育台企劃舉辦職業撞球大賽並進行電視轉

播,其後,職業撞球運動成為我國媒體曝光率較高的運動競賽種類之一。

◆比賽場次

職業撞球比賽自中華民國撞球運動協會於民國76年開始舉辦全國職業撞球排名賽開始,以及有線電視台緯來體育台於民國86年時開始舉辦及轉播職業撞球大賽至民國100年止,總計已舉辦了2,071場次比賽。其中,全國職業撞球排名賽計舉辦317場次比賽,緯來體育台職業撞球大賽計舉辦1,754場次比賽。

100年度全國職業撞球排名賽計舉辦14場賽次,緯來體育台職業撞球大賽計舉辦120場賽次,總計134場賽次。

◆觀眾人次

全國職業撞球排名賽自民國76至民國100年間,觀眾人次累計約17萬3,800人次。緯來體育台職業撞球大賽自民國86至民國100年間,估計含比賽現場及觀看電視台比賽轉播之觀眾人次累計約4,808萬4,600人次。

100年度全國職業撞球排名賽觀眾人次計約5,200人次,緯來體育台職業撞球大賽估計含比賽現場及觀看電視台比賽轉播之觀眾人次計約400萬人次。

三、準職業運動

超級籃球聯賽

超級籃球聯賽(Super Basketball League, SBL)由社會甲組聯賽的裕隆、達欣、中廣、九太、台銀、台啤及參與大陸甲A籃球賽的

新浪等七隊球團，在2003年11月21日於台北體院體育館正式展開第一季例行賽，是台灣籃球史第一個半職業籃球聯賽。

　　台灣籃球在CBA停辦後，度過了近四年的籃球黑暗期，2003年行政院體育委員會主委林德福為了達成球迷的期望，四處拜會各球團董事長，邀請中華民國籃球協會、社會甲組球隊代表人與體委會副主委朱壽騫等人籌組中華民國超級籃球聯賽推動小組，並由「籃球博士」鄭志龍擔任召集人，積極催生超級籃球聯賽。基於體委會為重振國內籃球風氣的企圖心，透過ESPN、Nike等行銷團隊努力，讓SBL在經過媒體報導、球團包裝宣傳與行銷後，首戰一炮而紅，使得台灣引起一股籃球熱潮。

　　中華民國超級籃球聯賽SBL第一季至第八季比賽場次計963場、觀眾人數合計117萬4,948人次，其中購票人數計64萬5,658人次，參觀券人數計52萬9,290人次。

四、運動服務業

　　從產業別分類觀點而言，運動產業包含了服務業與製造業兩大產業。目前我國運動商品製造業在全球已經具有領先的地位，而隨著產業結構的改變及知識經濟之發展，服務業所扮演的角色日益重要，被歸屬為新興服務業之運動產業，隨著整體經濟與政策之發展，也應更加具有規模與發展價值。

　　運動服務業主要係以消費者運動賽事欣賞或體能活動等相關服務為核心，前行政院體育委員會為形塑有利運動產業發展之優質環境，亦針對我國運動服務業整體問題，研訂輔導策略並運用運動發展基金經費加以推動，鼓勵企業投資運動產業，期建構完善的制度與環境，全面推動運動服務業發展，民國100年具體成果如下：

(一)法規鬆綁及制度建立

完成推動「運動產業發展條例」之法制作業：其主要內容包括推展運動產業發展輔導或獎助措施、開拓績優運動選手就業市場、促進運動產業人力資源之開發運用、建立優惠融資機制、補助運動產業之創新發展、協助重點賽事舉辦、營業（所）稅優惠及投資抵減措施、促進大型運動設施之開發與運用等。另成功爭取企業捐贈體育運動得減免營所稅，並經財政部民國100年1月26日公告施行，營利事業凡有挹注經費培養運動員或購買運動賽事門票捐贈學生或弱勢團體等二情事，其支出得列為當年度費用或損失，不受金額限制，有效提高企業贊助體育運動之意願。

(二)多元資金挹注

完成「提供運動產業業者金融融資信用保證作業要點」之研訂，針對擔保品不足之運動服務業業者提供信用保證，最高貸款金額達五百萬元，最長期限十年；另完成「辦理運動服務產業貸款利息補助作業要點」之研訂，補助負責人為「運動人才」之中小企業運動服務業者貸款利息，最長可獲三年、年息1.5%利息補貼，最高貸款金額五百萬元；已核定35家業者之信用保證計畫，放貸金額約1億250萬元；另核定7家業者之利息補貼。

(三)產業研發及輔導

完成「補助運動產業專題會議作業要點」、「補助辦理運動產業專題研究計畫作業要點」、「辦理績優運動產業專題研究獎勵作業要點」之研訂，以數項運動產業發展主題為範疇，藉由補助及獎勵學術單位或團體辦理運動產業專題會議或研究，以促進運動產業

研究發展，廣徵興革意見，俾提供我國運動產業發展策略及輔導政策之重要參考，並提升業者經營管理效能。民國100年核定12項專題會議、24項專題研究之補助，另獎勵2項績優專題研究，獎補助金額約六百萬元。

(四)擴大市場需求

完成研訂「補助有益疾病恢復或健康促進之運動消費支出試辦作業要點」，以數項疾病患者為重點，藉由補助其運動消費支出，輔導其養成運動習慣，來協助疾病恢復或健康，並可促進運動健身產（事）業建立異業合作創新商業模式，民國100年核定14業者之計畫，補助金額約一千八百萬元。

(五)以「運動讓旅遊更精采」為主軸，推動運動觀光

為推廣運動觀光風氣，並且鼓勵運動服務業與觀光旅遊異業結合，本會今年度首度參加台北國際旅展，設置「運動觀光主題館」，並經主辦單位評選榮獲「最佳攤位營運獎」。其展示內容係串聯參展縣市運動觀光資源、包裝多元運動旅遊行程，如自行車、高爾夫球等，吸引更多消費者將運動元素注入旅遊行程、進行消費，帶動新型態的旅遊方式，以另一個動感的方式來體驗台灣之美。

五、運動彩券

(一)運動彩券發行條例之立法

近年來，藉由發行運動彩券（Sports Lottery）發展國家體育事業，已成為先進國家之常態。舉凡歐盟成員之法國、德國、英國及

義大利，以至亞洲之日本、韓國、香港以及新加坡等等，皆以發行多樣性運動彩券之方式挹注國家財政經費或社會福利支出，並藉以帶動國民體育之發展。為籌募體育發展經費，創造良好體育運動環境，我國亦於民國97年5月開始發行運動彩券，並成為目前政府推動體育發展之重要措施。為賦予運動彩券發行之法源，並期有效管理相關事務，我國現行法制上，已分別由立法及行政機關制定相關規範，包括「公益彩券發行條例」及授權主管機關訂定之各項行政規則。2002年在「國家競技運動發展會議」中決定提出「運動彩券發行條例」草案，以另立新法的方式來發行運動彩券。

運動彩券係以健康的運動賽事為標的，進行知識性及娛樂性的博弈活動，在整個社會環境中，除了直接創造經濟生產效益外，另外透過民眾對於運動賽事的關注及投入，亦達到活絡運動產業發展的功能；近年來世界各國紛紛推行運動彩券作為運動基金，不但彌補各國體育資金不足的情況，也帶動各國民眾參與體育，此外更創造了龐大的就業機會與商機（蘇維杉，2007），體育界人士紛紛希望，藉由發行運動彩券來振興我國運動產業，也希望為體育界帶來經費上的補助。

我國現行運動彩券之發行、銷售、管理等事務，係分別依「公益彩券發行條例」、「運動彩券發行條例」、「公益彩券管理辦法」及「運動彩券管理辦法」等規定辦理。發行機構應訂定相關發行作業及管理要點。現有之規範則包括：運動彩券管理辦法、受委託機構遴選及管理要點、經銷商遴選及管理要點、促銷作業要點、利用電話、網際網路及其他電訊設備銷售運動彩券作業管理要點、銷售專戶管理作業要點、賽事過程及結果公布與兌獎作業要點等等。前揭法令皆為目前我國運動彩券發行及管理所應遵循之規範。

(二)運動彩券發行之法源

現行「公益彩券發行條例」規定，爲舉辦國際認可之競技活動，得申請發行特種公益彩券，並由主管機關訂定發行、銷售、促銷、開兌獎作業、管理及其他相關辦法。據此，行政院於民國95年訂定「運動特種公益彩券管理辦法」，並於同年10月25日發布施行。因此，「公益彩券發行條例」爲目前政府發行運動彩券之母法。「運動特種公益彩券管理辦法」則屬規範運動彩券發行及管理作業有關之技術性及細節性事項之法源。然而，此辦法已於民國98年12月廢止。

(三)運動彩券之主管機關、發行機構與投注運動之類別

運動彩券之主管機關目前爲體育署（行政院體委會）及財政部。「公益彩券發行條例」明定主管機關爲財政部。「運動彩券管理辦法」則規定發行運動彩券應由中央體育主管機關提出申請，並由主管機關指定銀行辦理。

現行管制架構下，運動彩券之發行機構爲銀行。實務上，體委會擬具運動特種公益彩券發行需求規範書後，應向財政部申請發行運動彩券，並擬定「徵求運動彩券發行機構公告事項」函送該部。財政部應組成「徵求運動彩券發行機構甄選委員會」，徵求本國銀行擔任運動彩券之發行機構，辦理運動特種公益彩券之發行。

另依公益彩券發行辦理之規定，擔任運動彩券發行機構之銀行，經主管機關同意，得委託適當機構辦理發行、銷售、促銷、開兌獎作業及訂定管理等事宜。而現行發行機構所擬定之「運動特種公益彩券受委託機構遴選及管理要點」，則將受託機構分爲電腦技術廠商、受委託金融機構及其他受委託機構等四類。原可投注運動

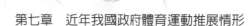

之類別計有棒球、籃球、足球三種。100年度起加高爾夫球項目。其投注玩法方式多樣，依運動類別不同而有不同的投注方式。由台北富邦金控公司負責一切作業。

(四)盈餘管理

運動彩券之盈餘來源，依「公益彩券發行條例」規定，係指售出彩券券面總金額扣除應發獎金總額及發行彩券銷售費用或為發行彩券而舉辦之活動費用後之餘額。但發行彩券銷管費用，不得超過售出彩券券面總金額之75%。其他規定尚包括，中獎獎金逾期未經領取者歸入盈餘。

盈餘分配與運用如下：

1. 依「運動彩券發行條例」第八條規定，運動彩券發行之盈餘，百分之十撥入公益彩券盈餘，餘百分之九十，專供主管機關發展體育運動之用，並以基金或收支並列方式管理運用。運動彩券97年度銷售五十二億二千多萬元，可分配盈餘數額為六億八千多萬元；98年度銷售一百三十九億三千多萬元，可分配盈餘數額為十八億四千多萬元；99年度銷售一百四十九億八千多萬元，可分配盈餘數額為十九億七千多萬元；100年度銷售一百二十八億二千多萬元，可分配盈餘數額為十六億六千多萬元。此外，101年度銷售一百五十一億五千多萬元，可分配盈餘數額為十九億七千多萬元。可分配盈餘依規定比例分別分配給內政部、體育署、中央健康保險局，以及各縣市政府。

2. 運動發展基金100年度預算執行情形，其中基金來源收入五十一億四千多萬元，基金用途執行十億七千多萬元，基金剩餘預算編列十七億九千多萬元，實際剩餘四十億八千多萬

美國武術家到課堂中進行全美語武術課程

元。其執行之計畫如下：

(1)培訓體育運動人才計畫。

(2)健全體育運動人才培育之運動產業環境改善。

(3)輔助競技運動人才訓練之基層運動場館興建及維護管理計畫。

(4)辦理大型國際體育運動交流活動計畫。

(5)非亞奧運及基層運動人才培育計畫。

(6)一般行政管理計畫

 ## 第八節　體育運動展望

　　教育部（2012）《體育運動政策白皮書》揭示，21世紀以來，國際先進國家均持續致力營造充裕優質的運動環境，提升國民運動風氣、強健國民體質、深化運動文化、打造健康生活、培育優秀運

動人才及發展運動產業等工作。英國、中國大陸及韓國等國家並藉
舉辦奧運之契機，大幅提升體育運動環境品質，帶動經濟發展與提
高國民生活水準。近年來，總統、行政院院長和教育部部長等相關
首長均曾宣示體育運動相關政見，並指示積極推動各項體育運動政
策，落實各項計畫。

　　盱衡社會環境變遷，網路時代來臨，國民偏重坐式生活型態，
肥胖、體重過重或過輕問題益發嚴重，導致身體適能下降，規律運
動人口的比例與先進國家相比，仍有成長的空間。另外在全球化時
代中，競技運動實力面臨各國強大競爭壓力，如何提升我國競技運
動水準，仍待持續努力。面對上述課題，2013年政府組織再造，
教育部體育署成立之後，旋即邀集體育運動學者、媒體記者、產業
專家及行政單位，積極研擬未來國家體育運動政策，並依短、中、
長程計畫逐步實現，展望未來，我國體育運動發展將呈現以下新風
貌：

一、活絡校園體育，增進學生活力

　　各項體育法規趨於完備，體育教師與教練之培育及管理制度
一一落實，並建構精緻多元整合的體育課程與營造體育教學友善
環境，達成發展適性體育、提升學生身體活動量與養成終身運動習
慣，2023年每位學生精熟一種運動技能比率達85%，學會游泳人數
比率達70%，奠定國民運動能力與習慣基礎，許學生一個健康的未
來。

二、運動健身快樂人生

　　各級體育運動組織與志工團體逐步健全發展，有效推展兒童、青少年、職工、原住民、銀髮族與身心障礙國民等族群之運動，全國規律運動人口逐步擴增，整合運動與健康資訊平台，提供多元運動資訊，活動內容多元呈現，推展傳統及新興運動，展現優質運動文化，普遍促進國民健康，短期將現有規律運動人口比例提升3%，並逐年成長，人人運動健身，享受快樂人生，邁向運動先進國家。

三、卓越競技登峰造極

　　培育優秀運動人才之選才（項）、訓練、參賽、輔導與獎勵機制建構完整，具體完成規劃奪牌優勢項目與科學選才（項）機制，競技水準持續成長，落實分級參賽，爭金奪冠，為國爭光。獎勵與輔導機制完善，促進運動選手與教練生涯發展。有效提升競技運動實力，展現卓越競技登峰造極新境界，期能在2016年奧運獲得3金2銀1銅之佳績，並逐屆成長。

四、植基台灣邁向世界

　　積極參與各項國際體育運動交流，設置「國際運動賽會申辦小組」，爭辦2023年亞洲運動會或頂級國際運動賽會與會議。培育優質國際體育運動事務人才，爭取國人擔任國際體育運動組織重要領導職務，發揮國家整體力量與影響力，提升國家權益與地位，以植基台灣邁向世界。強化中華奧林匹克委員會、中華民國大專院校體育總會、中華民國高級中等學校體育總會、各單項運動協會兩岸交

流，建立兩岸互信、互惠與平等運動交流。

五、打造幸福經濟的推手

運動產業結構健全發展，業者經營能力獲得強化，建構全國體育運動雲端資料庫，運動市場需求逐漸拓展，運動產業規模逐步擴大，運動產業價值大幅提升，創造運動相關產業產值增加12%，優化國人生活品質，創造幸福經濟推手。

六、營造優質友善運動環境

完成興（整）建國內分級競技運動場館，提供優質休閒及賽會場館，建置優質運動休閒環境，提供國民友善運動休閒場地，各族群民眾參與運動權獲得強化。建置完整運動場館資訊系統，提供民眾完整的運動場館與設施相關資訊，實現台灣成為優質運動島，營造優質友善運動環境。

七、體育運動經費逐年成長

體育運動先進國家如英國和瑞典，及同屬亞洲的中國大陸、日本及韓國的國家運動經費編列情形來看，均呈現逐年成長之趨勢。因此，教育部將以每年成長之方式編列體育運動經費，達體育運動先進國家水準。

八、有效整合與運用體育運動資源

　　為落實推動各項體育運動政策，在政府資源有限、民間資源無限的環境下，教育部將積極爭取、整合與運用社會資源，並落實精緻規劃各項政策計畫，以發揮體育運動資源之最大效益。

美國武術家應邀來台指導

美國武術家來台教導並頒發證書

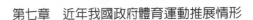

結　語

　　運動是生活的一部分，不僅能促進健康，更能充實生活的內涵，凝聚國民的向心力與展現國力。有鑑於此，打造健康生活已成為本世紀先進國家的共同目標，推展全民運動也是國際潮流，政府相關部門與民間運動團體也順應此國際趨勢，整合政府與民間資源，通力合作，積極推動各項體育運動發展策略，讓參與休閒運動的觀念更深植於人心，讓越來越多的人養成終身運動的習慣，讓每個人都樂在運動、活得健康，進而達成人人愛運動、處處能運動、時時可運動的「健康、快樂、優質的運動島」。因此，相信全國上下必能以現有創造愉快的運動經驗為基礎，為台灣培育健康卓越的人才，實現健康國民、卓越競技與活力台灣的美好的未來。

問題與討論

一、國民規律運動的比率尚有進步空間，試討論有何更有效率的策略，讓不常運動的民眾經常來運動，更讓一直不參與運動的族群能夠開始願意參與運動？

二、試討論國民體適能檢測對民眾自我體能瞭解以及對其從事運動有何幫助？

三、試討論職業運動對國民運動參與以及體能與健康之促進有何直接或間接之幫助？

參考文獻

102台北全國運動會歷屆賽事成績查詢。102年11月12日，http://www.
　　sport102.taipei.gov.tw/public/web_page.aspx?id=327

大紀元（2012）。大台中14座運動中心，動工無期挨批。2012年11月15
　　日，http://www.epochtimes.com/b5/12/11/15/n3731065.htm

中華台北國際大型運動會獎牌列表。102年11月19日，http://zh.wikipedia.
　　org/

中華民國體育運動總會。102年11月19日，http://www.rocsf.org.tw/index.
　　asp

中華奧林匹克委員會（2013）。奧會模式。102年12月11日，http://www.
　　tpenoc.net/center_b03_01.jsp

台中廣播（2013）。台中小巨蛋103年動工。台中廣播2013-1-2。102年12
　　月12日，http://www.lucky7.com.tw/realtime_detail.php?Id=9018

行政院衛生署（2010）。《98年度全民健康保險醫療統計年報》。

行政院體育委員會（2009）。《98年運動城市報告》。行政院體育委員
　　會。

行政院體育委員會（2011）。《全國鄉鎮市區體育會人員暨體育志工基
　　礎訓練研習手冊》。行政院體育委員會。

行政院體育委員會（2012）。《中華民國101年運動統計》。台北：行政
　　院體育委員會。

周嘉琪（2004）。〈健身運動、情緒感受與心理健康〉。《大專體
　　育》，第72期，頁156-161。

陳隆豐（20008）。〈國際奧林匹克委員會〉。《新世紀智庫論壇》，第
　　42期，http://www.taiwanncf.org.tw/ttforum/42/42-13.pdf

　http://issue.udn.com/SPORT/OLYMPICS/OLYMPICS/main/world/map.htm

教育部（2012）。《體育運動政策白皮書》。台北：教育部體育署。

教育部（2013）。《學校體育統計年報》。台北：教育部體育署。

教育部體育署（2013）。《中華民國102年運動統計》。台北：教育部體
　　育署。

教育部體育署（2013）。維基百科全書。102年12月30日，http://
　　zh.wikipedia.org/wiki/%E6%95%99%E8%82%B2%E9%83%
　　A8%E9%AB%94%E8%82%B2%E7%BD%B2

教育部體育署官方網站：教育部體育署組織法。102年11月30日，http://
　　www.sa.gov.tw/WebData/WebData.aspx?wmid=180&WDID=2115

教育部體育署體適能網站。102年11月12日，http://www.fitness.org.tw/
　　allnews.php

超級籃球聯賽。102年11月12日，http://wikibasketball.dils.tku.edu.tw/index.
　　php/%E8%B6%85%E7%B4%9A%E7%B1%83%E7%90%83%E8%81%
　　AF%E8%B3%BD

植根法律網（2014）。公益彩券發行條例（2014）。http://www.rootlaw.
　　com.tw/LawArticle.aspx?LawID=A040390040012100-0970528，檢索
　　日期：103年8月1日。

植根法律網（2014）。運動彩券發行條例（2008）。http://www.rootlaw.
　　com.tw/LawArticle.aspx?LawID=A040360000004600-1030618，檢索
　　日期：103年8月1日。

植根法律網（2014）。運動彩券管理辦法（2012）。http://www.rootlaw.
　　com.tw/LawArticle.aspx?LawID=A040360000004900-1011025，檢索
　　日期：103年8月1日。

奧運知識庫（2013）。102年11月17日，http://www.tpenoc.net/center_b01.
　　jsp

運動彩券。102年11月12日，http://www.i-win.com.tw/

彰化縣政府回函民眾留言（2011/5/11）。彰化縣首座國民運動中心應
　　在彰南教育處體育保健科彰化縣政府函。102年12月25日，http://
　　tw.myblog.yahoo.com/jw!UuMDeG2eGQOpRbqH7jScOsgcRYM-/
　　article?mi d=-2&next=2916&l=f&fid=8

趙麗妍（2013）。〈喊了8年沒動靜，小巨蛋孵不出，挨轟芭樂票〉。

《中國時報》（2013/10/14）。102年11月12日，http://news.chinatimes.com/domestic/11050610/112013101400200.html

蔣憶德、陳淑滿（2012）。〈打造健康、快樂、優質的運動島〉。《大專體育》，第122期，頁18-23。

蘇維杉（2007）。《運動休閒管理》。台北：揚智文化事業股份有限公司。

蘋果日報（2013）。〈胡志強稱28億蓋小巨蛋，蔡其昌批開芭樂票〉。《蘋果日報》（2013/10/13）。102年11月15日，http://www.appledaily.com.tw/realtimenews/article/new/20131013/274285/

成功領導與管理的思維

領導者，有清楚的目標，引導個人與組織；支持和鼓勵所有組織中積極進取的事業夥伴。

8

綜合問題探討

本章學習目標

1. 瞭解體育運動組織專業人力與經費不足問題。
2. 瞭解課程與活動待改善之相關問題。
3. 瞭解運動人口不足之相關問題。
4. 瞭解體適能檢測相關問題。
5. 瞭解傳統體育相關問題。
6. 瞭解法令相關問題。

成功領導與管理的思維

只有透過有目的、有系統、有組織的學習，知識才會變成力量。

——管理大師彼得‧杜拉克

前　言

　　體育運動行政與管理的學理乃透過計畫、組織、協調、執行與管制等管理與行政之策略，有效結合單位的人力、物力、財力和其他資源，以達成既定的目標。體育運動行政的主要任務，即在根據當前國家需要，並對未來可能發生的問題，預先加以注意，尤其注重由「幼年—青少年—青年—壯年—老年」人生中生長發育的全部歷程，釐定不同階段的中心工作，配合國家整體發展，以促進國家興盛、民族繁衍為體育行政的責任。其實施過程必因地點、階段、人員之不同，與法令、政經局勢等之轉變，難免產生不合適、不足或錯誤之現象，因而為了永續運作，造福大眾，實有經常考核、檢驗、思考、修正或調整之必要。本章蒐集與提出十三個當今國內體育運動行政與管理所面臨之問題，提供讀者參考，期能引起更多人共同關心與注意。

第一節　人力相關問題

問題一、體育運動組織專業人力與經費不足

　　目前大多數直轄市及縣市政府體育行政機關承辦業務人員仍有未足額任用，且多數非體育專業背景與異動頻繁之現象，造成業務推動困難之窘況。各單項運動協會則在人力組織、經費籌措與活動推展上，仍有成長空間；組織運作統整上，亦有待周延之法規加以規範，俾利政策落實執行。

例如：

1. 101年度中央與地方政府體育運動事務機關人力，實際任、聘用總計1,195人，包括正式人員409人，約聘僱人員258人，其他類人員528人。非專職與非專業人員之比例甚高。而101年度中央與地方政府體育運動事務主管機關組織經費總額計新台幣一百二十億多元，其中中央政府經費僅五十二億一千多萬元，地方政府經費僅六十八億多元。與國家其他部會或政策之百億、千億元經費相較，如九牛一毛。

2. 45個奧、亞運運動競賽種類團體101年度組織人力總共有310人，其中專職人員計147人，兼職人員高達163人。101年度組織總經費計新台幣七億一千多萬元，其中自籌經費四億三千多萬元，獲補助經費二億八千多萬元。

3. 32個具國際組織的非奧、亞運運動競賽種類團體101年度組織人力總共有430人，其中專職人員計126人，兼職人員高達304

人。而該年度補助經費共僅新台幣四千八百多萬元。

4.28個全國性財團法人體育運動基金會101年度基金會董事總計299人，其中男性241人，女性58人。101年度總經費僅有新台幣二億九千萬元。

5.15個體育學術團體（學會）101年度組織人力總共有203人。其中專職人員計65人，兼職人員138人。101年度總經費共計新台幣一千二百多萬元。

6.101年計有22個直轄市及縣市體育（總）會，368個鄉鎮市區體育會。足見體育運動專業人員與專用經費之需求之高以及其迫切性。

問題二、人才產出多，任用機會少

運動必須透過學習才能學會運動技能，並從中獲得樂趣。由於學校體育受到升學主義影響，未能充分落實，導致就業後必須重新學習運動技能，花錢學運動或花錢找地方運動，亦必須仰賴政府與民間體育運動組織不斷地推廣而得到運動的機會。目前我國三所體育運動專業校院（台北市立體育學院、國立體育大學及國立台灣體育運動大學）一年畢業生近1,900人（101年6月畢業生人數總計1,839人），其他大專校院體育運動相關系所在學學生也有44,470人（101學年度）；人才培育之多，史上未有。然而，全國各公、私相關體育運動部門卻普遍存在經費短絀、專任之專業人數不足，以及非專業或約聘僱人士比例相當高等現象，亦即投入基層推展全民運動的經費與指導機會不足。此外，各單位專業人員在質量方面，仍有進步空間。

問題三、志工籌組未系統化與專業化

體育運動志工制度雖已實施多年，卻未見有效落實，重新檢視相關配套措施仍有其必要性。101年度全國各縣市體育志工總計14,268人，但常態性、持續性且有組織、有系統的體育志工團體並未發現；多的是臨時起義為特定活動而徵召志工之情形。結果往往徒有熱心而專業不足，以致每每要重新招集與訓練。如能編織常態性、長期性的專業志工隊，則能節省更多有形與無形的成本（經費、時間、精神），更能提高志工素質，展現更高的專業與效率。

問題四、優秀運動人才培育機制宜更系統化

基層優秀運動人才之養成至少需八至十二年，因此，世界各國莫不重視優秀運動人才的培育。但由現況分析可知，我國優秀運動人才培育機制仍有下列課題有待改善：

1. 運動傷害預防與照護不足：青少年時期過度訓練、運動訓練方法不當、運動傷害觀念不足及學校經費有限等因素，均易導致運動傷害，造成人才流失與競技實力無法大幅提升。
2. 選、訓、賽、輔培訓制度尚未一貫化：體育班、基層訓練站及區域人才培育計畫，銜接體系仍待整合，部分運動種類重疊性高，造成資源重複投資；另銜接至大學後之運動生涯與課業輔導，部分仍缺乏系統性、一貫化訓練，形成斷層現象，影響運動績效。

基層優秀運動之選才、育才、成才均透過「科學選才」、「系統培訓」、「重點發展」及「生涯輔導」等作法，並經計畫性長期

培訓機制。引進科研新知，銜續選手運動生涯與競爭優勢將是學校體育推動的主軸，其發展策略如下：

1. 建立運動傷害預防與照護平台：落實運動科研暨醫療輔助體系，整合運動訓練資源、由大學校院走入基層，以建立運動傷害與照護平台。

2. 建立選、訓、賽、輔一貫化培訓制度：建立體育班績效評估制度及進退場機制，並以十六年一貫區域培育，選、訓、賽、輔逐級拔尖，提升運動表現。

3. 設立體育師資術科認證中心：鼓勵各直轄市及縣市政府針對中學體育教師甄試方式可先採行術科考試，或採認體育師資術科認證替代術科考試，再進行學科考試。研擬體育教師應具備之專業能力及相關檢定辦法。規劃設立體育師資術科認證中心，建立體育合格教師人才庫，強化體育師資術科認證中心功能，進而媒合體育教師就業。

4. 整合區域學校體育研習系統與建構進修平台：規劃區域型各類運動研習、運動技能檢測站與特色運動聯盟，每年遴選學校體育行政、教師、教練與志工等專業人員組訓，提升各直轄市及縣市及區域輔導員素質，逐年成立區域性各級學校體育運動專業人員進修、運動研習及培訓的特色中心學校，獎勵各直轄市及縣市成立運動特色中心學校與區域特色跨校聯盟。另外，各類體育與運動研習之在職進修課程，透過適當整合，提供便利之教師與教練研習進修。

問題五、各級體育會人員體育專業訓練宜加強

各級公、民體育組織為推動全民運動最重要的民間組織，其成

員多對體育運動發展具有高度熱忱，但部分成員欠缺體育運動相關背景，對於辦理體育活動與運動行銷等專業有所不足。同時，體育組織人員必須清楚掌握全民運動的推動計畫目標與策略，才能朝向目標邁進。因此，為使體育組織人員能夠充分發揮工作成效，配合計畫與專案，定期實施體育專業知能在職訓練，將成為推展全民運動的重要工作。

 ## 第二節　課程與活動相關問題

問題六、體育課程與教學宜再加強

學校體育課程與教學是以最有系統的方式讓學生習得運動知能，建立正確運動行為習慣的基礎。但由現況分析得知，我國各級學校體育課程與教學有下列問題仍待加強改善：

1. 體育課時數不足：依現況分析可知，我國國小至高中職階段，體育課時數皆明顯不如先進國家，對學生運動技能學習與體適能發展極為不利，而大學體育課以兩年必修居多，一年必修亦為數不少，在運動社團及課外體育活動不足的環境下，因體育課時數不足所產生之體適能低落情形，亟需謀求解決之道。例如，國小至高中職階段體育課時數增加至每週三節，鼓勵大學校院增加體育課必修年級，並將體育課之必選修規劃及運作列為校務評鑑項目等，相信可有立竿見影之效。
2. 教師專業知能未能持續精進：課程與教學品質提升有賴教師專業能力之加強，因各項研習並未有系統建立且採自由參

與，故不少教師未能持續進修研習，吸收新知。尤其國小部分，不少老師未受過體育教育專業訓練，又未積極參與研習，導致未能妥善規劃課程、善用教學與評量方法，再加上常受限於場地、設備及器材不足或不良等因素，以致課程與教學品質不佳，而有待提升。各校宜落實召開課程發展委員會，以規劃課程與教學相關研習事宜，除了校內及區域性研習活動外，宜由專責單位長期性規劃，每年辦理全國性或國際性研討會。

3. 學生游泳能力仍待提升：學生會游泳比率雖已逐年提升，但仍有非常高比例學生未能習得游泳技能，以作為運動與自救本能。受游泳池數量、學校課程規劃及教師游泳教學知能、學校地理環境等因素影響，游泳教學與活動有待持續廣泛推展。解決之道在於獎勵與補助各級學校視現有設施環境，發展在地化、特色化游泳課程與教學，並研發游泳教材；提升游泳教學師資專業能力；校際資源共享；推動暑期體驗營、小班教學、補救教學；補助偏鄉學校推動游泳教學發展等措施。

問題七、適應體育尚待落實

目前社會各界對身心障礙者的適應體育權益，日益關注。但由現況分析得知，落實適應體育的實施仍有下列問題待改善：

1. 適應體育師資質量不足：目前各級學校身心障礙特殊教育班學生之體育師資，約五成至八成以特教教師為主。且面臨師資或人力不足，以及身心障礙學生體適能、運動技巧欠佳之困境。對於適應體育活動之教育專業知能方面，有提升與精

進的空間。

2. 適應體育個別化教育概念不足：目前各級學校教師在適應體育教學中，遭遇之主要困境爲擬定「個別化教育計畫」。因此，研發具有本土化與適性化之教材，有其必要性。

3. 身心障礙學生運動參與率偏低：各級學校開辦身心障礙學生運動性社團及運動競賽代表隊，平均每校不到兩隊，對於身心障礙學生運動學習權之保障未臻理想。

4. 身心障礙學生體適能有待加強：各級學校身心障礙學生的運動參與情形隨年齡增長逐漸下降，普遍肥胖與體適能低落情形日益嚴重，顯示身心障礙學生規律運動的觀念及習慣尚未養成。

爲落實適應體育之實施，可從改善校園無障礙設施、師資、教學及活動辦理、促進運動參與權益，其發展策略如下：

1. 強化適應體育師資：採兩階段推動適應體育師資，首先針對各直轄市及縣市各級學校與特殊教育學校教師辦理專業適應體育教師增能計畫，達80%以上參與研習，提升適應體育專業知能。其次，聘用具適應體育專長之合格教師，以提升適應體育教學品質。

2. 發展適應體育教育計畫：針對各級學校教師編製適應體育教育計畫的困境，研發具有本土性的適應體育課程與個別化教育計畫。

3. 增加身心障礙學生運動參與率：輔導學校擬定並落實執行身心障礙學生之課後運動社團及運動代表隊實施計畫，提供零拒絕的運動學習權，消除身心障礙學生運動參與阻礙因素。

4. 提升身心障礙學生體適能：身心障礙學生身體活動量不如一般學生，導致體適能較差，產生肥胖與健康等問題。推動

身心障礙學生身體活動時間與運動量之倍增計畫，並統整學校與社區運動資源，規劃擴大辦理身心障礙學生多樣化的活動，期以提升身心障礙學生之體適能。

問題八、體育活動與運動團隊質量有待提升

政府長年已擬定多項計畫積極鼓勵學生參與運動，養成規律運動習慣，以奠定終身參與體育活動的能力與態度。各項計畫實行至今雖已見成效，然依據教育部調查結果，仍有下列課題待改善：

1. 學生身體活動量仍顯不足：各級學校學生每天累積運動達30分鐘及每週運動達210分鐘以上之人數仍未臻理想，且運動參與情形隨著年齡逐漸下降，造成體適能未能隨之增強，顯示學生規律運動的觀念與習慣尚未養成。教育部宜要求各級學校落實晨間、課間或課後身體活動，全面培養學生運動知能，養成規律運動習慣。

2. 經常性體育活動辦理有待增加：由現況分析得知，各級學校體育活動辦理以全校性運動會為主，晨間、課間或課後身體活動以及持續性、經常性的運動競賽辦理相對忽視，對提升學生運動參與較為不利。因此，教育部宜鼓勵學校持續性、經常性辦理體育活動，並與大型賽會或活動結合，擴展學生參與社區及校際交流機會。

3. 普及化運動方案尚待改善：教育部普及化運動方案的實施對促進學生運動參與人口有所助益，然各級學校運動種類選用與學生身心發展特質的契合性，以及辦理方式的適當性均可再改善，以符合普及性運動的本質。可選擇符合學生身心發展特質之運動種類，尋求創新、多元及多樣化辦理方式，設

計每位學生都有參與機會之競賽制度。

4.運動社團數量尚待增加：由現況分析得知，我國各級學校運動社團的成立情形與先進國家尚有段距離，學生參與身體活動的機會不足，缺乏支持性的環境。宜讓所有學生均成為運動社團的一份子。社團運作不在競技，而在與他人、他社、他校交流。

5.運動代表隊數量不足及競賽制度欠佳：我國中小學運動代表隊的數量不足，難以形成全民運動的基礎。而運動會及盃賽菁英化競賽制度之設計，限制交流機會與運動人口的參與。解決之道，可成立運動賽會中心，完善運動競賽制度，並擴大辦理聯賽運動種類，使各級學校學生均能依其能力及興趣參與運動競賽機會。例如大學校院各項球類錦標賽採分級制，使專長保送及非專長體育相關系所之學生均有適當競賽舞台。此外，擬定大學校院教師投入基層訓練、選手課業及運動科學輔導等策略，並實施學校專任運動教練資格審定、聘任管理、績效評量及審議相關辦法，薪資依績效等級敘薪，並完善專任運動教練之分級、分類與擬定聘任資格、進修規定、評鑑與獎勵方式。

第三節　運動人口相關問題

問題九、全民運動人口比例不高

(一)人口老化嚴重，銀髮族運動環境有待提升

　　國人壽命延長，國人老化指數至2010年已達68.6%，2012年更高達76.21%，顯見老化現象的加速與嚴重性。內政部預估統計至2025年時，我國台灣高齡人口將占總人口數20%，老化結構僅次於日本，正式邁入超高齡社會。這種現象更提醒政府與全國民眾要注意老人健康與社會負擔問題，如何透過運動提供老人更多的生活樂趣與促進健康，一直是此刻與未來重要之課題。

　　根據前行政院體育委員會2009年所做的調查結果顯示，台灣地區規律運動的人口比率僅為24.4%（2008年為24.2%），約占四分之一人口。2010年達26.1%，2011年成長至27.8%，2012年提升到30.4%。顯示雖有增加，仍有七成民眾運動不足。

　　由於科技的日新月異，速食文化風行與坐式生活型態人口增加，國人運動不足，造成代謝症候群不斷攀升。2012年20歲以上代謝症候群人口之盛行率已達19.7%。眾所皆知，體重過重易引發心血管疾病，造成健保支出節節升高。此外，台灣自1993年邁入高齡化社會，65歲以上老人占人口總數推估自2010年的10.7%至2025年將超過20%，屆時老人健保醫療費用支出比例將自34%攀升至56%。因此，增加規律運動人口以降低健保支出，相形重要。而台灣地區儘

管幅員不大，但各地區之運動發展內外在條件卻差距頗大，而運動
環境資源分配不均，可能是造成發展阻礙原因之一。

(二)幼兒、青少年、婦女與職工運動不足

依內政部2013年統計通報顯示，14歲以下國民僅占14.63%，少
子化的影響，造成父母親對子女教育方式改變，充分滿足子女物質
需求與各式要求的溺愛，成為常見的家庭教育模式。相對地，子女
在人際互動上的訓練則較為缺乏，導致抗壓與人際關係較為不足，
加上升學主義的觀念仍然深刻存在，造成青少年以下的國人接受與
學習教育的時間過長，忽略其生長所需的運動教育，導致體適能狀
態不佳。此外，根據前行政院體育委員會2012年運動城市調查結果
發現，就業族群之規律運動人口比例最少。因此，鼓勵幼兒、青少
年及職工，從參與運動中學習運動技能，養成終身運動習慣，學習
人際互動與建立團隊意識，提升體適能與身、心、靈健康等，均成
為未來持續努力之工作。

我國未婚女性主動參與戶外運動的比例不高，已婚婦女又
將更多的時間投入在工作、家庭與子女身上，因此參與休閒運動
人口依然不多。女性占全部人口的一半（2012年統計占人口總數
49.93%），規劃與提供各不同階段女性的休閒運動，是推展全民運
動必須重視的一環。

(三)規律運動人口仍需擴增

前行政院體育委員會於2012年運動城市調查中指出，我國規律
運動人口比例在30~39歲之上班族為19.5~22%、30~44歲之壯年族為
17.5~19.2%、女性為24.8%，顯見比例上均偏低。「打造運動島計
畫」規劃對象雖涵蓋各行各業職工，但實際上，推行體適能政策對

於職場工作者推展的全面性與成效，仍有很大的努力空間；國家生產力中堅分子上班族的規律運動必須加強。

此外，依據2012年前行政院體育委員會之調查報告顯示，國人的規律運動人口數已從2011年的27.8%提升到30.4%，但美國2008年調查，中度規律運動人口已達43.5%，並計畫在2020年提升現有規律運動人口達到47.9%。因此，我國規律運動人口仍顯不足，需持續擴增。

問題十、身心障礙者之運動環境與活動內容仍需擴增與充實

截至2010年，領有身心障礙手冊者超過107萬人，政府對身心障礙人士著力於社會福利之照護，而為提升其生活品質及延續生命活力，身體活動就值得更加重視。惟目前仍有許多運動場所之無障礙設施未能完全符合身障者需求，活動內容亦無法滿足不同身心障礙者，活動機會仍有成長空間。

 ## 第四節　體適能檢測相關問題

問題十一、國民體適能檢測與運動健康資訊有待改善與提升

第一，依據教育部公布的94學年度中小學體適能評估結果，無論在身體質量指數（BMI值）或心肺耐力檢測等項目的表現，我國學生均落後鄰近地區的中國大陸、日本及韓國學生。當年推動「快活計畫」，也發現我國學生體適能表現逐年下降，約六成的學生不

熱愛運動，且未養成規律運動習慣。此外，從健保費用支出的成長，可以推論健康體適能有提升之必要。而國內自從民國88年推出「體適能333計畫」，每天至少運動30分鐘的體適能活動原則，已成為國人規律運動的遵循方式之一。若欲提升國民體能，則需推廣具備運動科學效益為基礎的心肺訓練與肌力運動。

　　一般民眾目前對如何有效地增進體能的相關資訊，如運動強度、頻率、方式等，恐怕所知有限。因此，進一步訂定並推廣國人進行心肺訓練與肌力運動原則，以及慢性疾病患者的運動處方，皆為改善及提升國人整體的體能與健康刻不容緩的課題。

　　第二，近年來，前行政院體委會、教育部與現在的體育署陸續在各直轄市及縣市成立國民體能檢測站，針對不同區域、性別、年齡層、居住區域及職業別等進行國民體能檢測。然而，實施至今，各直轄市及縣市尚未完全設立檢測站，檢測服務亦有特定時間，造成運用不便之現象。因此，如何在各直轄市及縣市普設常態性檢測站並做全年性的服務，以提升服務品質，實為施政重點。

　　第三，對一般民眾或全國學生進行體能檢測，有助其瞭解體能狀況。然而針對檢測結果之解釋、說明，以及後續體適能改善策略之建議與指導，明顯缺乏。此狀況彷彿一個人到醫院體檢完後，只有體檢報告書而無醫師之解說或治療。假如身體有病，光有體檢，對病情改善仍起不了作用。相信如能在體能檢測後，再進一步實施檢測結果之解說，以及提供體適能改善建議（運動處方）或規劃訓練課程，則一般民眾平均體能之提升，必然突飛猛進，而國民之身心健康與健保費支出之降低情況也能交出相當亮麗的成績單。

　　第四，推動體適能檢測成績納入升學計分：配合教育部十二年國民教育，學習無分主副科之理念，透過獎勵與輔導方式，鼓勵各直轄市及縣市政府教育局（處），協助推動體適能檢測成績全面納入超額比序計分制度，鼓勵與協助提升學生體適能水準。

　　第五，目前體適能檢測項目為：仰臥起坐（檢測腹直肌肌耐力）、坐姿體前彎（檢測下背薦棘肌伸展程度）、立定跳遠（檢測小腿腓腸肌與比目魚肌爆發力）、1,600公尺或800公尺跑走或三分鐘登階測驗（檢測心肺耐力）等項目。是否這幾個項目就能代表一個人的體能狀況？腹直肌真有那麼重要嗎？下背薦棘肌肌力不足造成太多人深受下背痛之困擾，反而應受到特別慎重關切才對。其他不少身體部位的能力檢測，同樣相當重要，一樣要全面地受到重視。如檢測股四頭肌，可做深蹲動作；檢測下背薦棘肌能力，可做俯臥舉體或彎腰體伸能力；檢測大腿內側伸展程度，可測劈腿動作；檢測下背彎曲度，可側身體後仰程度。此外，仰臥推舉動作可測三角肌前側與胸大肌之聯合收縮能力、檢測站姿上推能力可測三角肌中側與肱三頭肌之聯合收縮能力等等。職是之故，國民體適能檢測之目的、項目與方式，實宜考慮做大幅度與澈底之檢討。

　　第六，歷次所辛苦建立的國民體適能常模資料，多由體委會或教育部委請各校、各站提供檢測成果而來。眾所周知，檢測過程中，不同體育老師或檢測員標準容易有差異，且不少學生仰臥起坐雙手放開或肩胛骨未著地、跑走測驗不認真、立定跳遠節奏感掌握不到、坐姿體前彎未熱身就測驗等等問題存在。因此當今所公告之常模資料並非受測者之真正能力。例如，仰臥起坐就高估，因做不標準，次數就增加；跑走能力低估，因多半學生不認真跑，尤其是大學生；立定跳遠低估，因為不少學生不太會跳，尤其是女生，故所測成績並非小腿腓腸肌與比目魚肌之最佳爆發力。由此觀之，常模之建立必須非常嚴謹，亦即需要由一群訓練有素且標準一致之檢測員（人數不宜太多），針對被抽樣出來且願意盡心盡力參與施測的各年齡層民眾，所做最標準且適切的施測，才能獲得最正確且可靠的資料（未在標準或最佳狀況所測之結果均剔除），以供各界參考與引用。

第五節 傳統體育相關問題

問題十二、傳統體育與運動之傳承發揚刻不容緩

(一)宜加強傳統體育之傳承與發揚

目前學校體育皆以實施西方體育運動種類為主，中等以上學校運動績優生升學輔導辦法與全國高中以下學校體育班申設項目之規定亦以奧、亞運等主流運動種類居多，我中華民族傳統國術，以及台灣本土民俗體育，與西方體育運動相較，所受到的重視程度仍有落差；我國國內固有優良體育文化之發展力道稍弱，傳承亦堪憂。然而，外國人對我國傳統優良體育卻相當有興趣，並汲汲追求，因而使得不少國人到國外發展，成就非凡。例如，我國優良傳統武術八步螳螂拳派第四代掌門人荀廣龍大師，其在美國推展國術不遺餘力，且成果非凡：成立了全美中華國術總會（American Chinese Martial Arts Federation），建立制度，有系統地將八步螳螂拳等傳統國術在美國等地發揚光大。目前在美國已建立19個武館，分布在12個州，習武者幾乎為外國人。另外，民國102年甫獲薪傳獎殊榮的摔角大師翁啟修先生亦在美國加州成立世界有氧太極協會（World Cardio Tai-Chi Association），將傳統太極拳融入攻防與養生意涵，運動者可搭配音樂與創意組合，再以有氧運動之型式展現，相當受到喜愛。除了有課程教學、證照核發外，每年更有競賽之進行。因此，政府與國人切莫妄自菲薄與過度崇洋媚外，珍惜與發揚固有的

美國新興的有氧太極活動在台舉辦（中為創始人翁啓修教授）

美國武術家來台教授武術情形

美國武術家來台交流

瑰寶，是身為民族後代的我們必須扛起的歷史責任。

(二)原住民運動文化之傳承、維護與發展仍待強化

現今由於社會變遷、教育改革、人口老化、年輕人往都市遷徙，以及多元強勢文化影響等因素，原住民傳統領域漸漸流失，台灣原住民文化面臨解組與解構，傳統體育文化活動逐漸式微。如何傳承、維護與發揚原住民運動文化，刻不容緩。

目前實施中的「打造運動島計畫」，原住民與離島運動樂活專案，涵蓋原住民及離島地區，然而參與及補助對象，仍以學生居多，參與層面仍待擴增。台灣原住民運動會自舉辦以來，其舉辦之宗旨、目標與賽會本質，並非以原住民傳統運動為主軸；因此，如何改革，並與「全國運動會」及「全民運動會」做出賽會區隔，辦出原鄉特色，並讓更多民眾參與，為未來政府施政工作重點。

第六節　法令相關問題

問題十三、體育行政相關法規或措施尚未完備與落實

第一，學校體育法規與組織雖已建置且行之有年，然目前學校體育在行政法規與組織仍存在下列問題：

1. 現行「國民體育法」與「各級學校體育實施辦法」，尚未針對體育基本教材內容、教學器材、體育課身體活動量等要項，進行教學實施綱要增修，導致各校體育教學缺乏一定準則且品質良莠不一。

2. 仍有非常多的各級學校並未確切落實「國民體育法」第七條：「各級學校運動設施，在不影響學校教學及生活管理為原則下，應配合開放，提供社區內民眾體育活動之用。」以致不少學校運動場館平時假日或寒暑假均閒置，而失去提供附近居民活動的睦鄰機會，以及收取費用，籌措修繕基金的契機。

3. 「國民體育法」第十三條規定：「學校設體育班者，每校至少設置專任運動教練一人。」然而，當今全國數百個設有體育班的高中、國中、國小學校中，聘請專任運動教練的比例不高，多的是兼任的教練，而其津貼多由社團或代表隊學生繳付，亦有由家長會支付或企業贊助。足見政府與各級學校尚未確切落實本辦法。

第二，「國民體育法」第十條規定：「各機關、團體及企業機構，應加強推動員工之體育休閒活動；員工人數在五百人以上者，應聘請體育專業人員，辦理員工體育休閒活動之設計及輔導。」政

府並未確實要求企業落實聘請體育專業人員，辦理員工體育休閒活動之設計及輔導，此可謂直接造成職場工作者規律運動比例偏低的重大原因之一。

結　語

　　研究體育運動行政，乃促進國家體育整體發展之基礎功夫。長期以來，政府與民間體育運動團體，以及愛好運動的社會人士，推展體育不遺餘力，使得國民的運動認知提升、相關活動亦蓬勃發展。然而身為「逐步進入已開發先進國家之林」的國民而言，我們對體育運動帶來的正面效益，不論提升體能、活化精神、促進幸福等之需求當不斷無止境提升，好還要更好。本章就本書所提政府、學校、社會、國內各相關組織等推展體育運動過程中所出現的若干問題，分別從人力、課程與活動、運動人口、體適能檢測、傳統體育以及法令等方面，拋磚引玉，提出問題，並引用相關資料與提出拙見，期能得到具突破性的重視與獲得真正的改善，則為全民之福。

問題與討論

一、目前體育署所大力推行的體能檢測目標、項目與方法，
　　有何需要調整或修正之處？

二、傳統的優良民俗體育如何有效發揚光大？

三、職工人口具相當高之比例，員工成百、成千，甚至成萬
　　的企業相當多，如何有效落實「國民體育法」之規定，
　　聘任體育專業人員，辦理員工體育休閒活動之設計及輔
　　導，以提供職工運動的機會，提升規律運動人口的比
　　例，進而促進員工健康並提升工作效率？

參考文獻

American Chinese Martial Arts Federation，檢索日期：103年3月14日，http://www.8step.com。

Cardio Tai Chi，檢索日期：103年3月14日，http://www.illustrateth.com/cardiotaichi/index.php。

教育部（2012）。教育部主管高級中等以下學校體育班設置要點。台體（一）字第1010229274B號令修正。

教育部體育署（2012）。《體育運動政策白皮書》。台北：教育部體育署。

教育部體育署（2013）。《中華民國102年運動統計》。台北：教育部體育署。

教育部體育署學校體育網（2012）。103學年度高級中等學校體育班特色招生甄選入學名額核定彙整表，檢索日期：103年2月14日，http://school-physical.moe.gov.tw/content.php?cid=798&catalogid=1&subcatalogid=2&flag=999。

郭家驊、蔡鏞申、楊艾倫、陳宗與、侯建文、蔡秀純（2012）。《老化與體能》。新北市：揚智文化。

彰化縣政府（2013）。彰化縣立高級中等以下學校申請體育班設置實施要點。府教體字第1020267097號函修正。

蘇維杉（2007）。《運動休閒管理》。新北市：揚智文化。

附　錄

一、國民體育法

102年12月11日修訂

第一條

　　國民體育之實施，以鍛鍊國民健全體格，培養國民道德，發揚民族精神及充實國民生活為宗旨。

第二條

　　中華民國國民，依據個人需要，主動參與適當之體育活動，於家庭、學校、社區、機關、團體及企業機構中分別實施，以促進國民體育之均衡發展及普及。

第三條

　　國民體育，對我國固有之優良體育活動，應加以倡導及推廣，並明定每年九月九日為國民體育日。

　　各級政府應在國民體育日加強全民健身宣傳。

　　各機關、團體及企業機構應在國民體育日規劃推動組織內員工全民健身活動。

　　各級政府之公共運動設施應在國民體育日免費開放供民眾使用；並鼓勵其他各類運動設施在國民體育日免費開放供民眾使用。

第四條

　　本法之主管機關：在中央為行政院體育委員會；在直轄市為直轄市政府；在縣（市）為縣（市）政府。

　　直轄市政府、縣（市）政府應設體育專責單位，鄉（鎮、市、區）公所應置體育行政人員，負責轄區內國民體育活動之規劃、輔導及推動事宜。

第五條

各級政府為推行國民體育，應普設公共運動設施；其業務受主管體育行政機關之指導及考核。

第六條

各機關及各級學校應依有關法令規定，配合國家體育政策，切實推動體育活動；高級中等以下學校及專科學校五年制前三年並應安排學生在校期間，除體育課程時數外，每日參與體育活動之時間，每週應達一百五十分鐘以上。

前項各級學校體育之目標、教學、活動、選手培訓及其他相關事項之實施辦法，由教育部定之。

第七條

各級學校運動設施，在不影響學校教學及生活管理為原則下，應配合開放，提供社區內民眾體育活動之用。必要時，得向使用者收取費用，以支應設施之維護及輔導人員所需費用，並予適當之輔導。

前項運動設施之開放時間、開放對象、使用方式、應收費額及其他應遵行事項之管理辦法，除大專校院由該校自行訂定外，由各級主管教育行政機關定之。

第八條

民間依法成立之各種公益體育團體，其業務應受各該主管機關之指導及考核。

體育團體推展體育事務時，除人民團體有關規定外，應依照相關國際體育組織之規定及其章程辦理；中央主管機關為健全體育團體之業務運作，得訂定相關辦法。

第九條

中華奧林匹克委員會（以下簡稱中華奧會）之組織、任務及成立宗

旨，應符合國際奧林匹克委員會（以下簡稱國際奧會）憲章，並受中華
民國法律之管轄。

中華奧會經取得中央主管機關之許可，爲公益法人，應準用民法之
規定，向其會址所在地之法院爲登記。

中華奧會在符合國際奧會憲章規定情形下，與中央主管機關配合辦
理下列國際事務：

一、參加國際奧林匹克運動會、亞洲運動會、東亞運動會或其他國
　　際奧會認可之綜合性運動會有關事務。

二、我國單項體育團體申請加入國際體育組織之承認或認可。

三、其他有關國際體育交流事務。

辦理前項有關參賽及承認或認可之事務，中華奧會應就承認或認可
之條件與其爭議處理之仲裁程序、有關參賽之爭議處理仲裁程序及其他
相關爭議事項，訂定處理規範，報請中央主管機關核定後實施之。

第十條

各機關、團體及企業機構，應加強推動員工之體育休閒活動；員工
人數在五百人以上者，應聘請體育專業人員，辦理員工體育休閒活動之
設計及輔導。

各機關、團體及企業機構，依前項規定辦理績效良好者，政府得給
予獎勵；其獎勵對象、條件、程序、方式及其他相關事項之辦法，由中
央主管機關定之。

第十一條

中央主管機關應建立體育專業人員之進修及檢定制度。

前項體育專業人員之範圍，由中央主管機關定之；各體育專業人員
資格檢定、證照核發、校正、換發、檢定費與證照費之費額、證照之撤
銷、廢止及其他應遵行事項，由中央主管機關訂定辦法辦理之。

第十二條

實施國民體育所需經費，各級政府機關及學校應分別編列預算。企業機構推行體育活動所需經費及捐贈體育事業款項，應准列爲費用開支。

各級民間體育活動團體之經費，由各該團體自行籌措，政府酌予補助；其申請補助之資格、條件、程序、方式、標準、撤銷或廢止補助及其他相關事項之法規，由各級主管機關定之。

第十三條

政府應建立優秀運動選手之培養制度；其辦法，由中央主管機關定之。

高級中等以下學校爲培育優秀運動人才，得提出計畫報經該主管教育行政機關核定後設體育班；其設班基準、員額編制、入學測驗、編班方式、課程教學、訪視評鑑、停辦及其他相關事項之辦法，由教育部定之。

前項學校設體育班者，每校至少置專任運動教練一人；其每年級均設體育班二班以上者，至少置專任運動教練二人。

各級學校未設體育班者，得遴選專任運動教練，從事運動訓練或比賽指導工作。

直轄市、縣（市）政府所屬學校設體育班者，每滿六班，直轄市、縣（市）政府得就中央主管機關指定之運動重點種類或項目，指定所屬學校增聘專任運動教練一人，巡迴各校從事運動訓練或比賽指導工作；其計畫報經中央主管機關核准，且員額總數在五人以下者，由中央主管機關全額補助其經費。

專任運動教練之任用依教育人員任用條例之規定；其資格，由中央主管機關定之；其待遇、服勤、職責、解聘、停聘、不續聘、申訴、福利、進修、成績考核、獎懲、年資晉薪及其他權益事項，由教育部定之。

專任運動教練任用滿三年，經專任運動教練績效評量委員會評量其服務成績不通過者，不予續聘。專任運動教練之退休、撫卹、離職、資遣等事項，依教育人員相關規定辦理。績效評量委員會之組成及審核相關規定，由教育部定之。

本法中華民國九十六年七月十一日修正施行前經教育部、省市教育主管機關甄選、儲訓合格已受聘之現職專任運動教練任職年資及退休年資，於本法修正施行後應合併計算。

本法中華民國九十二年二月六日修正施行前取得教育部或各級政府招考、儲訓合格聘用之專任運動教練，於本法修正施行後仍未取得前項聘任者，其輔導與管理辦法，由中央主管機關定之。

本條中華民國一百年十月二十五日修正增訂之第五項，其實施日期，由中央主管機關定之。

第十四條

參加國內外運動賽會成績優良之運動選手、身心障礙運動選手與其有功教練，及對體育運動有特殊貢獻之個人或團體，政府應予以獎勵；其獎勵對象、條件、程序、方式、撤銷、廢止、註銷及其他相關事項之辦法，由中央主管機關定之。

前項參加國內外運動賽會成績優良之運動選手及身心障礙運動選手，政府應予以協助就業，其辦法，由中央主管機關定之。

第十五條

政府應獎勵運動科學之研究及發展，輔導有關機關、學校、團體培養運動科學人才；其獎勵條件、方式、撤銷、廢止及其他相關事項之辦法，由中央主管機關定之。

第十六條

為促進國際體育合作，提升我國國際體壇地位，政府應積極推動國際體育交流活動；其推動方式、經費補助及參與國際交流活動應遵行事項之辦法，由中央主管機關定之。

參加國際運動賽會國家代表隊之教練與選手之選拔、培訓及參賽有關事項之處理辦法，及各種運動賽會參賽選手重疊之處理辦法，由中央主管機關定之。

第十七條

為維護運動員健康及促進競賽之公平，政府應加強運動禁藥管制之教育、宣導、輔導、防治及處理；其辦法，由中央主管機關定之。

第十八條

體育團體應為國家代表隊培訓選手辦理必要之保險。

國家代表隊培訓選手因集訓或參賽致身心障礙或死亡者，政府應發給慰問金；其發給對象、條件、標準、領受權人、領受順序、領受權之喪失、申請程序、期限及其他相關事項之辦法，由中央主管機關定之。

第十九條

政府應鼓勵機關、學校、團體舉辦運動賽會。

各種全國性運動賽會之舉辦，應配合全國綜合性運動會及國際正式運動競賽規劃。

前項各種全國性運動賽會舉辦之準則，除全國大專校院運動會舉辦準則、全國中等學校運動會舉辦準則，由教育部訂定外，由中央主管機關定之。

第二十條

為增進國民體格及體能，政府應鼓勵國民加強體能活動，並實施體能檢測；其辦法，由中央主管機關定之。

第二十一條

本法施行細則，由中央主管機關定之。

第二十二條

本法自公布日施行。

二、行政院體育委員會精英獎獎勵辦法

101年4月30日修正

第一條

本辦法依國民體育法第十四條第一項規定訂定之。

第二條

行政院體育委員會（以下簡稱本會）為表揚對體育運動有具體貢獻之我國運動選手、教練、團隊及個人，鼓勵具有令人感佩之運動精神及事蹟，設置精英獎；其獎項及獎勵資格分別如下：

一、最佳男運動員獎：運動成績優異，為國爭光，對國家有具體貢獻之男性運動選手。

二、最佳女運動員獎：運動成績優異，為國爭光，對國家有具體貢獻之女性運動選手。

三、最佳教練獎：培訓運動選手成績優異，為國爭光，對國家有具體貢獻之教練。

四、最佳運動團隊獎：於運動競賽有傑出表現之運動團隊。

五、最佳新秀運動員獎：於各該運動競賽有傑出表現且具有潛力之青少年（十三歲至十八歲）選手。

六、最佳運動精神獎：具有令人感佩之運動精神而足為國人效法者。

七、特別獎：各該年度有提升國家榮譽之特殊運動成就或事蹟而足堪為國人表率者。

八、終身成就獎：終身對於我國體育運動推展具有重大貢獻而足堪為國人典範者。

前項第四款最佳運動團隊獎，得視各該年度賽事及推薦數多寡，分

別頒給最佳男女運動團隊獎各一隊。

第三條

符合前條第一項各款獎勵資格者，得由下列單位推薦：

一、中央政府所屬機關（構）。

二、各該直轄市、縣（市）政府及其所屬機關（構）。

三、全國性體育團體。

四、各該直轄市及縣（市）體育（總）會。

五、各級學校。

六、媒體機構。

本會得召開推薦會議辦理推薦作業。

第四條

除終身成就獎及特別獎外，本會為評選精英獎各該獎項之得獎人，得聘請媒體、體育團體代表、相關領域專家學者及其他公正人士籌組評審會，就前條受推薦人選評選之。

前項評審會，分為初選會及決選會，其組成方式分別如下：

一、初選會：由委員七人至十一人組成，置召集人一人，由初選委員互選之；副召集人一人，由召集人指定之。

二、決選會：由委員十一人至十五人組成，其中初選會委員不得少於三分之一，置召集人一人，由決選委員互選之；副召集人一人，由召集人指定之。

終身成就獎及特別獎之評選，得就前項初選會及決選會委員遴選五人至七人組成專案評審會評選之。專案評審會置召集人一人，由本會主任委員擔任之；副召集人一人，由召集人指定之。

前二項評審會委員與受推薦人間有利害關係或其他足以影響評審情事者，應依行政程序法有關「迴避」規定。

前項初選及決選之評審方式、評選基準及應行迴避等情事，分別由初選會及決選會討論決定之。

本會應派員列席評審會議。

第五條

精英獎評審，應由初選會及決選會，分別依下列程序進行之：

一、初選會：就第三條規定受推薦人選，評選出各該獎項入圍名單，各該獎項入圍人數或團隊以不超過五名為原則。

二、決選會：就前款入圍名單，評選出各該獎項得獎人；得獎人為前一年度同一獎項得獎者，應進行第二次評選決定之。

各該獎項受推薦人選經評定皆未達獎勵規定者，各該獎項得從缺。

有第七條第一項但書規定所列且經本會認定應列入各該年度評選事蹟之國際性重大賽事者，得於初選會議召開後，再行就各該賽事辦理第二次推薦及初選作業。

依前項評選入圍人數或團隊以不超過三名為原則。

第六條

精英獎入圍之個人或團隊，由本會頒發傑出獎獎座及證書。

精英獎得獎之個人或團隊，由本會頒發獎座及證書。

第七條

精英獎各該獎項評選事蹟，除終身成就獎外，應以前一年精英獎推薦收件截止之次日起，至本年精英獎推薦收件截止日止之優異表現認定之。但決選會會議召開前之國際性重大賽事且經本會認定應列入各該年度評選事蹟考量者，不在此限。

前項但書所列重大賽事，不得再行列入下年度評選事蹟考量。

第八條

精英獎入圍或得獎之評選事蹟而經查證為不實者，本會應撤銷其得

獎資格並追繳獎座及證書。

第九條

　　參與本辦法獎勵作業之推薦人、受推薦人及其負責人，均應同意本會依據個人資料保護相關規定蒐集個人資料。

第十條

　　本辦法自發布日施行。

三、全國性民間體育活動團體經費補助辦法

101年8月2日修訂

第一章　總則

第一條

行政院體育委員會（以下簡稱本會）依國民體育法（以下簡稱本法）第十二條第二項規定，訂定本辦法。

前項經費補助事項，依本辦法規定；本辦法未規定者，依本法或其他法令規定辦理。

第二條

本辦法用詞定義如下：

一、申請單位：指依據本辦法規定向本會提出補助申請者。
二、受補助單位：指前款申請單位經本會依據本辦法規定核定補助者。

第三條

申請單位辦理本辦法規定之全國性民間體育活動者，得依本辦法規定向本會申請經費補助。但本辦法另有規定者，依其規定。

團體或企業配合本會各該年度重要政策辦理體育活動、運動產業發展及國內外賽會之行銷或轉播且經本會專案核定者，亦得酌予補助。

第四條

申請單位依本辦法規定申請經費補助者，應於各該年度開始前，按本會公告受理申請或通知受理申請期間分別提送各該年度計畫總表、含各該經費概算分表（格式詳如附件一至附件十）及相關資料報本會核定

後，依本辦法各章規定程序及時間，提送各該分項活動計畫報本會指定單位核備後，據以執行。其各該年度計畫項目而未經本會核定者，不予補助。但其經本會專案核定者，不在此限。

　　前項申請單位所送各該年度計畫及相關資料，本會得衡酌其前一年度計畫執行情形、最近一次體育團體訪視評鑑及參加國際性運動賽會成績等情形，分別核定各該年度補助額度。

　　受補助單位應依本會核定額度，併同社會贊助預算總額（應占各該年度總額百分之十以上），依本辦法規定另行調整各該年度計畫及相關資料報本會核備。

　　本會審查前項各該年度計畫，得依單項運動特性指定必辦項目，並得以各該年度整體審查，一次核定補助總額。

　　第一項經本會核定補助活動者，應依本會核定計畫執行。但經本會專案核定變更者，不在此限。

第五條

　　其經本會依本辦法規定核定之各該年度計畫、活動計畫或各種經費分配比例而嗣後有執行困難或調整者，應敘明變更理由或另行研擬變更計畫，報本會核准。其未經本會核准者，不得核銷。

　　前項調整以一次而經費流用以不超過百分之二十為限。但其有特殊情形經本會專案核定者，不在此限。

第六條

　　受補助單位活動經本會核定補助者，其各該補助項目及基準，應依附件十一及附件十二規定辦理。但其經本會專案核定者，從其核定。

第七條

　　本會補助辦理各該年度計畫經費，應專款專用，不得轉出指定帳戶；各種經費提領及支用，應建立確實明細帳冊，俾利查核。

　　補助經費使用，應限與計畫內各種活動相關支出而不得作為各該受補助單位人事費用、辦公設施設備費用、禮品費用、會宴費用及行政維

持費用（例如：辦公處所租金、水費、電費、維護費用、辦公庶務費用及其他辦公行政雜項支出等）等費用。

第八條

各種體育活動計畫經本會依本辦法規定核定補助者，應依保險法相關規定辦理投保，其人身保險範圍包括死亡、傷殘及醫療給付；其未有保險額度規定者，每人保險金額不得少於新臺幣三百萬元。

第二章　競技運動

第九條

本章受補助單位為亞洲運動會（以下簡稱亞運）及奧林匹克運動會（以下簡稱奧運）（以下合稱亞奧運）運動競賽種類之全國性體育運動團體（以下簡稱亞奧運團體）經中華奧林匹克委員會（以下簡稱中華奧會）認可且具有相關國際體育運動組織正式會員資格者。

其已列為最近一屆即將舉辦之亞運及奧運運動競賽種類之亞奧運團體且為相關國際體育運動組織正式會員者，準用前項規定。

第十條

亞奧運團體申請經費補助者，應依第三條規定提送各該年度計畫總表、分表（含經費概算）及相關資料報本會核辦；其經本會核定補助活動者，應依本會核定計畫內容確實執行。但其嗣後經本會專案核定變更者，不在此限。

符合本會所訂參加奧運或亞運成績者，得由各該亞奧運團體備妥培訓計畫等相關文件另案申請亞運或奧運培訓補助。其經本會專案核定後辦理者，不受前項限制。

第十一條

亞奧運團體辦理各該年度計畫，其計畫內容如下：

一、選手培訓及參賽：

　　(一)亞運、奧運優秀運動選手培訓及參賽。

　　(二)參加國際性單項運動競賽賽前培訓。

　　(三)聘用外籍運動教練。

　　(四)設立優秀運動選手訓練站。

　　(五)辦理寒暑期或專項訓練營。

二、參加國際性運動競賽。

三、主辦全國性競賽：

　　(一)全國性排名（對抗及選拔）競賽或球類聯賽。

　　(二)主辦全國性運動競賽。

四、參加或主辦運動教練或裁判講（研）習會（含國際性）。

五、建立全國優秀運動選手及教練相關資料庫。

六、辦理競技運動各種推廣活動。

七、其他有利於競技實力提升配套計畫。

　　其依前項第一款第四目規定辦理改善優秀運動選手訓練站之運動訓練環境（以下簡稱改善運動訓練站環境）者，應註明歷年補助設備及設施財產明細，並依「行政院體育委員會補助各機關團體購置器材設施管理使用原則」（如附件十三）規定辦理：

一、購置運動訓練器材設備，並以運動選手訓練或輔助訓練所需器材設備為限。

二、購置運動科學研究儀器設備，並以運動選手訓練所需科學研究儀器設備為限。

　　亞奧運團體依前條提送各該年度計畫時，其內容應依第一項各款目及辦理時間依序排列。其經本會審核列為必辦項目者，受補助單位不得任意調整、變更或取消。

　　亞奧運團體辦理各該年度計畫各種體育運動業務，應將補助經費依本會核定額度優先運用於指定必辦項目，並應積極籌募社會資源，納入

統籌運用範圍。

第十二條

　　亞奧運團體應依第三條第一項指定期間，報各該年度計畫及相關資料。其有必要者，本會得邀請亞奧運團體列席報告及說明。

　　本會審辦前項各該年度計畫而其有必要者，得請求亞奧運團體補正。但亞奧運團體未依限補正者或補正不完全者，本會得衡酌實際情形，核減其補助經費額度或不予補助。

第十三條

　　亞奧運團體應於舉辦相關活動前，依下列規定辦理：

一、參加國際性運動競賽（含辦理亞運、奧運優秀運動選手參賽）
　　者，應檢附下列資料函送中華奧會核備：
　　(一)主辦單位邀請函（含主辦單位膳宿、交通及人數等規
　　　　定）。
　　(二)教練及選手選拔計畫及選拔紀錄。
　　(三)代表隊人員名冊。
二、前款經中華奧會核備賽前培訓者，應於活動實施前，檢附下列
　　資料報本會核備：
　　(一)中華奧會核備函影本。
　　(二)賽前訓練計畫（含詳細訓練期間、地點、訓練內容及預期
　　　　績效等）。
三、主辦全國性運動競賽（含排名賽、對抗賽、選拔賽及聯賽）
　　者，檢附各該競賽規範報本會核備後，始行辦理公告及報名受
　　理等事項。
四、聘用外籍運動教練者，應依「行政院體育委員會輔導全國性民間
　　體育活動團體聘用外籍教練實施要點」規定，檢附各該相關表件
　　資料，報本會國家運動選手訓練中心審查後，轉本會核備。
五、優秀運動選手訓練站設立者，檢附各該訓練計畫（含時間、地

點、教練、選手來源、訓練提要及訓練效益評估等）報本會核備。

六、經本會核定辦理改善運動訓練站環境者，應於辦理採購前檢附下列資料報本會核備，並於開標及驗收時，依規定報本會監辦。

(一)招標文件（含招標須知、契約（樣稿）及標單等）。

(二)採購項目。

(三)經費預算表。

七、參加或主辦運動教練或裁判講（研）習會者，依下列規定函送中華民國體育運動總會（以下簡稱中華體總）核備：

(一)參加國際性運動教練或裁判講（研）習會者：

1.出國參加講（研）習會計畫書（含目的、時間、地點、選拔作業程序規範及相關規定）。

2.主辦單位邀請函。

3.選拔紀錄。

4.出國人員名冊（附國家級運動教練或裁判證影本）。

5.經費預算表。

(二)主辦運動教練或裁判講（研）習會者，依下列規定函送中華體總核備：

1.講（研）習會實施計畫（含主辦單位、承辦單位、時間、地點、講座、參加對象、人數及課程配當表、授課課目、時間及時數等資料）。

2.經費預算表。

八、辦理競技運動相關各種推廣活動及其他有利於競技實力提升配套計畫者，應將各該活動計畫及相關資料報本會核備。

第十四條

亞奧運運動團體應依本會核定各該年度計畫項目及經費分配比例執行，並依下列規定辦理：

一、各該年度計畫指定必辦項目及改善運動訓練站環境項目而未依規定期限執行或專案申請展期者，本會得將各該補助經費全數廢止。

二、各該年度計畫應列明執行項目、總經費、本會補助經費及其占各該年度總經費之比例。

三、各該年度終了結案當時而全部支用經費低於本會核定總經費者，應按比例繳回本會。但其屬補助改善運動訓練站環境項目者，不在此限。

第十五條

其經本會指定必辦單項運動排名（對抗）賽或球類聯賽且於其賽前檢送相關實施計畫（或競賽規範）及參賽獎金支給相關規定等資料經本會審查核定者，得支用本會補助款核發各該獎金。但其獎金占各該經費比例過高者，本會得通知受補助單位修正或不予同意。

前項修正，以一次為限。

第三章　全民運動

第十六條

本章受補助單位為非屬前章規定亞奧運團體之體育運動團體而辦理全國性體育活動者，其活動範圍如下：

一、幼兒、青少年、婦女、親子、中老年人、職工等休閒性體育活動。

二、國術、舞龍、舞獅、扯鈴、跳繩、划龍舟、踢毽子、跳鼓陣等傳統民俗體育。

三、原住民體育活動。

四、身心障礙者體育活動（含研習）。

五、其於國內主辦或參加國外非屬亞奧運種類（項目）為主之競技

體育類活動。

前項體育團體依其性質區分為二類：

一、第一類：世界運動會（World Games）正式競賽種類、國際體育單項運動總會聯合會（Sport Accord）承認運動種類及我國本土特有運動之全國性體育運動團體。

二、第二類：其為本會全民運動處輔導非屬前款全國性體育運動團體、縣市體育會及身心障礙者、原住民、民俗體育之全國性或地方性體育運動團體。

第十七條

本章補助項目及其基準如下：

一、補助項目以交通、獎盃、誤餐、保險、印刷、場地、消耗性器材、裁判（限辦競技性活動）、講師及雜支等費用為限。但其屬辦理身心障礙者體育活動者，得增列住宿費用及志工工作費等。

二、補助基準：補助經費支用基準依附件十二規定。並以受補助單位分類，適用補助基準如下：

(一)第一類：由本會就其歷屆參賽成績、競賽項目總獎牌數、各該年度計畫執行等項目評估，並審酌本會預算支用情形而列作補助範疇。

(二)第二類：由本會審酌活動內容、規模及本會預算支用等情形而酌予經費補助。但其經本會專案核定者，從其核定。

第四章　體育學術

第十八條

本章受補助單位為以本會為目的事業主管機關之全國性體育學術團

體、體育運動專業校院及設有體育運動相關系所之大專校院而有辦理體育學術發展相關範疇研究、專論、法制研訂、講（研）習會及研討會等活動者。

前項體育學術發展相關範疇如下：

一、基礎學科，指運動生理學、運動心理學、運動生物力學、運動生化營養、運動醫學、運動人文及社會科學。

二、應用學科，指運動教練學、運動訓練學或其術科研習，及運動經營管理學。

三、其他國際性及兩岸性體育學術研討活動。

第十九條

依本章申請補助計畫項目，得由本會審酌申請單位體育學術形象、往年辦理績效、學術提升程度、辦理規模、全球化程度、提升我國體育學術能見度、活動整體效益及本會預算支用情形，酌予補助辦理經費。

其有接受本會補助辦理體育學術發展相關範疇研究、專論及法制研訂者，本會得視業務需要安排成果發表。計畫主持人應配合出席並發表研究成果。

第二十條

申請單位應於依本章規定補助各種計畫執行前二個月，檢附具體實施計畫報本會核定。但其有特殊情形者，不在此限。

第五章　體育文物

第二十一條

本章受補助單位為全國性及地方性民間體育團體、全國性體育財團法人、體育專業校院及設有體育系所之大專校院而有辦理以體育文物蒐整、保存、展示、體育發展紀錄或體育文化推廣等方式，重新體現各種體育運動發展歷程、發揚體育運動競賽精神、保護體育運動文物及先人

體育文化資產或傳承國家體育運動生活文化者。

第二十二條

　　本章補助範疇如下：

一、首次籌設體育文物館（或陳列室）且符合前條補助範疇之非資
　　本支出者，其補助額度以經本會核定計畫預算百分之七十爲
　　限。

二、發揚我國優良體育文化精神辦理體育文化推廣活動者，並視其
　　計畫重要性及效益，補助額度以經本會核定之計畫預算二分之
　　一爲限。

三、傳承先人體育文化資產辦理體育文物史料（含數位內容）編纂
　　者，本會得視其計畫重要性及效益，補助額度以經本會核定計
　　畫預算二分之一爲限。

　　前項各款補助項目及其基準，應依第六條規定辦理。

第二十三條

　　申請單位應於依本章規定補助各種計畫執行前一個月，檢附具體執
行計畫，報本會核定。

　　前項具體執行計畫內容，應包含計畫名稱、計畫日標、計畫項目、
進度期程、計畫執行方式或步驟、經費需求、經費來源及其他事項等。

第六章　經費核撥及核銷

第二十四條

　　受補助單位於接獲本會核定補助通知後，應檢附收據（註明全額補
助或部分補助）請領補助款，其核撥方式如下：

一、依第四條規定以各該年度總表方式而經本會整體核定者，分作
　　二期撥款。但其屬第十一條第一項第一款第四目及第二項規定

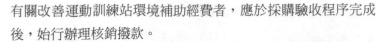

有關改善運動訓練站環境補助經費者，應於採購驗收程序完成後，始行辦理核銷撥款。

二、前款以外情形而本會核定補助款額度新臺幣二十萬元以下者，於各該活動終了後，依規定程序檢據，經本會審核通過後撥款。

三、第一款以外情形而本會核定補助款額度超過新臺幣二十萬元者，於活動前檢據核撥二分之一，其餘則於各該活動終了後依規定程序檢據，經本會審核通過後撥款。

第二十五條

受補助單位辦理經費核銷程序及方式如下：

一、依第四條規定以各該年度總表方式而經本會整體核定者，應依其接受本會分期撥付補助款情形，檢附各種活動計畫執行成果，並詳列支出用途及列明全部實支經費總額及各機關（構）實際補（捐）助金額，辦理經費核銷事宜，且第一期經費於執行率達百分之八十，應即辦理核銷；第二期經費核銷，應於十二月三十一日前完成。其未依規定辦理者，列作本會核定下年度補助經費額度參考。

二、補助款為部分支出（部分補助，包含各該補助核定年度計畫辦理各該分項工作計畫部分）者，其辦理方式如下：

(一)個案核定者：受補助單位應於各該活動執行完成後一個月內，檢具成果報告、收支結算表（其有接受二個以上政府機關補助者，應分別列明各該機關補助項目及金額）辦理核銷。

(二)依各該核定年度計畫辦理者：受補助單位得先憑領據及收支結算表，於前款規定時間報本會辦理核銷。其為接受二個以上政府機關補助者，應於收支結算表分別列明各該機關補助項目及金額。

三、受補助款爲全部支出（全額補助，包含本會核定各該年度計畫
辦理各該分項工作計畫）者，應檢附原始憑證（其中有經受領
單位相關人員依「支出憑證處理要點」規定辦理審核）及會
計報告（團體）報本會核銷。但其有依規定報准同意免予送審
者，不在此限。

四、受補助單位支出原始憑證，均應按預算二級科目粘貼於憑證黏
存單，按序編號裝訂成冊，另加封面且於封面詳細記載起訖年
月日、張數及號數。

五、支出原始憑證，應分別以接受部分補助或全額補助而分類妥爲
保管，以備審計單位及本會查核。但其依規定報准同意免予送
審者，不在此限。

第二十六條

其經本會核定補助器材設備（資本門）者，應比照第十一條第一項
第一款第四目及第二項規定辦理，並於採購驗收程序完成後，檢具驗收
紀錄、契約書及原始憑證等報本會辦理核銷。

第二十七條

受補助單位有關補助款支用，均應照本會所訂補助基準報支。其超
過部分，由受補助單位自行負擔。但受補助單位另訂支給基準且有報本
會同意者，得從其基準規範。

第二十八條

受補助單位之補助經費，應依相關稅法規定辦理扣繳申報。

第二十九條

受補助單位執行本會補助經費辦理採購事項，應本公平公正公開原
則。其有政府採購法第四條規定情形者，應依政府採購法等相關規定辦
理。

第三十條

依本辦法所為個案核定補助事項，其經費支用應依本會核定各該科目支用。其核定科目未全數支用完畢者，各該剩餘款項均應全數繳回或依其實際支用額度核撥經費。

其依本會核定各該年度計畫辦理者，於各該年度終了結案時，其總支用經費低於本會核定總經費者，應按比例繳回本會補助經費。本會有指定補助年度計畫工作事項而其經費支用應依本會核定事項各該科目支用，於各該年度終了結案當時，其指定事項經費未全數支用完畢者，各該剩餘款項均應全數繳回或依補助項目實際支用額度核撥經費。但其屬改善運動訓練站環境項目，不在此限。

第三十一條

受補助單位依本辦法補助款項而有法定孳息發生者，均應將各該孳息全部繳回本會。

第三十二條

受補助單位就同一案件而向二個以上機關提出申請補助者，應列明全部經費內容及其向各該機關（構）申請補助項目及金額。

第三十三條

本會為瞭解受補助單位辦理各該年度體育運動業務情形，並協助其解決執行問題及困難，其相關業務輔導考核辦理方式如下：

一、定期輔導考核：本會得於每年七月下旬及十月下旬實施定期業務輔導考核，受補助單位應配合輔導人員並提供相關報表帳冊等資料。當年度參加亞運或奧運參賽團體，得視實際需要而另行安排輔導考核日期。

二、平時行政輔導：本會業務相關人員，得隨時與受補助單位連繫解決問題及困難。本會業務相關人員進行訪視服務而有檢視相

關文件之必要者，受補助單位應確實配合之。

本會為辦理本辦法所定業務輔導事項，得邀集學者專家、相關業務領域單位及本會業務人員組成輔導考核會；其組織、任務、分工及其運作方式，將由本會另定之。

第三十四條

前條業務輔導事項如下：

一、本會核定年度計畫執行情形（含計畫項目執行率、預估目標達成率及第十一條規定計畫報核執行情形等）。

二、指定必辦項目執行情形（含計畫目標達成率及辦理項目執行率等）。

三、社會資源募集情形（含人力資源整合、社會贊助金額數、公私部門經費分配率、社會贊助來源及投入指定必辦項目經費比例等）。

四、經費執行情形（含第七條第一項及第二項補助限制使用情形、第二十五條計畫經費使用情形及第二十條至第三十二條計畫經費歸類整理情形等）。

五、各該年度計畫執行議題、疑義、困難及建議等相關事項。

第七章　附則

第三十五條

受補助單位有下列情事之一且經本會通知限期改善仍未改善者，本會得撤銷或廢止補助並追繳其所受補助，並自通知改善期限屆滿當時起一年內不予補助：

一、未按本會核定計畫執行。
二、未依規定使用經費。

三、未按規定核銷或逾期尚未核銷。

四、妨害其他申請單位經費申請。

五、妨害其他受補助單位對於本會核定計畫執行。

六、對於本會或本會人員聲譽有所詆譭者。

受補助單位依各該年度計畫核定而有前項情形者，其未依規定完成改善前，本會得暫緩撥付其後各期經費補助。其仍不能改善者，本會得廢止其後各期經費補助。

第三十六條

受補助單位有下列情形之一者，本會得撤銷、廢止或繳回其當年度全額或部分補助，或追繳其所受補助，並得於核定次一年度對於各該補（捐）助案件停止補（捐）助一年至五年或自事實發生日起二年內，停止受理本辦法所定有關經費補助申請：

一、未按規定辦理核銷或核銷而跨越年度。

二、經本會通知改善而未改善逾期達三個月。

三、未依本會核定各該年度計畫執行而達三個項次以上。

四、未依第十一條第一項辦理而經本會通知補正仍未補正。

五、經本會考核而其有成效不佳、未依補助用途支用經費或有虛（浮）報等情事。

六、無特殊理由而未依第十三條規定辦理相關事項且經本會通知補正未補正達五個項次以上。

七、未依第六條、第七條、第十四條及第十五條規定執行經費經本會通知補正而未補正。

八、所屬選手一年內有二名以上違反世界反禁藥組織（World Anti-Doping Agency，即WADA）相關規範而使用運動禁藥且經查屬實。

九、未配合本會重要政策辦理。

十、違反國際體育運動組織規範或本會法令規定。

第三十七條

未依第六條經費基準附註服裝製作規定辦理且經查明屬實者，本會應追繳各該服裝補助費，並得依前二條規定辦理。

其未依第八條規定辦理保險者，本會應撤銷、廢止或追繳各該補助款項。

第三十八條

本會主管法律、法規命令及行政規則而牽涉本會補助事項且未有其他明文規定者，亦得準用本辦法規定處理之。

第三十九條

本會對於本辦法補助申請受理、輔導考核、訪視監督、經費核撥及核銷等作業，得依據行政程序法規定委任或委託相關機關（構）或團體辦理。

第四十條

本會各該年度經費不足而申請單位所提各該申請縱有符合本辦法補助規定者，本會仍得不予補助。

第四十一條

本辦法自發布日施行。

四、臺北市民間體育團體辦理體育活動經費補助辦法

中華民國九十四年十月二十日臺北市政府(94)府法三字第○九四二六二一二四○○號令訂定發布

第一條

　　臺北市政府（以下簡稱本府）為補助臺北市（以下簡稱本市）依法成立之民間體育團體辦理各項體育活動經費，特依國民體育法第十二條第二項規定，訂定本辦法。

第二條

　　本辦法之主管機關為本府，並依臺北市政府組織自治條例第二條第二項規定委任本市體育處執行。

第三條

　　本辦法所稱民間體育團體（以下簡稱各團體），指依法核准成立之體育團體，含全國性體育團體、本市體育會暨所屬各單項運動委員會、本市各行政區體育會暨所屬各單項運動委員會等。

第四條

　　依本辦法規定申請經費補助者，應依主管機關規定之時間提出計畫及相關資料報主管機關核定。未依規定辦理者，除有特殊原因，經專案核定者外，不受理補助之申請。

第五條

　　於本市舉辦之國際性、全國性及本市運動競賽，其補助之項目及標準如下：

一、主（承）辦奧運或亞運競賽種類之國際性正式錦標賽（含奧運資格賽、青年、青少年及少年正式錦標賽），最高補助以六十

萬元為限。非奧運或亞運競賽種類，最高以三十萬元為限。

二、主辦奧運或亞運競賽種類之全國性運動競賽，依競賽性質、規模、人數、天數及經費預算等酌予補助獎盃（獎狀）、誤餐、保險、印刷、場地布置、消耗性器材、裁判費及行銷等費用，每一賽會最高補助以三十萬元為限。非奧運或亞運競賽種類最高以二十萬元為限。

三、舉辦奧運或亞運競賽種類之本市運動競賽，依規模大小，酌予補助獎盃（獎狀）、誤餐、保險、印刷、場地布置、耗性器材、裁判費、行銷及雜支等費用，每一賽會最高補助以十萬元為限。非奧運或亞運競賽種類最高以五萬元為限。

四、身心障礙運動競賽，比照奧運或亞運競賽運動種類補助其經費。

前項活動，如經本市議會審議通過專案預算者，不受前項各款規定之限制。

第六條

本市體育會所屬各區體育會及各單項運動委員會辦理體育活動，其補助標準如下：

一、各區體育會辦理之年度體育活動，依活動計畫及經費預算酌予補助，每一賽會最高補助以十萬元為限。

二、各單項運動委員會每年舉辦之青年盃、中正盃及經本市體育處核定之各項運動競賽，參加對象以本市十二個行政區之機關、學校、社團組隊，且舉辦地點在本市（但本市無該項競賽場地者，不在此限），視其競賽種類、性質、舉辦天數、參加人數，依活動計畫及經費預算酌予補助。

屬奧運或亞運競賽種類，每一賽會補助活動經費二分之一，最高以十萬元為限；屬非奧運或亞運競賽種類，每一賽會補助活動經費二分之一，最高以五萬元為限。

三、身心障礙運動競賽，比照奧運或亞運競賽運動種類補助其經費。

第七條

各團體向主管機關申請分攤經費或提供場地共同辦理體育活動，其補助標準如下：

一、競賽活動：全年各以二次為限，本市體育處分擔經費項目以場地布置、獎盃獎狀及裁判工作人員費用為原則，補助經費依前條第二款規定辦理。申請提供場地者，以提供場地及水電為原則。

二、研習及訓練活動：全年各以二次為限，各團體應針對本市市民、特定對象或專業人員（如裁判、教練及體育指導員）規劃研習或訓練活動，本市體育處分擔經費項目以場地布置、講師鐘點費及工作人員費用為原則。

三、育樂活動：全年各以二次為限，活動對象以本市學齡前兒童及各級學校學生為主要對象，辦理時間則以配合在校學生寒暑假為原則，主管機關以年度經費支應及收支併列方式辦理。

四、其他活動：如傳統民俗體育、身心障礙市民活動、社區體育、銀髮族體育活動及運動健康講座等，主管機關以分攤經費方式辦理。

前項各款規定之活動，已獲本市體育會補助者，不得再重複提出申請。

第八條

申請補助之程序如下：

一、符合第五條第一款資格及條件者，各團體應於競賽舉辦前一年六個月，檢附申請表、活動計畫及經費預算表各二份，函報主管機關。

二、符合第五條第二款資格及條件者，各團體應於競賽舉辦前一年，檢附申請表、活動計畫及經費預算表各二份，函報主管機關。

三、符合第五條第三款資格及條件者，各團體應於舉辦前一年，檢附申請表、活動計畫及經費預算表各二份，函報主管機關。

四、符合第六條第一款或第二款資格及條件者，各團體之申請單位辦理青年盃應於每年一月底前；中正盃應於每年六月底前，檢附申請表、活動計畫及經費預算表各二份，函報主管機關。但其他經主管機關核定之賽會活動，不在此限。

五、符合第前條第一項各款資格及條件者，應填具調查表，檢附各項活動計畫綱要及經費概算，於每年文到二週內向主管機關提出申請。

六、符合第前條第一項申請提供場地資格之各團體，應填具調查表，於每年文到二週內向主管機關提出申請。

第九條

申請人應檢具文件有欠缺或不合規定者，主管機關應通知其限期補正，屆期未補正或補正不全者，駁回其申請。

主管機關受理申請案，得邀集專家學者組成審查小組審核辦理。

第十條

受補助之各團體應於活動結束後十四日內（十二月辦理者，配合會計年度於十二月二十日前）檢附原始憑證、成果報告書（含參加人數及照片）、支出機關（各團體）分攤表等資料，送本市體育處辦理核銷，逾期申報者，得廢止原補助處分，並作成行政處分依法追繳之。前項支出憑證依法有不合規定，致無法辦理撥款或核銷者，由受補助之各團體自行負責，如為預先撥付經費者，應令其限期繳回。

經主管機關審核補助之各團體，應就受補助部分依會計法、稅法及相關規定，製作、取得合法之原始憑證，並裝訂成冊報主管機關核銷。

第十一條

主管機關為瞭解補助團體之實施成效，得就補助案之實際執行情況、內容品質、成果效益等事項，予以評估或實地訪視。評估結果得列入爾後核予補助或減少補助之參考。

第十二條

如因年度經費不足，各團體所提申請雖符合本辦法補助相關規定，主管機關仍不予補助。

第十三條

本辦法之補助金額，以新臺幣為單位。

第十四條

本辦法所定書表格式，由主管機關定之。

第十五條

本辦法自發布日施行。

五、臺北市績優運動選手與教練及學校或體育團體獎勵金發給辦法

102年12月16日修正

第一條

　　臺北市政府（以下簡稱本府）為獎勵臺北市（以下簡稱本市）績優運動選手、教練、公私立各級學校（以下簡稱學校）及體育團體（包括本市體育總會所屬各單項委員會及經本府登記立案之各單項運動協會），以培訓優秀運動選手，提升運動水準，推展全民運動，特訂定本辦法。

第二條

　　本辦法之主管機關為本府體育局（以下簡稱體育局）。但有關參加全國原住民運動會績優選手、教練、學校及體育團體獎勵金之發放，其主管機關為本府原住民族事務委員會（以下簡稱原民會）。

第三條

　　本辦法獎勵對象如下：

一、代表本市參加全國運動會、全民運動會、全國身心障礙國民運動會及全國原住民運動會，並符合下列情形之一之選手及其有功教練：

(一)競賽項目有二個或三個直轄市、縣（市）參賽，獲第一名。

(二)競賽項目有四個或五個直轄市、縣（市）參賽，獲前二名。

(三)競賽項目有六個以上直轄市、縣（市）參賽，獲前三名。

二、設籍本市一年以上之市民，經中央主管機關核定為國家代表隊選手，參加國際正式錦標賽，獲國光獎章或績優身心障礙運動選手獎勵者。

三、指導符合前款規定選手之有功教練。

四、輔導選手代表本市參加全國運動會、全民運動會、全國身心障
礙國民運動會及全國原住民運動會，獲得金牌數前三名之學校
或體育團體。

前項第一款所稱參賽，指完成報名程序並經該運動會主辦單位公告
成為競賽項目者。

第四條

符合前條第一項第一款規定之選手，依下列基準核發獎勵金：

一、個人項目：

(一)第一名：

1.全國運動會：新臺幣三十萬元。

2.全民運動會、全國身心障礙國民運動會及全國原住民運動
會：新臺幣十八萬元。

(二)第二名：

1.全國運動會：新臺幣十五萬元。

2.全民運動會、全國身心障礙國民運動會及全國原住民運動
會：新臺幣九萬元。

(三)第三名：

1.全國運動會：新臺幣十二萬元。

2.全民運動會、全國身心障礙國民運動會及全國原住民運動
會：新臺幣六萬元。

二、團體項目：

按競賽規程或比賽規則規定之獲頒獎狀選手人數，每人發給個
人項目選手獎勵金百分之五十。

符合前項第一款規定之選手，其成績創新大會紀錄者，加發新臺幣
三萬元；創新全國紀錄者，再加發新臺幣二萬元。

第五條

第三條第一項第一款規定之有功教練，依下列規定認定：

一、指導選手參加四人以下競賽項目：以選手於本市代表隊選拔賽報名時，自行指定之教練爲準。

二、指導選手參加五人以上競賽項目：以秩序冊所載之本市代表隊教練名單爲準。

前項第一款之有功教練，應具備該競賽種類C級以上教練證；前項第二款之有功教練，應具備該競賽種類 B級以上教練證。但競賽種類無教練資格認證項目者，不在此限。

第一項之有功教練不得有兼任其他直轄市、縣（市）代表隊教練之情事。

第六條

符合前條規定之有功教練，依下列基準核發獎勵金：

一、指導選手參加四人以下競賽項目：

　　(一)第一名：

　　　　1.全國運動會：新臺幣十萬元。

　　　　2.全民運動會、全國身心障礙國民運動會或全國原住民運動會：新臺幣五萬元。

　　(二)第二名：

　　　　1.全國運動會：新臺幣四萬元。

　　　　2.全民運動會、全國身心障礙國民運動會或全國原住民運動會：新臺幣三萬元。

　　(三)第三名：新臺幣二萬元。

二、指導選手參加五人以上競賽項目：依前款獎勵金金額乘以一點五倍。

有功教練為二人以上者，獎勵金以一份為限，由教練按指導選手人數比例分配。

有功教練指導選手分別參賽獲獎，其獎勵金之核發以指導十五名選手為上限。

第七條

代表本市參加全國運動會，於同一競賽項目連續二屆獲得第一名者，依下列基準加發連勝獎勵金：

一、個人項目：選手新臺幣二十萬元；教練新臺幣七萬元。參加技擊類比賽者，同一項目可跨級併計。

二、團體項目：比照個人項目連勝獎勵金規定發給，並依獲獎人數第二人以上每增加一人，加發新臺幣五萬元。總獲獎人數以競賽規則規定上場人數為限，合為全隊連勝獎勵金。教練連勝獎勵金依前款個人項目教練連勝獎勵金金額乘以一點五倍發給。

連續三屆以上獲得第一名者，自第三屆起，連勝獎勵金為上屆之連勝獎勵金再依下列基準加計：

一、個人項目：選手新臺幣二萬元；教練新臺幣八千元。

二、團體項目：選手新臺幣八千元。教練獎勵金依選手全隊連勝獎勵金總和之三分之一發給。

代表本市參加全民運動會、全國身心障礙國民運動會及全國原住民運動會之選手，於同一競賽項目連續二屆獲得第一名者，依第一項核發基準之二分之一發給連勝獎勵金。但加發屆數以一屆為限。

連勝成績之計算，自中華民國九十二年全國運動會、中華民國九十五年全民運動會、中華民國九十五年全國身心障礙國民運動會及中華民國一百年全國原住民運動會起計。

第八條

選手參加個人或團體競賽項目之成績，符合第三條第一項第一款規定者，均發給獎勵金。

前項情形，如其成績係以他項競賽之成績累計，而未另進行競賽者，除團體項目成績係以個人項目成績累計，而選手於個人項目成績未符給獎資格，依團體項目發給獎勵金外，不另發給獎勵金。

第九條

符合第二條第一項第二款或第三款規定之選手及教練，獎勵金得比照選手所獲國光獎章同等級之獎助學金百分之五發給。參加身心障礙競賽項目者，獎勵金爲選手獲續優身心障礙選手獎助學金之百分之十。

第十條

符合第三條第一項第四款規定之學校或體育團體，依下列基準核發獎勵金：

一、第一名：新臺幣十八萬元。
二、第二名：新臺幣十二萬元。
三、第三名：新臺幣五萬元。

前項學校或體育團體輔導本市選手參加全國運動會，於同一競賽項目連續二屆獲得第一名者，除原發獎勵金外，並依所獲第一名之屆數，每屆加發連勝獎勵金新臺幣五萬元。

第一項學校或體育團體輔導本市選手參加全民運動會、全國身心障礙國民運動會及全國原住民運動會，於同一競賽項目連續二屆獲得第一名者，除原發獎勵金外，另加發連勝獎勵金新臺幣二萬五千元。但加發屆數以一屆爲限。有功學校或體育團體爲二個以上者，獎勵金以一份爲限，並由學校或體育團體依指導選手人數比例分配。

第十一條

申請發給獎勵金，應依下列規定辦理：

一、代表本市參加全國運動會、全民運動會及全國身心障礙國民運動會符合第三條第一項第一款或第四款規定者，應填具申請表並檢附相關文件及資料，於比賽後三十日內向體育局提出。

二、代表本市參加全國原住民運動會符合第三條第一項第一款或第四款規定者，應填具申請表並檢附相關文件及資料，於比賽後三十日內向原民會提出。

三、第三條第一項第二款或第三款規定者，應於中央主管機關核頒獎勵後三十日內，填具申請表並檢附相關文件及資料向體育局提出。

第十二條

申請人有下列情事之一者，體育局或原民會應駁回其申請：

一、逾前條規定申請期限。

二、申請文件不完備，經通知限期補正，屆期未補正。

三、申請日前二年內經依第十四條規定撤銷或廢止原核准發給獎勵金之處分。

第十三條

體育局或原民會應於收件日或補正日後三十日內，將審核結果以書面敘明理由，通知申請人。

第十四條

核准發給獎勵金之處分，應載明：「申請人有下列情形之一者，體育局或原民會得撤銷或廢止原核准處分之一部或全部，並追回已撥付之一部或全部獎勵金：

一、以詐欺或其他不正方式申請獎勵金或檢具之申請資料有虛偽、
隱匿等不實情事。

二、不當取得代表隊資格。

三、選手申請獎勵金之日未設籍本市一年以上。

四、申請獎勵金之日前二年內發生有辱團體名譽或違背運動精神情
事，致有損本市形象。

五、違反本辦法之規定。

依前項規定應追回已撥付之全部或一部獎勵金者，體育局或原民會
應以書面通知申請人限期返還。屆期未返還者，依法移送強制執行；涉
及刑事責任者，移送司法機關辦理。

第十五條

本市組隊參加全國運動會、全民運動會，有下列情形之一者，由本
市體育總會掣據具領獎勵金：

一、獲總統獎或總成績第一名，核發新臺幣一百五十萬元。

二、獲副總統獎或總成績第二名，核發新臺幣一百萬元。

三、獲行政院院長獎或總成績第三名，核發新臺幣八十萬元。

第十六條

本辦法所定書表格式，由體育局定之。

第十七條

本辦法所需經費，由體育局及原民會年度相關預算支應。

第十八條

本辦法自發布日施行。

六、優良運動產業及其從業人員表揚辦法

行政院體育委員會中華民國101年03月19日體委綜字第10100069703號令發布訂定

第一條

　　本辦法依運動產業發展條例（以下簡稱本條例）第十八條第二項規定訂定之。

第二條

　　本辦法適用對象如下：

一、運動產業團體及其工作人員。

二、本條例第四條第一項第三款及第六款至第十四款規定之運動產業業者及其從業人員。

　　前項工作人員及從業人員，均包括各該產業團體負責人、理事（董事）、監事（監察人）及其員工。

第三條

　　運動產業團體符合下列各款事蹟之一者，得為候選表揚對象：

一、積極推展運動產業事務且對運動產業發展有具體成效或貢獻。

二、對健全運動服務市場、提升運動服務品質或保障消費者權益而有具體成效或貢獻。

三、舉辦運動產業從業人員訓練，推動運動產業人才質量提升而有具體成效或貢獻。

四、推展國內外交流、宣傳及推廣活動，擴展運動產業行銷通路而有具體成效或貢獻。

五、推動運動產業服務品質認證制度，對建立高品質服務之運動消費環境而有具體成效或貢獻。

六、對於促進運動產業升級研究及其發展而有具體成效或貢獻。

第四條

第二條第一項第二款所定運動產業業者而符合下列各款事蹟之一者，得為候選表揚對象：

一、創新經營管理制度及技術，對於產業競爭力提升而有具體成效或貢獻。

二、自創品牌或加入國內外專業連鎖體系，對於經營管理制度建立而有具體成效或貢獻。

三、取得國際標準品質認證，對於提升運動產業國際競爭力及整體服務品質而有具體成效或貢獻。

四、配合政府運動產業政策，積極協助或參與運動產業推廣活動，對運動產業發展而有具體成效或貢獻。

第五條

第二條所列人員服務於運動產業滿三年以上且具有下列各款事蹟之一者，得為候選表揚對象：

一、對運動產業之推展，有具體成效或貢獻。

二、力求創新，對主管業務管理效能之提升，有具體成效或貢獻。

三、提供完善週全之服務，深獲好評或有感人事蹟，足為同業楷模者。

四、其他有助於運動產業發展並有具體成效或貢獻。

前項人員對於運動產業有特殊貢獻者，得不受前項服務年資限制。

第六條

非屬第二條所定人員而有前條第一項各款情事之一者，亦得準用本辦法表揚之。

第七條

第三條至第五條規定各該候選表揚對象，應於公告表揚活動受理期間，自行報名參選，或由各該運動體育主管機關、運動事業、體育團體或服務單位推薦參選。

前項自行報名者，報名人應填具報名表，並檢附相關證明文件；其屬推薦者，推薦人應另填具推薦書，而其推薦應徵得被推薦人之事前同意。

第八條

有下列情事之一者，本會得駁回其報名或推薦：

一、未依本會前條第一項規定公告報名表或推薦書格式。
二、依規定檢附證明文件而未檢附或檢附不完備。
三、未具體敘明第三條、第四條或第五條所定事蹟。其有敘明而內容過於空泛或不實者，亦同。
四、未於本會前條第一項規定公告期間報名或推薦。

前項報名或推薦文件不全或不符本辦法規定而有補正之必要者，本會得通知限期補正。其有未依限補正者或補正不完全者，準用前項第二款規定。

第九條

本會為辦理表揚對象之評選，得聘請學者專家及運動主管機關代表組成評選會。

評選會委員與各該候選表揚對象間有利害關係或其他足以影響評選公平之情事者，應自行迴避。

評選會決議，應有全體委員三分之二以上出席，出席委員過半數之同意行之。

各該候選表揚對象經評選結果成績均未達表揚基準者，各該獎項，亦得從缺。

第十條

評選委員會評選指標如下：

一、經營管理或服務實績。

二、創新與策略管理。

三、消費者滿意度或輿情反映。

四、服務品質與安全維護。

五、人力資源之規劃、開發及運用。

六、其他。

第十一條

本辦法規定表揚方式如下：

一、頒給獎章。

二、頒給獎牌。

三、頒發獎狀。

四、發給獎金。

第十二條

運動產業及其從業人員之表揚活動，每四年舉辦一次。

本會於表揚活動前應將受理期間、資格、報名表及推薦書格式、應備證明文件、評選程序、表揚方式之名稱、獎金數額及表揚人數公告周知。

各該表揚活動終了後，本會應將各該表揚對象及受獎結果等公告周知。

第十三條

參與本表揚活動作業之報名人、推薦人、受推薦人及其負責人，均應同意本會依據個人資料保護法規定蒐集個人資料。

第十四條

本會辦理運動產業及其從業人員表揚所需經費，應編列各該年度預算支應之。

第十五條

評選會組成方式、審查程序及其他審查事項，除本條例或本辦法另有規定外，得準用「行政院體育委員會精英獎獎勵辦法」規定。

第十六條

本辦法所定表揚業務及其他相關事項，本會得委託相關機關、法人或團體辦理。

第十七條

本辦法自發布日施行。

七、大型運動設施範圍及認定標準

行政院體育委員會101年04月25日體委設字第10100106093號令發布訂定

第一條

本標準依運動產業發展條例（以下簡稱本條例）第五條規定訂定之。

第二條

依本標準規定之大型運動設施，其認定得由各該開發人向行政院體育委員會（以下簡稱本會）申請之。但本會認有必要者，亦得逕為認定。

各該中央目的事業主管機關認有必要者，亦得檢附事實理由函請本會逕依前項但書規定之認定。

前二項情形，亦得依據「運動場館重大投資案件認定辦法」規定辦理。

第三條

本條例第五條所稱大型運動設施，指供各該重大國際賽會使用之運動建設而其規模符合下列各款條件之一者：

一、單項運動場館不含土地價值而造價達新臺幣二億五千萬元以上，且觀眾容納席次達三千人以上。

二、運動休閒園區不含土地價值而造價達新臺幣十億元以上，且其中運動設施造價達新臺幣三億元以上。

第四條

本條例第五條所稱重大國際賽會如下：

一、依國際綜合性運動賽會（事）：指奧林匹克運動會、亞洲運動

會、東亞運動會、世界大學運動會、世界運動會、青年奧林匹
克運動會、亞洲青年運動會、世界中學生運動會、帕拉林匹克
運動會、聽障達福林匹克運動會、特殊奧林匹克運動會、亞洲
帕拉運動會及亞太地區聽障者運動會等。

二、國際單項運動錦標賽：指國際單項運動組認可各該世界、亞洲
正式單項運動錦標賽。

三、其他經本會認定之國際運動賽會（事）者。

第五條

其經依本標準規定認定為大型運動設施者，主管機關應發給大型運
動設施認定函。

其經認定非屬本標準規定各該大型運動設施者，主管機關亦應通知
各該申請人。

第六條

本標準規定各該業務事項，本會得委任所屬機關或委託相關機關、
法人或團體辦理。但其由本會自行辦理事項如下：

一、前條認定函之發給或通知。

二、其他應由本會自行辦理事項。

第七條

本標準自發布日施行。